佟柔先生

PROFESSOR TONG ROU'S LECTURE NOTES
ON CHINESE CIVIL LAW

佟柔中国民法讲稿

佟柔 Tong Rou   周大伟 编

元照法学文库

北京大学出版社
PEKING UNIVERSITY PRESS

图书在版编目(CIP)数据

佟柔中国民法讲稿/佟柔著;周大伟编. —北京:北京大学出版社,2008.4
(元照法学文库)
ISBN 978 - 7 - 301 - 13544 - 0

Ⅰ.佟… Ⅱ.①佟…②周… Ⅲ.民法-研究-中国 Ⅳ.D923.04

中国版本图书馆 CIP 数据核字(2008)第 040276 号

书　　　名:佟柔中国民法讲稿
著作责任者:佟　柔　著　周大伟　编
责 任 编 辑:苏燕英
标 准 书 号:ISBN 978 - 7 - 301 - 13544 - 0/D·2016
出 版 发 行:北京大学出版社
地　　　　址:北京市海淀区成府路 205 号　100871
网　　　　址:http://www.pup.cn
电　　　　话:邮购部 62752015　发行部 62750672　编辑部 62117788
　　　　　　　出版部 62754962
电 子 邮 箱:law@pup.pku.edu.cn
印　刷　者:北京大学印刷厂
经　销　者:新华书店
　　　　　　　730mm×980mm　16 开本　19.25 印张　275 千字
　　　　　　　2008 年 4 月第 1 版　2017 年 5 月第 2 次印刷
定　　　价:36.00 元

未经许可,不得以任何方式复制或抄袭本书之部分或全部内容。
版权所有,侵权必究
举报电话:010 - 62752024　电子邮箱:fd@pup.pku.edu.cn

内 容 简 介

本书是我国已故著名民法学家佟柔教授生前在民法总则的教学和研究中相关论述的集合。书中所编辑的文字多为佟柔先生生前颇有影响的演讲记录、教材、论文著述，以及编辑者个人的课堂笔记。经过佟柔先生的学生周大伟先生按照我国民法总则的体系加以编排后，我们相信，这一作品基本上可以展现佟柔先生在民法总则教学和研究中的成果和心得。其中包括了佟柔教授对民法的调整对象、民法和经济法的关系、民事法律关系体系、法律行为以及民法在新时期的性质和任务等问题提出的真知灼见。有些思想和观点直到今天也不失理论上的前瞻性。

佟柔先生是一个堪称教育家的民法教授。他生前以精彩的课堂演讲享誉法学界，其言谈出自文章，却胜过文章。本书以"讲稿"命名，应当是十分恰当的。

本书是一部编辑作品。因此，编者始终将"忠实原著"作为编辑此书的重要原则。编辑者的重要职责在于，将原著者关于民法总则的主要论述，按照编者自身的阅历和经验，进行合乎逻辑体系的编排处理。这一编排处理一方面符合我国民法的逻辑顺序，另一方面也符合普通读者的阅读习惯。

目　　录

谁是佟柔？（代序）／周大伟　1

第一讲　我国民法调整对象问题的研究　1

　　一、问题的提出　1
　　二、从民法发展的历史类型来认识民法的调整对象问题　5
　　三、从商品社会的纯粹形态认识民法体系的共性　14
　　四、小结　15
　　五、民法与中国当代的社会主义商品经济关系　16

第二讲　中国民法的历史发展和近四十年来的中国民法学研究　25

　　一、中国民法的历史发展　25
　　二、近四十年来的中国民法学研究　29
　　三、民法学若干理论问题的研究概况　35

第三讲　民法和经济法的关系　56

　　一、关于经济法的由来　56
　　二、关于经济法不同定义　59
　　三、经济法不是一个独立的法律部门　66
　　四、关于经济法同民法以及其他基本法的关系　71

第四讲　关于经济法作为一门新兴的法律学科的探讨　76

　　一、经济法不是一个独立的法律部门,而是一门十分必要的法律学科　76

二、学科经济法的任务是研究经济法规运用各个基本法手段和原则对经济关系进行综合调整的规律　89

三、在综合调整的基础上建立起来的学科经济法体系　107

第五讲　民事法律关系　125

一、民事法律关系的概述　125

二、法律事实　126

三、民事法律关系的要素　130

第六讲　公民　139

一、公民的民事权利能力　139

二、权利能力的开始和终止　141

三、关于失踪宣告、死亡宣告问题　142

四、公民的行为能力　146

五、监护制度　150

第七讲　法人　154

一、法人的概念　154

二、法人的分类　158

三、法人制度的沿革和我国建立法人制度的意义　159

四、法人的设立　162

五、法人的权利能力和行为能力　164

六、法人的变更和消灭　168

七、发展商品经济亟须建立健全公司立法　170

第八讲　物　174

一、物的概述　174

二、物的分类　175

三、货币和有价证券　181

第九讲　法律行为　186

一、法律行为的概念　186

二、法律行为的分类　189

三、法律行为的形式　194

四、法律行为的有效条件　197

五、附条件的法律行为和附期限的法律行为　200

六、无效的法律行为及其后果　205

第十讲　我国民法在经济体制改革中的发展与完善　212

一、经济体制改革与民法的地位　212

二、经济体制改革与民法的体系　216

三、经济体制改革与民法作用的范围　221

四、经济体制改革与几个法学观点　225

第十一讲　我国《民法通则》的时代特色和对经济改革的影响　232

一、我国《民法通则》的时代特色　232

二、民法对当前经济体制改革的具体影响　235

第十二讲　《民法通则》疑难问题解答　245

主要参考书目和相关资料　271

后记:关于本书 / 周大伟　272

谁是佟柔？（代序）

周大伟

　　一直想写一篇回忆佟柔先生的文章。对先生的回忆，时常感到珍贵而神圣，因此迟迟不敢动笔。眼下，让自己放下手中繁忙的工作，静下心来写完这篇怀念文字，最初似乎是起因于一件偶然的小事。

　　前不久，在美国加州伯克利大学商学院的一个酒会上，我遇到一位刚从国内来美国"游学"的女学生。她告诉我说，她2003年毕业于中国北方一所大学（该校原来是所著名的理工科大学）法学院，而且在学校期间最喜欢的课程就是民法。我告诉她，我原来在大学学习和讲授过的专业就是民法，我的导师就是中国著名的民法学教授佟柔先生。不过，这位女学生的回答倒是让我吃了一惊："谁是佟柔？我怎么没听说过这个人呀！"

　　如今每次回国工作，偶有到大学法学院举办讲座和参加学术活动的机会，看到大学扩招后潮水般在校园里涌动的法学院学生们，兴奋之余不禁内心怅然。我们敬爱的佟柔老师离开我们已经16年了，不要说普通法学院的学生，就连那些对民法情有独钟的学生们，说不定也已经不再记得佟柔老师的名字了。

　　我突然觉得有一种非动笔不可的冲动，我想告诉那些今后可能再来问我谁是佟柔的人们：佟柔到底是谁！我还有一种渴望——以自己独特的视角和思考力，向人们描述佟老师的音容笑貌，缅怀他的道德为人，分享他的心路历程和学术思想，以及他在世时面临的人生困惑。

关于佟老师的生平,他的夫人常风老师写的一段传记文字甚为准确:

> 佟柔(1921年6月20日—1990年9月16日)。生前任中国人民大学法学院教授,中国民法专业博士生导师。
>
> 祖父佟喜亭于清末任陕西省长安府知府,民国初年病故。父佟晋恒早年就读于京师大学堂数学系,家中事务,悉由念过私塾的母亲操持。佟柔幼时,家境日衰,生计艰难。"九一八"事变后,东北三省沦陷,佟柔全家到北平避难。尔后,由北平迁居保定,与妹妹一起考入保定第二高级工业职业学校,学习了两年。"七七"事变后,全家历尽艰辛,辗转流亡到四川奉节。
>
> 佟柔于1946年考入沈阳的东北大学法律系学习。1949年初,分配到中国人民大学法律外交教研室,参加研究生学习;1950年9月调到中国人民大学民法教研室,任中国民法和婚姻法教员。1973年春,中国人民大学法律系全体人员调到北京大学法律系,他仍然担任中国民法和婚姻法教学工作。1978年中国人民大学复校后,回该校从事中国民法教学和研究工作,并长期主持和领导民法教研室工作,直到逝世。
>
> 佟柔教授执教四十余年,桃李满天下。他教过的本科生已无法计算,为本校和兄弟院校培养的民法硕士生及博士生近二百人;其中许多人已成为民法教学、研究和实践工作的中坚力量。
>
> 佟柔教授生前曾任中国法学会常务理事、中国法学会民法经济法研究会总干事、国家教育委员会职称评定委员会委员、司法部职称评定委员会委员兼社会科学组组长、中国人民大学学位委员会副主席兼人文科学组组长和北京市第十律师事务所顾问及兼职律师。

1983—1986年间,我是佟柔教授指导下的中国人民大学法律系民法专业研究生。依照佟老师的建议,毕业后我选择了留校任教。1986—1989年期间,我在人民大学法学院所属的法学研究所任职。我不敢妄称自己是佟老师的"得意门生",但在佟老师眼里还算是个"可塑之材"。在人大学习和工作期间,我有很多的机会在佟老师身边:佟老师曾带领我一起参加过多次学术会议;一起共同外出给企事业单位的员工讲课;一起编辑出版民商法的教材和书刊;还一起担任过两家大型外贸企业的常年法律顾问;在那个既没有住家座机更没有移动手机的年代，我一度还担任过佟老师和王保树老师（时任民法经济法研究会秘书长）之间的"特别信使"（因为我的住所距离保树老师的住所很近）。

这些年来，每每想起和佟老师在一起的日子，佟老师对我的厚爱和教诲，一直使我终生难以忘怀。缭绕如烟的往事，一件件浮上心头。

"周大伟，你的电报，北京来的电报！"

1983年春，我报考了佟柔老师的民法研究生。当年的民法考试题中有一道"怪题"。这道题是："保险合同是附条件的法律行为吗？"不仔细分析，乍一看到这个题目，人们通常会不假思索地做出肯定的回答。

照片说明：（从左至右）王益英老师、孔庆云老师、佟柔老师和我。由方流芳摄于1988年底。

在分秒必争的考场上，我几乎下意识地用逆向思维做出判断，这道题如此出法，可能暗藏玄机。因为，表面上看，保险合同很符合附条件法律行为的全部外在形式。但事实上，保险合同在签订时，合同本身已经生效。尽管意外事件是合同约定的重要部分，但并不是合同的本身或全部。意外事故的发生与否，只能决定合同中的某种权利义务关系是否需要开始履行而已，并不决定合同法律行为的起点，而可能是终点。在保险合同签订之日起，投保人就要依照约定支付保险费用,而被保险人则应当审慎地履行合同约定的义务。如果意外事故在约定的期间内没有发生,合同则如期终止。假如我们用现代流行的人寿保险合同为例,其中所附的条件已经不重要,重要的倒是它的理财升值功能。

经过短暂的犹豫,我决定依照这个思路写下否定的答案。但是,在考试结束后,马上遭到了其他几位考生同学的齐声质疑。争论中,大家谁也说服不了对方。就连当时在场监考的民法授课教师也对此未置可否。孰是孰非,只有看最后考卷结果了。这是一道占20分的题目,一念之差,可能决定成败,因此我们对它异常在乎。

我期待着能有机会当面问询佟老师这道题目的答案。作为一个普通的考生,等待考试结果的心情常常是焦灼不安的。

1983年春天,考完试的一个多月后,佟柔教授来了。在西南政法大学(当时叫西南政法学院)举办了全国民法师资培训班。正是在这个培训班上,来自全国各地的民法教师们,充分领略了佟柔老师那出色的授课技巧、严谨的逻辑推论和深厚扎实的民法学功底。我当时是西政大四毕业班的学生,有幸旁听和目睹了佟老师授课的一幕幕场景。在新中国民法教学的历史上,正是这个具有里程碑意义的培训班将佟柔老师隆重地推向了前台,使他成为中国民法学界的一个灵魂性的人物。这个培训班的主要策划人是西政著名民法教授金平先生。事后,不少同事回顾说,金平先生的这次成功策划对民法学界今后不断走向团结兴旺可谓功不可没。

有一天,佟柔老师讲课结束后,金平教授专门把我介绍给佟老师。在佟老师住的那间学校招待所陈设简洁的房间里,我和佟老师开始了第一次面对面的谈话。

记得佟老师当时兴致很高,精神状态极好。佟老师谈到他年轻时的经历、"文革"岁月以及他的学术观点等。谈话中间,我忐忑不安地问起那道考试题的事。佟老师看着我,双目深邃,笑而不答。他让我先说出自己的答案。我讲完后,佟老师笑着告诉我:"你是对的"。他说这道题目是当年在东北朝阳大学读书时从日本的一本法律趣味题集中看来的,目的是训练学生的逻辑思辨能力。

天暗了下来,周围都安静了。佟老师谈兴还一直很浓,我们居然忘记了开灯。在佟柔老师的卷烟的忽明忽暗中,在佟老师偶尔发出的几声打破寂静的咳嗽声中,我们的谈话结束了。凭我的直觉,那天晚上我的谈话也给佟柔老师留下了很深的印象。

在和佟柔教授见面之前,我曾仔细读过佟先生撰写的教科书和论文。佟先生的著述并不多,但每一篇都是简明透析、惜墨如金、笔力不凡。从第一次和佟先生见面起,我就发现,他是个思路清晰并极善言谈的教授,而且极有可能是一个言谈胜过其文章的教授。这样的人,天生就应当属于大学讲坛。

不久,中国人民大学的研究生复试通知书来了。我要去北京参加复试。在我准备启程的前两天的一个傍晚,一个同学在学生宿舍的楼道尽头大声喊着我的名字:"周大伟,你的电报,北京来的电报!"

是佟柔老师发给我的电报。电文简洁清晰:"本周六复试,速来京。勿误。佟柔。"在今天用一条手机短信就可以瞬间完成的通信联络,在当时最快的就是隔天可以收悉的电报了。对佟老师这样一个大学普通教授来说,这是要花费自己的时间和费用去邮电局排队才能完成的事情。不难想象,佟柔老师为了一个研究生的录取,是何等用心!看着手里的电报,一股暖流涌上我的心头。

1983年初夏,我拿到人民大学法律系的入学通知书。打开一看,有点纳闷:为我设定的研究方向是所有权法律制度。这是一个当时有研究难度的课题。我来到人大见到佟柔老师后,当面向佟老师提出了自己的疑虑。我说:"佟老师,我能不能换一个别的研究方向?"佟老师两眼笑眯眯地看着我:"你说说你的理由。"我说,所有权的问题其实依附于所有制的问题。依照现在的情况,包括土地房屋在内的财产还明确属于生产资料公有制的范围,没有进入流通领域,做民法研究就很受局限。财产只有属于不同的所有者并在平等主体之间有流通交换可能时,才更具有民法研究的意义。您看,我能不能换成其他的研究方向?佟老师听完我的话后笑了。他说:"说实话,当时把专业细分是为了多招几个研究生。如果只讲招收民法研究生,可能只能招两三个。要是所有权招两名,合同招两名,外国民商法和婚姻继承法再招两名,这样就是6名嘛!我们的民法缺人才啊!能多招一个算一个。"佟老师说着,脸上露出顽童似的笑容:"其实,你们进来以后,至于研究什么,可以按照具体情况再定"。

佟柔先生不仅仅是位普通的大学教授,还是一位满怀理想和热情的教育家。我想,这可能就是目前各级各类教师或导师们和佟柔先生那一代人的最大区别。个中原因其实并不复杂,那就是教师职业精神的失缺。

如今,高校的研究生已经扩招到了令人瞠目的程度。恐怕难得再有一个导师为了多争取一个招生名额而如此费神了。不仅高校的教师们在指导研究生,而且国家的高级官员们也在百忙之中指导研究生。在校园里,学生和导师之间交臂而过但形同路人的情形已经不足为奇。一日,我在欧洲某国际机场协助国内驻外机构迎接一位政府要员。同时在机场等候的还有一位在当地探亲度假的国内博士生。他对我说,今天到访的这位政府要员是自己的"博导"。在国内难得一见,今天特意赶到异国的机场和他见上一面。

民法教授的"不当得利"

记得是在1985年秋天,佟老师让我和他一起去为一个政法干部培训班讲民法课程。地点在北京南郊丰台党校的一个礼堂。他讲总则部分,我讲分则部分。依照当时一个不成文的规定,讲课费不分教授还是讲师,一律是按5元钱1小时计算。办培训班的人觉得佟老师这么大名气的教授,应当适当照顾一下,就悄悄为佟老师多计算了两个小时的讲课费。当我把讲课费带给佟老师时,他还是发现多出了10元钱。他一边笑着一边告诉我:"人家多付给我10块钱。你明天去上课的时候替我还给人家。依照我们民法的规矩,这叫不当得利。那么,不当之部分应当立即返还"。记得我当时还和坐在床边缝补衣服的常风老师开玩笑说:"佟老师非让我把这10块钱退回去,您有意见没有?"常老师眼睛一亮,马上干干脆脆地回答说:"这事儿你还犹豫什么!不管人家是有意还是无意,多了就还给人家呗!"

1988年初,我和佟柔老师一起去大连参加由中国法学会和辽宁省共同主办的"国营企业厂长经理法人地位研讨会"。会议期间,专门邀请了几位辽宁省重点国有企业的负责人前来座谈。当时佟柔老师是这个研讨会的主角，会议期间很繁忙。有人提出，佟柔老师不一定从头到尾都参加这个和地方企业家的座谈会，中途可以退场去开另一个会。可是佟柔老师坚决反对这个做法。记得他当时很认真地说："这样做不合适。人家企业家能在百忙之中来参加座谈，是对我们邀请的承诺。用我们民法的话说，这是个双务的民事行为，我们要讲究平等和诚信。你尊重别人，别人才会尊重你。"

佟老师家里人口多，是名副其实的三代同堂。家里太拥挤了。每次去佟老师家里，都看到常风老师只能坐在床上，连再多放个凳子的地方都没有。可是，无论我们什么时候去佟老师家里，无论家里当时如何忙乱，佟老师夫妇都毫无怨言。我几乎从来没有听佟老师在我们面前抱怨过房子拥挤的事情。我们这些学生实在看不过去，纷纷通过不同方式向校方反映佟老师家的住房问题。记得有一次在校园里遇到佟老师的女儿，我问起她家里的住房的事情，她说，父亲最近已经给校方写了信，但还没有得到答复，大家还在等消息。

有一年暑假我在外地，母亲托办公室的一个老同事顺路去给佟老师送一份学术资料。母亲的这位老同事已年过半百，自称这是他平生第一次走进一个大学教授的家门，他对此行积极主动且充满好奇。当他亲眼目睹了佟老师家里住房拥挤的状况后，非常认真地对我母亲说："真没想到啊！一个大学名教授家里怎么会是这样啊？你儿子将来毕业了，我看最好还是别当老师了，还是到国家机关当干部好！"

穿一身中式布衣，戴一顶前进式鸭舌帽，抽一种深色的焦油卷烟，是佟柔老师给大家留下的典型特征。他有一次从深圳回到北京，给我们讲了一段趣闻：在深圳的一家豪华酒店门口，门卫看他衣着朴素，居然不准许他进去。他对门卫说："前边已经进去的那个女同志，是我的爱人。我们是两口子。你连她都让进去了，怎么能不让我进去呢？"佟老师一边说着，一边爽朗地大笑起来，一点抱怨的情绪也没有。坐在旁边的常风老师也笑着说："就是，连我都顺顺当当地进去了，偏不让佟柔进去。岂有此理！"

1986年秋天，受企业法律顾问单位的邀请，我和佟柔老师专程去保定，为一宗特大进出口贸易合同案件提供法律咨询。保定是佟柔老师少年时生活过的地方。"九一八"事变后,东北三省沦陷,佟柔全家人颠沛流离,深受国破家亡之苦,饱经战乱灾荒之患。全家当时曾先到到北平避难。尔后,由北平迁居保定,佟柔与妹妹一起考入保定第二高级工业职业学校,学习了两年染织。在保定工作之余,我们陪伴佟老师专门去当年那家高级工业学校的旧址探访。当年的学校早已成为一家机械修理厂,因经营不善,工厂已经倒闭。深秋时节,枯黄的落叶散落在工厂的院落内,院落十分安静。佟老师一边走一边给我们讲起当年的往事,时而语调低缓,时而陷入沉思。看得出,四十多年前的情景或许时隐时现地浮现在他的脑海里,正唤起一种难以言喻的情感。

不过,回到保定地委的招待所的房间里,佟老师的话匣子又打开了。他兴致盎然地和企业老总们谈起了他最钟爱的民法学。他从罗马法谈到拿破仑法典,从苏俄民法典谈到旧中国的民法习惯法,从朝阳大学谈到人民大学。一直谈到那个长得白胖敦实的李经理几乎开始打哈欠了,佟柔老师似乎依然谈兴不减。

第二天早晨吃早餐时,李经理悄悄对我说:"你们佟教授真是有学问啊!不过,教授才六十多岁,怎么会显得那么苍老呢?中国的知识分子物美价廉啊!"

什么是大师?有豪华办公大楼的校园里,不一定能造就大师;著作等身、频频出镜的人,也不一定能成为大师。佟柔先生是中国民法的大师,是因为,他坦然面对生活的动荡和苦难,为建立博大精深的中国民法学理论体系,坚定不移、孜孜不倦地钻研民法理论,创建了属于他自己的有独特见解的民法理论思想。佟柔先生是中国民法的大师,还因为,他竭尽自己的全力,把自己的学问毫无保留地传授给他的学生,以他的渊博知识、高尚情操,为自己的学生授业、解惑、铺路、架桥,为中国的民法学界造就了一支骨干力量。

与经济法的精彩论战

佟柔先生一生中最具魅力和精彩的一章,莫过于与经济法的论战。

改革开放以来,中国法学界最引人注目的一件新奇事,大概应当是经济法的崛起。随之,关于民法和经济法相互关系问题的争论,也成为中国法学界聚讼已久的一桩公案。

经济法的概念由苏联现代经济法学派拉普捷夫和马穆托夫在20世纪50年代末60年代初提出,并由我国法学界在70年代末80年代初直接引进。在欧美发达国家,至今还没有资料显示,经济法是个独立的法律部门或在大学里成为一个独立的专业学科。

我国著名法学家江平教授在一篇题为"新中国民法的发展与佟柔先生"的文章中笔锋犀利地写道:"改革开放意味着民法和民法学的复兴。而民法和民法学的复兴又是在世界各国均未遇到过的一种特殊环境下进行的:这就是在强大的经济法思潮下的民法复兴。应该说,中国经济法产生的基础和背景是计划经济和市场经济的相互融合。绝对的计划经济不需要经济法,绝对的市场经济容不得经济法,而改革开放起步恰恰在于二者的结合,这就是中国强大的经济法思潮的客观原因。"在这篇文章中,江平教授第一次鲜明地用"经济法思潮"一词,个中含义,令人琢磨。

在进行改革开放之前,我们的国家既没有民法也没有商法,经济关系主要是由党和政府的"政策"来调整的。当经济体制改革发出"依法治国"的呼声之后,一个极为现实的需要随即浮上台面:原来的经济政策需要向法律条文演化;原来的经济政策研究者们需要向法律学靠拢。在民法和民法学尚未获得充分复兴的情况下,经济法便应运而生,并成为一块诱人的"奶酪"。涌入经济法研究队伍的人群中,有大量的政府行政管理人员、政策研究人员、部分原来的民商法教研人员和从事其他政教人文学科的人员。在短短几年的时间里,研究经济法的书刊和学习经济法人员在中国几乎以几何级数在递增,成为世界法律史上的一个法学泡沫般的奇观。

在经济法欣欣向荣的大好形势下,一位经济法教授曾充满激情地写道,近年来经济法异军突起,风靡全国。经济法主要靠计划和合同两个功能。如果说合同是匹骏马,计划就是骑手。今天,它们正在祖国的大地上两翼齐飞,纵横驰骋。有人说,这段话听上去,有点像某场世界杯比赛的解说词。

此时,面对这样一个潜含挑战的问题,佟柔,这位民法学界的老前辈伛偻而起,应声发出强烈的反对观点。在当时经济法气贯长虹之际,这样做,多少要有些堂吉诃德式的胆魄。

佟柔教授从一开始就明确指出:"经济法"本身是一个极易引起误解的概念,许多人将经济法理解为调整经济关系的法律,以至于将凡是包括了经济内容的法律如宪法、民法、行政法、劳动法,甚至刑法都当成了经济法的组成部分。这虽然提高了经济法的地位,但是这样一来,经济法就不可能有自己特定的调整对象和调整方法,因而就不是一个独立的法律部门了。"这种说法实际上是一个经济法律汇编,这不是科学体系,而是诸法合一"。如果经济法的内容仅包括经济行政法的内容,那么它也不过是行政法的一个组成部分。否则,经济法者,既不是经济,也不是法。

经济法后来走过的坎坷道路,基本证明了佟柔先生的远见。尽管不少经济法学者断言,一个崭新的法律部门——经济法的产生将标志着中国法学发展的新的指盼。然而经济法在自身的发展道路上却步履维艰。经济法最初安身立命的"纵横统一"说,随着中国经济改革的发展步伐,日渐捉襟见肘。人们最后发现,这类政企不分、权责不明的关系,正是我们需要加以深刻改革的社会关系中最不稳定和最没有发展前途的部分。人们根本无法用稳定的法律规范来调整此类处于前途未卜下的社会关系。其次,表现在经济法的基本要素和体系方面,经济法理论往往把民法总论和行政法总论中已经固定的概念、原理、制度、手段等,引申出诸如"经济法人"、"经济合同"、"经济债"、"经济法律关系"、"经济诉讼"等移花接木式的概念。佟柔先生一针见血地指出:"反映在法律教学活动中,民法学(包括行政法学中)讲授过的一些基本内容,经济法学则可能再重新叙述一遍,这已经不是课程之间的交叉了,而是一种简单的重复"。这一点,恐怕也是经济法研究者们羞于承认而又不得不承认的事实。邯郸学步,匍匐而归,历来是最值得人们警惕的研究态度。

目前,中国经济法理论依然没有摆脱从它产生之初就面临的两难困境。一方面,经济法研究者们在努力探索着将经济法塑造成一个"独立的法律部门"的种种途径;另一方面,他们在理论思考上又苦恼于传统法律部门划分标准的难以逾越。一方面,经济法研究者们竭力从浩如烟海的具体法律法规中提炼出某种抽象的法律规则;另一方面,在实践中又只能传授一些不甚完整的启蒙知识和部门规章。可见,经济法理论的现状是"形而下"的,而不是"形而上"的,是"器"而非"道"。这样的理论研究目前仍然停留在对现有的法律法规进行滞后性的解释、堆积、整理、编纂和拼接的状态,而不具有理论上应有的超越。用风险投资领域的话语说,属于明显缺少"技术含量"的"非创新产品"。

我国著名法律学者王家福、梁慧星和王利明等人在20世纪80年代中期提出过经济行政法的主张。其核心在于,主张平等主体之间的财产关系由传统民法调整,而涉及国家行政权力干预、管制内容的社会经济关系可以由经济法来调整。佟柔先生后来在他主编的高等学校统编教材《民法原理》(1987年修订版)中也表达了对此主张的大致认同。他审慎地写道:"如果经济法的内容仅包括经济行政法的内容,经济法可以成为一个独立的法律部门,那么它也不过是行政法的一个组成部分。"今天回过头来看,这一主张当时产生的积极效果似乎出人意料:它在一定意义上调和了民法和经济法的矛盾——在处于紧张对峙状态的民法和经济法之间划出了休战停火的楚汉河界。这一主张很快得到了立法机构的认同,并对包括《民法通则》在内的我国民商立法实践产生了重要的影响。

《民法通则》的颁布,使经济法学一度陷入沉闷。2000年前后,最高人民法院向全国地方各级人民法院提出要求:取消经济庭,建立民事审判庭、刑事审判庭和行政审判庭三足鼎立的新格局。最高人民法院的发言人称,加入世贸组织后,我国经济将全面融入国际经济的大循环中,民事审判制度和方式也必须与国际通行做法接轨。而国际通行的做法是,法院并没有经济庭的设置,这一部分审判职能是由民商法庭或民商法院来承担的。此举对经济法而言,无异于雪上加霜。

在后来的日子里,经济法研究者们在有限的汉语言文库中,几乎翻遍了可能用来修饰经济法的所有词汇,在动词方面,比如"干预"、"协调"、"振兴"、"调节"、"指导"、"调整";在形容词方面,比如"社会公共的"、"弹性的"、"间接的"、"经济性的"、"宏观的"、"遵循客观经济规律的"、"具有全局性的"、"补充性的";等等。遗憾的是,为数众多的经济法研究者们多年的刻苦研究并无多少创新。在人们的印象中,经济法勉强离开了民法的樊篱,又陷入了行政法的窠臼。多年过去了,直到今天,经济法似乎还是一个不说倒还明白越说反而越有点糊涂的概念。每每看到有些名曰"某某民商经济法学院"的招牌,多多少少有点让人犯晕。

在美国伊利诺伊大学(University of Illinois at Urbana-Champaign)法学院读书时,我曾经向 Peter Maggs 教授求教有关经济法的问题,他是美国著名的研究知识产权法和俄罗斯法的权威(他曾于1988年应邀到北京大学和中国人民大学讲授知识产权法)。他告诉我说:"经济法这个概念的确有人提出过,但主要集中在苏联和东欧国家,而且这部分人的数量甚少。从历史上看,经济法显然属于国家集权经济时代的特殊产物。今天,在俄国已经没有什么人再研究经济法了。在他们看来,普通的民法和商事法律的集合已经足以囊括经济活动中的全部规则。Peter Maggs 教授最后还说,无论如何,在 LAW 前面冠以 ECONOMIC 这么大的概念,是一件非常令人 CONFUSING(疑惑不解的)的事情"。

在欧美和日本等市场经济发达国家,通常制定有民法典和商法典,法学院的学生在读完民法(包括财产法、合同法和侵权法等)、刑法、行政法、刑事诉讼法、民事诉讼法等基本课程后,可以将反垄断法、破产法、海商法、公司法、合伙法、房地产法、证券法、税法、银行法、环境保护法、知识产权法、国际贸易法等,作为单项选修课程并要求学生在毕业时修满规定的学分。几乎没有人刻意将这些选修课程拼凑成一个独立的法律部门用来专门办学和招生。有人考证说,德国是所谓经济法的"发源地"。据在德国的法律学者介绍,大半个世纪以来,在德国法律界没有出版过任何有关经济法的书籍和论文。经济法在德国早已经销声匿迹。

有趣的是,我在海外遇到的几位毕业于国内经济法专业的留学生,他们大多不太愿意和外国学人谈起经济法这个专业名称,他们几乎不约而同地告诉人们,自己的专业是民商法(Civil Law or Business Law)。因为他们实在有些担心,Economic Law 或 Laws for Economy 这些字眼会让中国以外的人们听不懂或产生误解。最近,在 TOTOO 法律青年论坛网站上,还看到一个留学生因为"经济法"这个称谓在海外求学时遇到了麻烦,从美国发来一个向国内网友紧急求问的帖子。

最近，我在网络上用百度和GOOGLE两个最著名的搜索工具对"经济法"和"Economic Law"这两个关键词进行搜索。结果发现：

通过GOOGLE搜索，几乎没有找到对应的英文Economic Law的概念。只有相近的词条，如International Economic Law和Economic and law等。有位天主教教父在文章里用了Economic Law的概念，但他指的是"经济原理"，而不是经济法。通过GOOGLE搜索，找到中文"经济法"的条目共859 000条，但内容全部是在讲中国内地的经济法。

通过百度搜索，找到对应的英文Economic Law条目有494 000条，其内容是讲中国经济法。通过百度搜索，找到中文"经济法"的条目共7 640 000条，内容更是在讲中国内地的经济法。

今天，我们大致可以相信，在世界范围内，经济法教研领域的从业人员主要都聚集在中国内地。其中不乏执著而刻苦之士。他们中间有人断言，中国的经济法研究极有可能是中国法律界未来对世界法学最具贡献的部分。这种可能性或许不应排除。但具有讽刺意味的是，自从苏联和东欧发生剧变后，中国经济法这个概念以及学科，就已经基本上和所谓"世界法学"处于"脱轨"的状态。

后来，佟柔先生一直主张将经济法作为一个学科来看待的观点，是合乎情理的。真理本应越辩越明。无论任何一种学术流派和学术观点，都值得在一定的范围内继续研究和探讨。不过，在我们中国，学术争辩的胜负也往往会触动某一方的"奶酪"。因此，为了维持"安定团结"的大好形势，即便是彼此言不由衷，也不妨先达成某种语焉不详或心照不宣的默契。这么多年过去了，"不争论"这个构建具有中国特色和谐社会的基本原则，似乎也已经渗透到了此类学术领域之中。问题在于：像这样一个涉及法学教育实践的问题，是否也需要如同某类重大历史和原则问题一样，将来留给后人和历史去做评论？

问题往往并不像人们想得那么简单。以我平凡的想象力判断，经济法面临的难题仍会持续无解。这个难题，不仅仅将继续困扰那些执著刻苦的研究者和教学者，还将继续困扰那些最初仰视它的学生们。据统计，全国每年招收的经济法本科生、硕士生和博士生，为数庞大、蔚为壮观。我们是不是可以顺便问一句,对于这样一个已经和国际不"接轨"的、一直存有重大争议的学科,如此大规模地招生,是否应该三思而后行?

在国际投资领域,经常会遇到一个英美侵权法的术语:Due Diligence。直到今天,人们也很难为它找到一个简明恰当的中文译名。其中的含义可以是,为了避免构成法律上的侵权,要求行为人对自己的行为尽到一个合理、审慎的人应当尽到的义务。依循这样的规则,当我们的经济法专业在招生时,是否和考生们透露过:你们进入大学后所冠名的这个专业,是一个目前与"国际"尚未来得及"接轨"的专业;是一个在专业名称上可能引起误解的称谓。如果以"合理、审慎的态度"将这些信息透露给考生后,情况会怎么样呢?反过来说,如果我们隐瞒这些信息,情况又会怎样呢?眼下,我们还无法对此后果作出预见和评估。

今后,经济法的难题将依旧是一份需要众人指点迷津的"考卷",它将继续考验着我们的人文鉴赏力;考验着我们的学术良知、环球视野、人文情怀、思想智慧和审美标准。正在成长中的一代新人可能不仅仅是作为一个时代见证者而存在,他们会更冷静、清醒、理性和智慧地参与和介入其中,并随时提出挑战和质疑。因为新的阅读和思考方式必将摒弃那种固化、烦琐和教条式的樊篱,而以一种探究的方式,打通他们的思想和学术价值世界,他们将有潜力去重新装点某些曾经是单薄平庸的学术殿堂。

一生中最忙碌的日子:起草《民法通则》

佟柔先生一生中最高兴的事,大概是《中华人民共和国民法通则》的顺利起草和成功颁布。

1986年初,《中华人民共和国民法通则》的起草工作进入最后报审阶段。世界上的事,总是有人欢喜有人忧。就在法工委准备将民法通则草案报请人大常委会讨论的同时,作为学术对立面的经济法学派也在进行紧张的"院外活动"。有消息证实,经济法学派已经迅速组成一个法案起草小组,打算起草一个"中华人民共和国经济法大纲",以便通过国务院行政渠道同时提交人大法工委讨论。有消息称,经济法大纲的起草工作小组已经进驻北京西郊的一个宾馆。鸣笛之间,一场立法的赛跑已经开始。

到底是采用民法通则,还是采用经济法大纲?最后拍板的人,并不是学者,而是官方。作为一个学者,尤其是法律学者,如何与政府融洽地合作,既不趋炎附势,又能让官方从谏如流,几乎是个千古难题。像佟柔教授这样的著名学者,此时能发出自己的声音已经不难,但人家听不听得进去,就是另一回事了。不过,这一回,以佟柔为代表的中国民法学派的声音,听上去显得格外清晰和坚定。

人们或许已经注意到,在现阶段中国的立法活动中,一个法案的最后通过,往往和最高权力机构中的某一个核心人物的最终首肯直接相关。此刻,彭真委员长就是民法通则这部法律的重要推手。令人好奇的是,彭真最后是由于什么原因力推"民法通则"而断然否决了"经济法大纲"?他身边懂法律的顾问班子里究竟是哪几个人起了关键的作用?是王汉斌,还是顾昂然和杨景宇?或者是自己在法工委任职的小儿子傅洋?至今,人们似乎还不得而知。

据傅洋回忆,当时在将决定民法通则提交人大常委会审议以后,经彭真建议,组织了一个阵容庞大的座谈会,邀请了一百八十多位包括法律学者以及各个实际部门在内的专家,聚集在一起对《民法通则》进行讨论,以便真正做到集思广益。在会议结束的时候,彭真还在人民大会堂的宴会厅举行了晚宴。当时,这个宴会不单单地是一种请客吃饭,而是代表着国家对于法律工作者的最高礼遇,也是对民事立法工作的极大支持。

有人看到,就是在这个宴会上,紧靠彭真旁边就座的并不是某个行政部门的高级官员,而是一介布衣的学者佟柔,而且还看见彭真在给佟柔教授频频斟酒布菜,二人谈笑风生。与宴者多有"韩信拜将,全军皆惊"的感觉。

会后,我亲眼看到佟柔老师拉着中国著名的罗马法研究专家、安徽大学法律系教授周枏的手说:"周老哥,这回我们的民法算是真的要出来了。"周枏老先生一边眯着眼笑,一边不住地点头。

尤其引人瞩目的是:《民法通则》明确地把平等主体的公民之间、法人之间、公民和法人之间的法律关系作为民法的调整对象。《民法通则》的颁布,使人们在民法和经济法相互关系问题上的认识逐步趋于统一。

据我个人观察后得出的结论,当初整个《民法通则》的制定和颁布过程,自始至终都带有强烈的中国特色——一群学者的执著坚守、一次对立学派的绝地反击、一位领导人的重要指示,然后是一场旷日持久的学术争论的偃旗息鼓。

《民法通则》终于正式颁布了。1986年前后的那段时间,可能是佟老师一生中最忙碌和最高兴的日子。

点击商品经济:触摸民法跳动的脉搏

佟柔先生关于商品经济与民法的关系的观点,特别是从商品经济的角度系统论证民法的调整对象、体系和功能,在中国特殊的法律语境里,具有独特的学术意义。

有些人今天可能会提出疑问:民法的调整对象问题真的有那么重要吗? 西方发达国家的法学家似乎从来不屑于讨论这个问题,我们还有必要为这个问题在课堂上花费很多时间吗?

抚今追昔,我们不应忘记,在佟柔先生苦苦思索民法调整对象问题的时候,我们的国家还远远没有今天这么开放,我们的社会环境还远远没有今天这么宽松。到底什么是民法? 民法是做什么用的? 当时,对大多数中国人而言,还异常陌生。

民法的本质是私法。在民法中,平等的民事主体之间相互尊重的权利和义务关系,本质上就是传统私法领域的基本社会关系。但是在改革开放之初,私法的概念属于法学研究的禁区。因为"革命导师"列宁曾斩钉截铁地说过:"社会主义不承认私法。"打破禁区是需要智慧的。当时,借助经济学界对社会主义商品经济问题展开的破冰式的大讨论,佟柔教授在中国法学界首先提出:民法是调整商品经济关系的法律。对这个观点,佟柔教授很早就思考过,它的逐渐成熟和完善则是在改革开放之后。但是,在我国经济体制改革初期,在计划经济仍然占据主导地位的情况下,提出这种观点也是需要极大的学术勇气的。在各类民法教科书已经汗牛充栋的今天,我们回头看看25年前的事情,有人要找出佟柔老师当年思想探险或措辞的个别局限性,确实不很困难。但是在整体水准上,那样的思想认识实属20年前的先知先觉,即使在今天也没有失去它的前瞻性。

近代和现代的世界历史已经说明,如果不经过发达的商品经济,任何国家都进不了现代化的大门。这是社会进化不可逾越的阶梯。今天,除了稚童和蒙昧者,已经很少有人再将商品、市场这类词语慷慨地视为西方资本主义的专利了。

佟柔教授发现并提出了极为科学的命题,即"民法是为特定历史时期的商品经济服务的,并且也必然受特定历史时期的商品经济范围的制约"。"我国的民法之所以长期得不到发展,原因就在于没有高度发展的商品经济;没有高度发展的商品经济,就没有高度发展的民法"。当我们把民法置于商品经济这样一个制高点上来讨论时,可以说,我们才真正触摸到了民法发展的脉搏,并由此为出发点来确定民法作为基本法的地位。

我很欣赏学过医的方流芳教授对民法地位和作用的生动描述:"如果说,刑法可以作为一柄锋利的手术刀来革除社会的痛疽,那么民法则可以作为固本培元的良药来使社会保持稳定的生理平衡,促进社会的健康发育。"纵观世界各国的发展历史,民法作为商品经济活动的重要法律形式,它把一个社会赖以存在的、每日每时大量发生的商品交换活动纳入自己的调整范围,它以一种神奇的力量将无数如同散沙般的商品所有者聚集在一起,为人类的文明创造出无数的物质和精神财富。在全球市场经济迅猛发展的今天,民法更是希望一个长治久安、兴旺发达的国家须臾不可离开的东西。

佟柔先生是新中国民法的先驱者。今天,当我们可以毫无顾虑地谈论商品和市场问题时,人们大概已经不难看到当年佟柔先生有关民法理论的局限性。但这并不意味着后来人可以用挑剔的目光去评论那些在崎岖的人生路上披荆斩棘备尝艰辛的先驱者。作为后来者,永远不应当忘记的是,今天我们能少走一些弯路,避免一些挫折,多取得一些成就,那都是前人呕心沥血的代价换来的。

教书育人、严师慈父

1988年底,中国人民大学出版社出版了我的第一本独立完成的著作:《技术合同法导论》。这大概是国内第一部系统论述技术合同这个新型合同形式的专著。佟柔老师和王益英老师还专门为我的书写了序言。他们在序言中写道:"本书作者是位青年法律工作者,他对技术合同问题进行的研究,联系了我国经济体制改革和科技体制改革以来发展商品经济及由此有求得法律秩序这个最大的实际。""技术合同是个新的课题,对实际工作的调查了解以及理论分析还有待深入。一本书难以求全,贵在许多方面给人以新的知识和新的思想。"

佟柔老师当时刚刚从香港讲学回来,他告诉我,你的这本书有些新意,应该把它介绍给海外的法律专家,他当时给了我几张我国香港、台湾地区,以及美国和日本法学界的知名学者的名片。记得其中有我国台湾地区的王泽鉴、翁松燃、吕荣海(王泽鉴的得意门生),香港的胡鸿烈等;还有美国杜克大学法学院和日本东京大学法学系的几位教授。其中吕荣海先生收到我的书后,还专门来北京找我,我们后来成了很好的朋友。现在,吕荣海担任国民党的首席法律顾问。2005年,连战访问北京时,人们可以看到他在人群中忙碌的身影。

2004年5月,翁松燃教授来美国硅谷休假期间,在一个侨社举办了一场关于两岸关系的讲座。我在当地报纸上看到消息后,驱车前往参加。讲座结束时,我走上前对翁松燃先生说:"您还记得我的名字吗?我是祖国内地来的,是佟柔教授的学生"。听到佟柔两个字,翁先生眼睛一亮,马上动情地说:"哎呀!记得!记得!佟柔先生把你的书寄给过我。佟柔先生是我最最佩服的祖国内地教授,他的学问很好!只是他过早地去世了,真是可惜。"

佟柔教授治学和教学都十分严谨。上课时不时提问。对学生的惰性和粗心,他其实从来心里有数,但并不当场点破。时常旁敲侧击,代之严厉的批评。不过,有一次,我真的把佟老师惹火了。

记得是1988年夏季,佟柔老师应河北人民出版社约稿,打算编辑一本"中国民法与经济体制改革"的书籍。佟老师请我替他担任组稿工作。我很快写出了大纲并开始联系在北京和外地的民法学者,其中大部分是当时崭露头角的中青年学者,记得其中包括王利明、方流芳、郭明瑞、尹田、王卫国和周强等。可是,当我把编写大纲交给佟老师审阅时,他马上发现了问题。他问我,为什么没有把"债"的研究课题列入书中。这个问题问得很突然,我当时其实并没有认真思考就说:"关于民法体系中今后是不是还需要'债'这个概念,目前有些争议。我自己也有些觉得'债'这个词似乎有些陈旧,是否可以用其他的概念代替?"佟老师当时脸色很不好看,马上就很严肃地说,我坚决反对取消"债"这个概念。在整个民法体系中,"债"这个概念是绕不过去的。我们对"债"的问题还应当下大力气研究,你却没有把它当回事儿。你是从哪里听来的要取消"债"的说法?我真不明白,我教了你这么多年,你怎么会有这么糊涂的想法呢?看得出来,佟老师在极力捍卫自己的民法逻辑体系,他对自己经过多年深思熟虑后得出的观点从不轻易让步。

听见佟老师话说重了,正在厨房做饭的常风老师突然大声说话了:"老佟,要以理服人!老佟,要以理服人!"听到夫人的话音,佟老师沉默了片刻,然后说:"我不想把我的观点强加给你。建议你去和其他同事讨论讨论。"

开始我自己也觉得有些委屈。事后逐渐感觉到,佟老师的批评是对的。他对民法体系的分析是经过深思熟虑的,他对自己认为是成熟的思想体系从不轻易让步。或许将来有一天学术界会找到一个比"债"更适当的词语来表述各类抽象的民事法律关系,但目前条件下舍弃"债"的概念是简单轻率的。更使我受益的是,佟老师当时批评的是我自己那种不求甚解、人云亦云的学习心态。在自己做了教师之后才渐渐发现,成功没有捷径。学术上来不得半点投机取巧和虚伪骄傲。回顾佟老师的严厉批评,自己深深感觉到学术底子的重要。

记得我在启程去美国之前,佟老师约了王益英老师和孔庆云老师一起在人大的教工小食堂里专门为我饯行。佟老师提到:"前些日子,关于那个'债'的概念的话题,我批评你的话可能有点严厉了。听说你有点委屈。就让它过去吧!"听得出来,佟老师知道我要远行,他不愿意他的学生带着委屈出门上路。我说,"佟老师,是我自己不求甚解。您的批评是对的。"

佟老师这一代人,大概属于中国最后一代传统的知识分子。看到自己的学生一个个都去了国外,他内心是矛盾和痛苦的。他有些感伤地对我说:"小王(王利明老师)和方流芳现在也在美国。估计他们两人不久都会回来的。没想到你说走就真的要走了。你这一走,什么时候回来就难说了。以后无论在哪里生活和工作,都别忘了咱们中国人自己的东西。我相信,只有民族的东西才是国际的东西。"他对我的关切,从他的语气、神情和目光中,充分流露了出来。那天,孔庆云老师还特意拿出300元人民币交给我说:"这几年你协助佟老师一起担任企业的法律顾问,为我们第十律师事务所作过贡献。这是佟老师和我们所里的一点心意。你就收下吧!"

临别时,我看着佟老师等渐渐远去的背影,泪水盈满了眼眶。我万万没有想到,这竟是自己和佟老师最后的一面。

在美国发出的哀悼电报

1990年秋季,我和方流芳都在美国纽约哥伦比大学法学院。佟柔教授曾经在1987年应邀在该校的中国法研究中心做过中国民法通则方面的演讲。记得是在1990年9月中旬的一天中午,我按照平常的习惯来到哥伦比大学法学院的中国法研究中心办公室拿取信件。办公室的行政秘书LARRY MARTIN先生是个平常喜欢和大家开幽默轻松玩笑的年轻人。不过,那一天他见到我时却表情凝重。他的第一句话就说:"大伟,告诉你一个坏消息,我们刚从北京方面得到通知,佟柔教授昨天晚上在北京去世了。"我顿时感到一阵晕眩。尽管我当时已经在海外得知佟老师身患重病的消息,但听到恩师过世的消息,还是不能接受这个事实。我感到沉重的悲哀阵阵袭来。我想到,我从此失去了一位尊敬的长者,一位在我青年时代引导我走上法学研究道路的导师;中国法学界从此失去了一位德高望重、热情质朴的大师。

我急忙赶回住所,把这个悲痛的消息告诉方流芳。当时中美两地的通信联络远没有今天这么便利。我们当即决定起草一份简短的悼词,用电报的形式发给中国人民大学(当时只有人大校部才能接受电报)并请校部转交法学院和常风老师。电报当天下午就发出去了,我和方流芳的心里总算多少平静了下来。

老方是个办事认真执著的人,他不久回到国内后就去学校有关部门查询电报的事。他从北京给我来信说,那份电报当时被遗失了。为此他甚至和校部的管理人员争执了一番。听到这个消息,我也很难过。但是,我们作为一个普通的大学教师,面对服务效率低的官僚部门,争执又有什么用呢?此后很长一段时间里,自己心里时时感到歉疚和不安的是,在佟老师的追悼会召开之时,我就这样最后失去了向佟老师最后致哀的机会。

不久,许崇德老师来美国讲学途经纽约,住在中国驻纽约总领事馆的招待所。我去看望许老师时,谈起佟老师去世的事。许崇德老师深深地叹了一口气说:"佟老师去世太可惜了!他还没过上几天好日子,就这么走了。"

这些年,我经常回国工作和旅行。每次经过中国人民大学的校门,都想让汽车开慢一些,以便再仔细张望一下母校的校园。可是一想到,在这个校园里,我再也不会见到佟柔先生了,心中不由感到一阵空寞。

他就是佟柔

一日,和一位电视剧导演在一起谈天。席间,他知道我曾在大学任教,就问我能不能描绘一下中国大学校园里的教授的形象,最好能有点"画面的质感"。我略微思考了片刻,描述了20年前真实的一幕:

20世纪80年代某个初春的早晨,一位年过六旬的老教授,着一身藏青色中式对襟上衣,戴一顶前进式鸭舌帽,从学校宿舍区缓步走向教学楼。

进了教室后,老教授把讲义放在讲台上,摘下帽子,露出一头稀疏的银发。然后抬起头来笑眯眯地看着同学们。大家抬头看着他,但他没有开口讲课,仍在微笑地看着同学们。

大约过了半分钟,教授开口说话了:"大家今天早晨听广播了吧!我们国家的乒乓球队这回一共得了七项冠军。一共七项啊!不容易啊!"老教授一边说着,眼睛里闪烁着顽童般天真的目光。同学们都开心地笑了。

老教授转身在黑板上写下了今天上课的内容:民法的调整对象:商品经济。

不必再问他是谁了！他就是民法教授佟柔。他应该是很著名的,同时也是很普通的。如果他老人家今天还活着,该是87岁了。

无论如何,他是不应当被人们遗忘的。

2007年1月草于北京东方广场；
2008年1月修改于美国加州硅谷

第一讲　我国民法调整对象问题的研究

一、问题的提出

讨论我国民法问题,首先必须涉及我国民法的调整对象问题。这是一个难题,但不能回避。通常在上民法课时,包括我自己在内的教师们大多是这样讲的:我国民法调整的对象是一定范围的财产关系和一定范围的人身关系。这种财产关系有两个特点,(1)双方当事人法律地位平等;(2)双方当事人经济利益等价。这样就算基本上交代清楚了。但是当我们用民法的这两个特征与其他法律部门比较后,再进入民法原则讨论的时候,很多人则一直不满意这种讲法。因为这个"一定范围"没有说出民法调整对象质的规定性,简单回避这个问题是不行的。因为民法调整对象不是一个纯理论纯概念的问题,我们今天研究这个问题并不完全是为了要从理论上、逻辑上得到某种满足,民法调整对象问题事实上涉及我国许多重大的实践问题。

民法是我国统一法律体系中的有机组成部分,又是一个具有相对独立性的法律部门,这是因为它调整着一定性质和内容的社会关系。也就是说,我国民法应该有它自己的调整对象。十分明显,民法调整对象问题的研究将关系到我国民法科学的建立、民法典的编纂以及司法实践中对民法规范的正确运用。因此,民法调整对象是民法科学中首先应该解决的一个基本问题。譬如,我国民事立法应该建立什么样的体系？有哪些原则？运用哪些调整手段？等等。弄清调整对象问题,在立法上有重要的实际意义。我国民法典还迟迟不能公布,与这些问题没有搞准确是有关系的。民法调整对象问题搞不清楚,在适用法律上也是有困难的。我们不能用处理婚姻家庭关系的原则去处理合同纠纷,或者用处理合同纠纷的原则去处理与著作权、发明权相联系的某些关系。这样不利于司法实践中法律条文的适用、解释,并且往往因此对案件做出不正确的处理。研究这个问题的实践意义还在于能够推动我国民法研究的不断前进。

我认为,目前在我国民法的调整对象问题上,大家没有一个共同的语言,研究的方向不一致。如果从总体上、根本上有分歧的话,对我国民法理论研究的发展就是一个障碍,所以我们不能回避这个问题。

民法调整对象,过去有以下几种说法:

1. 西方法学家的观点

西方法学家把民法规定为私法,按这种私法的理论,民法调整的对象相当广泛。私法在西方法学家的解释上,是个人与个人之间所发生的某些社会关系,或者叫做独立主体之间所发生的某些社会关系。从这个观念的范围看,婚姻家庭关系是个人与个人之间的社会关系,是民法调整的对象;雇佣劳动关系也是私人间的关系,包括在民法调整的范围内;土地关系、买卖关系和继承关系都是私人之间的关系,在私法总的框框里都能够容纳进去。民法是私法,包括这一大堆内容,凡是个人之间的问题都可以认为是民法调整的范围。私法的观点,长期以来我们不能够接受。其中一个原因是,列宁在苏俄民法典起草过程中,曾经给司法人民委员部负责人库尔斯基写了一封信,他明确指出:"我们不承认任何私法,在我们看来经济领域里的许多问题都在公法的范围而不在私法的范围。"列宁不承认私法的观点,从原理方面分析,大家可能都能理解。就是从私法囊括一切社会关系上讲,很多人不能接受。因为它把婚姻家庭关系、劳动关系、商品交换关系、继承关系混为一谈,违背了法律部门的划分是依据它所调整的社会关系的性质的原则。社会关系的种类不同,性质不同,在这种社会关系内部产生的规律也就不同,就应当运用不同的法律手段来进行调整。譬如,劳动工资关系,不是等价有偿的问题,而是按劳分配的问题,而商品交换则是等量劳动相交换。这两个问题性质不同,其内部规律也不同,不能够按一种立法原则和立法手段来处理。像这样的问题,私法就把劳动力当做商品,当做买卖关系。但我们不能这么看,不能把劳动工资关系与商品混为一谈,不能建立同一个法律关系加以调整。所以,我们国家长期以来从理论上不承认私法的观点,就是按私法的概念包括的内容看,我们认为也是不同性质、不同种类的,要用不同的方法来调整。西方法学家私法的概念在我们这里能否适用,值得我们研究。

2. 苏联民法学家的观点

从传统的苏联民法学家对调整对象的观点看,它是规定为一定范围的财产关系和与这些财产关系相联系的人身非财产关系。正如我们前面所说,这样的规定太笼统,我们不能接受。它不是一个定义,也没有指出这个范围。如果财产关系是个整体的话,"一定范围"划了一部分出来,那么那一部分财产关系是什么,用什么来调整？哪一个范围归民法,哪一个范围归其他法律部门调整,这个问题没有得到回答,没有说出调整的社会关系的质的规定性来,没有通过这个定义揭示出民法的任务是什么,实质是什么,规律是什么。这样给民法下定义也是不能使人同意的。

3. 我国国内的观点

新中国成立以来对民法调整对象的观点,归纳起来看有如下几方面：

（1）认为我国民法调整的对象是社会主义组织间、社会主义组织与公民间、公民相互之间的一定范围的财产关系和人身关系。这种提法跟苏联教科书的定义是一致的,同样是不明确、笼统的。

（2）我国民法调整的是社会主义组织间、组织与公民间、公民相互间的各种财产关系。这样的提法我认为过大了,好像是把民法处于一种"经济宪法"的地位,凡是经济问题都由它管。在我国,财产关系（或叫经济关系）是多种多样的,不同性质的财产关系要求用不同的手段来调整。我们不能够把各种各样的财产关系都纳入民法的范围,这样不仅不方便,而且也不科学,不便于我国立法、司法实践,也不便于科学研究。

（3）我国民法是调整我国公民间、公民与社会主义组织间的一定范围的财产关系和人身非财产关系。这种说法也不妥当。因为经济是一个整体。譬如,研究我国所有权制度,就必须把几种所有制综合,构成一个整体来说明问题,独立地说明是不行的。国营企业与国家所有制又有血肉般的不可分割的计划上的联系,即使个体经济,也是社会主义经济的必要补充,它是一个整体。因此我们在讨论所有权问题时,就应该把各种所有权制度统一地进行研究,在立法时,也应该把它们规定在一部法典里面,而不应该把公民之间的所有权问题和社会主义组织间的所有权（实际上应是管理权）问题分别规定在不同的法典里面,何况各种所有权之中还有许多共同的内容,分别规定必定重复。我们对经济生活的探讨是不允许分离的,特别是在立法上,不允许孤立地采取不同的手段来对待它们。因为在经济领域里，它们有很多共同之处。如国营企业间的物资供应，虽然是有计划的，但它毕竟要符合等价交换的原则，在这一点上与公民之间的买卖关系并没有多少差别，它们都是在双方当事人地位平等、等价交换的原则下进行的。还有：所有权和管理权的转移问题、价金问题、双方自愿的问题、国营企业与公民都没有多大差别。如果有差别的话那只是行政法或其他法与民法配合起作用而产生的结果，就事物的本质来说并没有差别，所以我们不应把它们割裂开来。当然，将社会主义组织间的财产关系与公民之间的财产关系、公民与组织间的财产关系割裂开的情况，在世界上也不是没有先例的。如像捷克斯洛伐克，就把民法范围基本上规定在公民间和公民与社会组织之间。它们另立一个经济法典，规定了"十大原则"，用以调整社会主义组织间的财产关系。这种立法，我研究得不多，但我看到了一些资料，国际上一些学者不无理由地批评了这样立法是简单的重复。调整组织之间的财产关系的经济法的很多原理、原则同调整个人之间的财产关系的民法原理、原则简单地重复了。而且经济立法的"十大原则"也有前后重叠的地方、矛盾的地方。所以，它并不是一种完善的立法，我们不必采纳，理论上我们也不能同意。东德也有个民法典，它着重解决公民之间的权利义务关系，或者叫做保护公民的基本权利的法。它从根本上摆脱了传统观念的民法体系。我分析它的意思是想效法捷克，它把国营企业、社会组织间的财产关系另立经济法典。但其经济法典至今没有拿出来，其原因恐怕是遇到了一些理论上和实践上的障碍。所以，孤立地将公民之间的财产关系和社会主义组织间的某些财产关系割裂开来是不对的，有分裂社会主义生产关系这个整体的缺点。我们不能单纯以主体的不同，作为划分法律部门的标准。这样做是不科学的。

4. 其他观点

也有人讲，民法调整的对象是财产所有关系、流通关系以及继承关系。用这种方法表述，比较具体，但也有缺陷。调整财产所有关系是否只是民法的任务，我表示怀疑，因为我国宪法和其他法律部门都在自己的角度涉及财产的所有关系。流通一词，在民法上是指商品流通，但上升到理论上，这个概念就有些笼统。流通可以理解为财产在动态中转移，这种转移，可以理解为等价的,也可理解为不等价的;可以是家庭财产的转移,也可以理解为工资支付和领取。所以这个概念也不能叫人满意。财产继承问题,是无偿的。资本主义国家有它们的原则,在我们社会主义国家,继承是不是与工资关系,与商品关系有共同的地方呢?不是,它既不遵循按劳付酬原则,也不遵循等价交换原则。它之所以放在民法里,我认为只是补充的观点。因为历来民法都包括继承关系,如果要严格地按唯物主义的法律观来看待,不同的社会关系的性质决定法律的部门,我认为最恰当不过的是把继承关系放到婚姻家庭法中去。因为继承关系的处理原则,继承制度的建立,基本上是实现家庭经济上的消费和生产的职能。因此应按社会主义婚姻家庭的原则来指导这部分财产关系。苏联将继承放在民法里,他们认为继承是民法的组成部分,但在讲课中却是先讲婚姻家庭法,然后才讲继承问题。因为不解释婚姻家庭制度的特征、本质,继承就无从谈起。在我看来,应该彻底地按社会关系的本质属性划分法律部门,继承关系应该作为家庭财产的特殊表现形式,放在婚姻家庭法中,或单独成立一个法,在理论上属于婚姻家庭法。

以上几种观点,在理论上都不能够得到完满的说明。我想,要建立我国民法体系,必须另谋出路。我们可以借鉴外国的经验,但必须在正确的理论指导下,结合我国的实际情况。为了讨论,我提出一个命题:我国民法调整对象是我国社会主义社会的商品关系,或者说我国民法调整的社会关系的核心部分或主导方面是我国社会主义社会的商品关系。我国商品关系存在于什么时候,我国民法的作用就涉及什么范围,延续到什么时候。这是一个命题,我就来论证这个命题。这个命题不笼统,有它的质的规定性,这种提法从逻辑上也是符合给某一事物下定义的客观要求的,调整我国商品关系的法律规范的总称为什么叫民法呢?下面回答这个问题。

二、从民法发展的历史类型来认识民法的调整对象问题

从世界文明发展史看,民法体系犹如一条源远流长的巨川,它的流域贯穿了人类社会商品经济发展不同的历史阶段。如果说,商品社会是一个川流不息、变幻无穷,充满了竞争和活力的大千世界,民法就是有关这个大千世界的一部百科全书。无论从各国立法的历史沿革,还是从各国立法的现

实状况来看,民法在一个国家的法律体系中始终处于举足轻重的位置。一个社会的商品经济越是活跃,民法的作用越是突出。如果说,刑法可以作为一柄锋利的手术刀来割除社会的痈疽,那么,民法则可以作为固本培元的良药来使社会保持稳定的生理平衡,促进社会的健康发育——因为,民法不是仅仅针对社会的"病理现象",而是把一个社会赖以存在的、每日每时大量发生的商品经济关系作为它的主要调整对象,所以,它直接影响着国计民生——一个社会的长治久安、兴旺发达,不能没有民法。

民法就其本质来说,是为一定社会商品关系服务的。也可以说历史上存在过的,现时存在着的民法的本质特征,都是为该社会的商品关系服务的。这种提法既符合传统上的民法概念的观点,也符合当前民法的实质。同时,我们看到,法律文化作为一种上层建筑有它独特的历史继承性。当我们考察不同历史时期、不同国家民法的产生、发展规律时,可以发现它们之间存在着某种共性。回顾历史,有助于我们研究民法的本质属性。因此,我们有必要考察曾经对简单商品社会和资本主义商品社会产生过重大影响的罗马私法和法国民法典。

"民法"一词,是从古罗马的市民法发展而来的。相对于市民法,当时还有所谓万民法,这两个法长期发展,逐步融合,于公元6世纪查士丁尼皇帝在位时,进一步总结、概括成几部法律汇编。查士丁尼皇帝在位时总结出3部,他死后又补充了1部,共4部法令汇编。到12世纪,这4部法令汇编被定名为《民法大全》,也称《国法大全》。"民法"一词就是这么来的。后世各国制度相应的法律范畴,都用自己的本国语言表述了"民法"。

市民法和万民法,从其发展过程看,万民法中的许多内容更有科学性,更能适应社会的需要,我认为,万民法的内容实际上就是后来罗马法的精华所在。它更能够排除偏见,更符合客观规律一些。所以万民法实质上是民法科学发展的真实内容。但后世学者往往认为"民法"一词是从市民法发展而来的,"国际法"一词是从万民法发展来的。这种提法有其道理,我认为作为名词来源,这种说法是正确的,但就民法的实质内容来看,它是从万民法的内容发展起来的。万民法的价值高于市民法,罗马法的精华就集中在万民法部分。

"民法"一词,经过许多变化被保留下来,是因为历代民法的核心部分一直被保留下来了,也就是说,它有共同属性的部分并没有变化,以至于像我们这样的国家也沿用了这个名词。那么,我们要问,其中没有变的是什么?这就需要我们从罗马法往下推,看看它的体系、结构、调整范围,看其保持下来的东西是什么,我们为什么现在也将其称为"民法"。

在古罗马时代,学者认为罗马法是调整城邦生活所必要的行为规则的总和。从当时学者的看法可以得出这样的结论,罗马法开始的概念有囊括一切法律规范的含义,它是总和。古代成文法国家,诸法合体是共同的规律。罗马法在当时既包括实体法,又包括程序法。从前者来看,包括今天看来是民法的内容,也包括今天看来是刑法的内容;既包括西方私法的内容,也包括他们称为公法的内容。但是,罗马法之所以被后世法学家所推崇,在于它的私法,也就是它调整独立主体之间的关系那一部分,这是它的精华所在。后来的法学家称罗马法,实际上是指罗马私法。罗马私法,按最初研究罗马法的学者盖尤斯的观点,分为人法、物法两大类。这是对罗马法最早的科学体系分类。人法包括自然人(奴隶除外,从法律上看,自然人指民事权利主体,而不是从字面含义去理解),也包括家庭成员中享有权利义务资格的人,还包括享有独立人格的团体(后来发展成为法人)。物法包括权利客体的规定,如动产、不动产等。包括所有权的规定,也包括债和合同的规定。除此之外,在物法中还包含财产继承、身份继承的规定。物法里还规定有诉讼法,这是盖尤斯的教科书《法学阶梯》的体系,他把诉讼法放在物法里,作为保护财产权利的司法手段。到查士丁尼皇帝编纂法律教科书时,形成了《法学阶梯》的理论体系,就将诉讼法排斥在物法之外,另立了新的一编。即公元6世纪的《法学阶梯》,它将罗马法分为人法、物法、诉讼法三编。这种变化意味着公法、私法的某种分界。因为他们认为诉讼法属于公法的性质。

从以上论述,我们可以说,全部罗马法的精华所在就是最早、最明确地确认了个人财产所有权,建立了所有权的概念。另外,罗马法最早明确了人格权,在法律上的表现就是权利主体的概念。由于以上两种权利在罗马法上得到确认,因而导致了对第三种权利的认可,这就是罗马法最早、最完备地规定的签订合同的自由权。我认为罗马法的精华在私法,私法的精华在于确认了这三种权利。罗马法中的其他东西,不能与这三项权利的确认等量齐观,对后世的影响也不能起到同等作用。它的继承问题,亲属问题都带有较重的民族特色,宗教特色,关于这些方面的规定虽然对后来世界各国立法也颇有影响,但是远不如以上三个方面的影响大。罗马法之所以有世界意义就在于它确认了这三种权利,而且对这三种权利做出了比较精辟的规定和论述。如果我们用马克思在《资本论》中对于商品交换一章的论述来对照罗马法的精华——三种权利,就会看到这三大块完全适应当时商品生产和商品交换的经济关系所提出的必然要求。马克思说:"商品是物,不是人,不能自己走到市场上去交换,必须找它的监护人。"这个意思从法律要求说就是要确认自然人、法人的法律地位,确认其权利主体的概念,这样罗马法确认个人权利主体的问题就得到了回答。马克思在文章里接着又说:"如果要进行商品交换,必须互相承认对方是财产的所有者。这种经济关系客观第一性的要求上升到法律上,就是要求立法承认所有权的概念,这在罗马法也解决了。"马克思还说:只有双方意思一致,商品才能够交换。反映在法律上就是合同。这是商品交换第一性的要求,必需的要求。为了反映商品交换的要求,在法律上必须做出相应的规定,这就要确立主体的人格,确立财产的所有权,确立签订合同的自由(即必须双方当事人意思表示一致)。这是经济生活提出的要求,这些要求在罗马法时就实现了。所以,我说从罗马法本身看,实质的、主导的方面是解决当时社会条件下商品关系的,是为当时社会的商品经济关系服务的。所以,恩格斯在提到罗马法的本质属性时说:"罗马法是简单商品生产即资本主义前的商品生产的完善的立法"(《马克思恩格斯全集》第36卷169页)。这句话,一针见血地抓住了罗马法的实质。他又说:"在没落时期,罗马帝国法学家所完成的完美的体系,不是封建法,而是罗马法,即商品生产社会的法律"(《马克思恩格斯全集》第16卷第一部分)。罗马法产生于奴隶社会,完善在封建社会。在封建社会完善的罗马法为什么不是封建法呢?我认为关键所在是因为罗马法是调整商品关系这个特点。商品关系的本质属性要求独立的人格权、财产自由权、签订合同的自由权。这些权利的本质属性带有反封建的特性。封建社会是等级社会，它要求人身依附，不同意有独立的人格权、财产自主权、签订合同的自由权。这些权利与封建社会的等级观念是格格不入的，我们理解恩格斯对罗马法的论断是就其主要特殊来说的，并不是说罗马法不反映封建社会关系。因此，以上三权是具有反封建特征的。为什么罗马法对资本主义国家立法有那么大的影响呢？就因为它完全符合资产阶级发展商品生产的客观要求。但就其实质来说，它不是封建法，它是解决商品关系的，商品关系的三个特征都是反封建的。

德国法学家耶林曾说："罗马曾三次统一世界。第一次以武力，第二次以宗教，第三次以法律。"从百家争鸣的罗马法古典时期到创立《国法大全》的法典编纂时期，其间600余年，罗马法鼎盛发达，蓬勃兴旺。随着文艺复兴运动的崛起，欧洲大陆在11世纪末期又出现了"罗马法的复兴"，并形成了欧洲普通法(jus commune)。19世纪，西欧主要国家又以罗马法为蓝本制定了现代资产阶级的民法典。"罗马私法显然标志着自古以来延续不断、一脉相承的研究成果，它构成了民法体系最主要的基础。"罗马法对后世的影响之所以历久而不衰，决不是因为存在什么神秘的"民族精神"，而是罗马法从众多的社会关系中抽象出一种最本质、最一般的关系——商品经济关系——作为它调整的主要对象，从而使罗马城邦社会的物质生活条件和物质利益冲突得到了"十分经典性的法律表现"。罗马法对"简单商品所有者的一切本质的法律关系（如买主和卖主、债权人和债务人、契约、债务等）所作的无比明确的规定"，使它成为"商品生产者社会的第一个世界性法律"。

罗马法杰出的成就，在于它以高度抽象的方法表现了商品社会的一般形态或纯粹形态，找到了商品经济关系的共性，"发现和规定了那些作为私有财产的抽象关系"，"抽象权利、私人权利、抽象人格的权利"。理论上的抽象使罗马法保持了长期的稳定，以至于它在不同的时代、不同的国度都能被人们应用自如，"以至于一切后来的法律都不能对它做任何实质性的修改"。罗马法是"充分预料现代私有制的法律"，它早在一千多年之前就富有远见地包含了"资本主义时期的大多数法权关系"，"凡是中世纪后期的市民阶级还在不自觉地追求的东西，都已经有现成的了"。罗马法卓越的预见性与它在理论上的高度抽象是分不开的。

不管各国民法的时代背景和立法体例如何不同,它们沿用的形式和术语大多可以一一追溯到遥远的古罗马时代,它们所包含的内容又几乎都是顺着"所有权——民事主体——债和财产责任"这样一根导线而延伸开来。这一方面说明,人类法律文化是一条割不断的历史长河;另一方面也说明不同社会形态下的民法,除了在所有制、阶级关系、意识形态、民族传统诸方面存在着本质的差别之外,还存在着某种使民法在形式上得以自成一体的共性,这种共性正是从不同所有制中抽象出来的商品社会的纯粹形态在法律上的必然反映。

1804年的《法国民法典》以罗马法为蓝本,巧妙地用法律形式把1793年法国革命的成果固定下来,把刚刚形成的资本主义社会经济规则直接译制成法的语言,从而"成为世界各地编纂法典时当做基础来使用的法典"。拿破仑曾经说:"我的光荣不在于打胜了四十多个战役,滑铁卢会摧毁这么多胜利……但不会被任何东西摧毁的,会永远存在的,是我的民法典。"法典长存于立法者身后,这种尘世的不朽使拿破仑心驰神往。但是,拿破仑为什么对他的法典如此自信呢?其主要原因也许是他或多或少地觉察了这样一个真理:人们可以摆脱武力的征服,但人们永远也无法摆脱社会经济关系的制约,而资本主义社会的商品经济关系正是在他制定的民法典中得到了极其充分的表现。

《法国民法典》从体系上讲,它是从罗马法的《法学阶梯》体系发展而来的。它分为三编:

(1)人,包括作为财产权利主体的人,也包括作为婚姻家庭成员的人;

(2)财产所有权,包括动产、不动产,不动产里包括土地;

(3)取得财产的各种方法,包括债、合同、继承,这种结构后世学者称之为法学阶梯体系。但它把诉讼法排除在外了。法学阶梯体系是人法、物法、诉讼法三编。《法国民法典》把诉讼法除去,不包括诉讼法,诉讼法单独立法。《法国民法典》作出这样的规定,我认为是由诸法合一向诸法分立转变的重要表现,这是一个进步。这是资产阶级私法理论的贯彻,因为它们认为诉讼法是公法而不是私法。拿破仑在制定民法时期,还制定了刑法、诉讼法等六部法典。但只有民法得到当世学者的赞誉,以至于人们谈到拿破仑法典时,人们都认为是指民法典。这部法典之所以受人称赞,是因为把财产所有权、债、合同等几个方面最早、最完善地按资本主义生产方式作了明确、精辟的规定。正如恩格斯所说的它是典型的资产阶级的法典。恩格斯又说:"在法国,革命打破了过去时代的传统,消灭了封建时代的最后痕迹,并在旧的罗马法(这差不多是马克思称之为商品生产的那个经济发展阶段的法律关系的完备的反映)的基础上,巧妙地运用于现代资本主义商品关系,而且巧妙到这种程度,以至于这部法典直到现在还是连英美在内的一切过渡都用来改革它的法律根据的蓝本。"它详细地规定了"买主、卖主、债权人、债务人、契约、债务等"。所以,从《法国民法典》的体系和内容看,它是反映当时资本主义商品经济的要求的,把当时资本主义商品关系的一般条件上升到法律上来了。当然它也有婚姻家庭部分,也有财产继承部分,这些东西在我们看来是不足取的,但它的精华所在,对我们很有参考价值。若把《法国民法典》与《德国民法典》(1900年公布)相比较,我认为,在体系上它不如《德国民法典》,在立法结构和技巧上也不如《德国民法典》。因为《法国民法典》仍然没有摆脱诸法合一的思想,在第一编"人"中没有能够从立法本身,从法典的结构上分清哪些是属于财产权利主体的"人",哪些是作为婚姻家庭成员的"人"。《德国民法典》在这个问题上就分开了,而且能够总结资产阶级经济实践和法律实践的经验,提出许多带有共同理论性的问题,作为总编放在前面,这是它的优点,比如法律行为、法人制度等概念,《法国民法典》就没有。《德国民法典》把作为权利主体的"人"和作为婚姻家庭成员的"人"分别开来,把法典分为五编,总则编包括了作为财产权利主体资格的自然人和法人;第二编是债,包括合同;第三编是物权;第四编是亲属;第五编是继承。这个安排在立法技术上、结构严谨上、体系科学上都比《法国民法典》进了一大步。特别是把"人"区别开来,把"合同"同一般债务区别开来,说明它是从本质属性上来考虑的。《德国民法典》、《法国民法典》和罗马法有共同之点,它们都是反映私有制社会关系的,它们都可归纳为私法的概念,在资产阶级法学家看来这是理所当然的,都是私人间的关系。国民党的民法典就是从《德国民法典》抄来的,这个体系称之为学说汇纂体系,也称为德国法体系。

可见,罗马法和拿破仑法典(即《法国民法典》)在世界法制史上之所以居于重要地位,正是因为它们是开创调整不同历史阶段商品关系立法的典范,对后来资本主义发展商品经济的国家立法有重大影响。

苏联十月社会主义革命后,历史上出现社会主义类型的立法,这是人类法制史上的一个新生事物。既然在社会主义社会中相当普遍地存在着商品关系,国家就要制定法律确认商品生产者的法律地位,建立和健全商品生产和商品交换的法律制度。1923年施行的《苏俄民法典》就是在列宁号召"按商业原则管理经济"的条件下,并在他的指导下制定的。这部法典建立在生产资料公有制的基础上,是从前没有过的法典。它共分为四编:总则,包括公民、法人;物权;债,包括合同;继承。法典的特点在于:

(1) 按照列宁的指示(列宁给库尔斯基德的信),彻底地抛弃了私法的概念,按照社会关系的性质区分法律部门,这是辩证唯物主义法学观在立法上的重要成果。列宁对当时民法起草所作的指示对唯物主义法律部门的划分有重大的作用,给社会主义法学理论提供了重要的理论前提和科学根据。只有摒弃了私法概念的束缚,才有可能科学地按照社会关系的本质属性来划分法的部门。

(2) 这部民法典是在辩证唯物主义思想指导下,并在列宁号召按商业原则管理经济的历史背景下制定的。在立法中,值得我们注意的有:① 它已将土地关系从民法中拿出去了,因为土地不属于商品;② 它不是劳动的产物、土地的生产能力是有限的;③ 它不能扩大,任何人从事生产、生活都离不开土地,在社会主义社会,土地绝对不允许私人垄断,因此,不能够用民法的原则来解决。苏联专门建立了土地法以调整土地的关系;苏俄民法典把婚姻家庭问题也除掉了,建立了婚姻家庭监护法典。因为社会关系的本质属性不同,调整的手段不同,处理的原则不同,不能够放在民法里;苏俄民法典还将劳动关系排除掉了。社会主义国家,劳动力不是商品、社会劳动关系自有它自身的特征和体系,从而应有自己的调整原则和手段,建立了一个劳动法律部门调整,不是民法调整的对象。

我谈这些是要证明民法发展到社会主义社会仍然叫民法,仍然包括主体、所有权、债和合同。不属于这些的渐渐剔出,越来越少。当然,还有个继承问题,我学苏维埃民法的时候,苏联专家对我说:为什么将继承放在民法里呢?这是因为继承是个人财产的一种表现。这种说法,现在我认为不准确。我认为我国继承制度,主要是我国社会主义家庭财产关系的一种表现形式。其中很多原则、制度都是按照社会主义婚姻家庭制度建立起来的。因此,虽然它是一种财产的转移,但它与家庭成员之间的相互帮助是同一个属性的东西。我们讲课时,讲继承必须先讲婚姻法,把婚姻法讲完了,再讲继承法。因为继承制度中的许多本质特征只能从婚姻、家庭中找到根据。从民法的原则就无法解释。当然我并不是说我国以后的民法典,就一定不包括继承法,即使包括也没有什么关系。法典并不是科学分类的唯一表现,在法典的制定过程中,往往为了方便起见规定了一些与本法典主导思想不完全一致的东西,这是可能的,而且有时还是必须的。但从民法科学来讲,我认为继承不属于民法的领域。

苏联的学者没有一个反对这种观点,即民事法律关系具有当事人地位平等,经济利益等价的属性。这两个特征是民法所固有的,并以此区别民法与其他法律部门。在我国,新中国成立以来各院校讲授民法课时,也没有人反对这种观点。我们要问,究竟什么样的社会关系同时具备这两个条件?我认为除了商品关系,其他社会关系不具备这两个条件,要么是地位不平等,这是指上下隶属关系,要么就是不等价。尽管这部法典在公布施行许多年中,苏联民法学家一直把民法的对象说成是"调整社会主义一定范围的财产关系及与财产相联系的人身非财产关系",但是从法典的内容来看,不难看出它是以调整社会主义社会中的商品关系为其中心任务的。大家要问,苏联的学者为什么没有提到商品关系呢?我想,这可能与下列情况有关:列宁逝世后很长一个时期,在苏联占领导地位的经济理论不承认生产资料的生产是商品生产,不承认生产资料是商品,不承认价值规律在一定范围内也起调节作用。只承认价值规律在消费领域里起某种调节作用。可是民法里又包括供应合同,其合同的理论及概念实际上是商品关系,所以他们回避这个问题。我认为就是这些原因没有给民法的调整对象提出明确的概念,他们委曲婉转地只说到一定范围的财产关系,而回避了商品关系。但在我国社会主义社会生产资料的生产还是商品生产,现在这种观点已为广大经济理论界的同志们所承认。

三、从商品社会的纯粹形态认识民法体系的共性

在考察了民法的历史类型后,我们再来讨论一下,商品社会的纯粹形态是如何在现实中反映出来,又如何决定了民法体系的共性?

商品,是用来交换的劳动产物。在商品交换过程中,为了使商品的让渡成为相互的让渡,人们必须"默默地彼此当做被让渡物的私有者,从而彼此当做独立的人相对立"。马克思说:"先有交易,后来才由交易发展成为法制。……还在不发达的物质交换情况下,参加交换的个人就已经默认彼此是平等的个人,是他们用来交换的财物的所有者。"因此,交换过程得以启动的前提是明确财产的归属。商品所有者必须对他本人的商品拥有排他性的权利,他是否转让商品,以什么样的代价转让,取决于他作为所有者的个人意志。"所有权比法律更早",它最初表现为一种事实,尔后才由法律予以确认。卢梭说:"最初占有者的权利……唯有在财产权确立之后才能成为一种真正的权利。"黑格尔认为,一切权利都可以归结为物权。在《查士丁尼民法大全》中,权利(jus)与法律是同一词,而"jus"又只是在与个人财产有关的场合才作为权利。可见,法律的起源、权利的本质最终是与物质利益联系在一起的,而财产归属关系正是物质利益在法律上最充分、最完善的表现。远在春秋战国时期,中国的思想家对所有权的意义就有十分精辟的论述——"今一兔走,百人逐之,非一兔足为百人分也,由未定也,…积兔在市,行者不顾,非不欲兔,分已定矣,分已定,人虽鄙不争。故治天下及国在于定分而已矣。"所谓"定分",就是明确财产的归属,这在当时就被有识之士视为治国平天下的根本大计。

综上所述,我们可以得出结论:商品交换过程向法律提出的第一个要求是明确财产的归属,只有建立稳定的所有权制度才能保障商品交换有秩序地进行,这既是商品社会在任何形态下都存在的共性,也是民法体系在结构上的共性。所有权是民法的精华之所在,民法正是以所有权制度为核心来反映商品经济关系,民法所确立的所有权制度不是立法者和法学家的创造,

而是现实商品经济关系对上层建筑的客观要求。

马克思在分析商品交换过程的一般形态时又指出:"每一方只有通过双方共同一致的意志行为,才能让渡自己的商品,占有别人的商品。"如果说,所有权的确立为商品交换提供了可能性,那么,这种可能性要成为现实还必须有所有权主体双方一致的意思表示,并通过互相转让商品的所有权来完成交换过程。两个或两个以上的意思表示一致,并对当事人产生一种相当于法律的约束力,这正是一切交换过程的法律形式——合同。

所有权和合同在商品交换过程中的结合,构成了马克思所说的"商品生产所有权规律"——"互相对立的仅仅是权利平等的所有者,占有别人商品的手段只能是让渡自己的商品"。显然,"商品生产的所有权规律"正是价值规律和等价交换规律在法律上的表现,它深刻地揭示了民法与商品经济内在的联系。马克思在考察商品社会的一般形态时,提出了"商品生产的所有权规律",这一规律绝不是资本主义商品社会特有的产物,而是在一切商品社会中普遍存在的一般规律,它在资本主义制度下只是一种歪曲的、畸形的表现:资本主义生产不仅是商品生产,更主要的是剩余价值的生产,随着劳动力转化为商品,商品生产的所有权规律也就在同一程度上转化为资本主义占有规律。

商品生产的所有权规律舍弃了不同形态的商品社会的所有制差别,揭示了商品生产的共性,从而也揭示了民法的共性。商品生产所有权规律的内涵就是所有权和契约的结合,它毫无例外地体现在古今中外的一切民法类型之中——如果否认了这种共性,也就否认了民法的存在;只有透过这种共性,我们才能深刻地理解民法的调整对象、原则、手段和它的体系结构,正是"社会共同的,由一定物质生产方式所产生的利益和需要的表现"。由此可见,在众多的法律部门之中,民法是对于经济基础最为接近的一个法律部门,又是对经济基础的反作用最为明显的一个法律部门。

四、小结

综上所述,可见独立的人格权、财产的自主权、订立合同的自由权,在民法的历史发展过程中,始终保留下来。但这并不是偶然的现象。原因在于,所有不同的社会制度里面，都存在着商品关系，都有这个特点，所以这个内容一直被保留下来。这当然是商品生产、商品交换对法律的客观要求。关于商品关系的法律规定，关于商品生产、商品交换的一般条件的规定，虽然很早就在罗马法里面有了精辟的反映，但是，在当时诸法合一的状况下，这些条文都被淹没在庞杂的规范里面，淹没在庞杂的体系里面，后来经过几千年的发展，经过了很多种类型的社会制度，经过历史熔炉的冶炼，起到了净化的作用，使商品关系在民法调整的不同社会制度的各种复杂社会关系（过去民法不只调整商品关系，还调整家庭关系、劳动关系、土地关系等）中居于主导地位，无论从科学理论上或从立法实践上都越来越明显了。从而使我们对这个问题看得越来越清楚了。据此，我们可以得出四点结论：

（1）民法的产生和发展，是与一定社会的商品关系紧密地联系着的。民法的本质特征，主导作用是为一定社会的商品关系服务的。

（2）罗马法、法国民法和苏维埃民法在历史上分别调整着简单商品生产关系（资本主义前商品生产，即小商品生产）、资本主义商品生产关系和社会主义社会的商品生产关系。这样，我们把民法的历史沿革，归纳出三个类型来。奴隶社会和封建社会当然有区别，但是，从生产活动的形式来看，它们都是小商品关系，所以分为一类。

（3）民法在历史发展中，不能不服从由当时生产方式决定着的具有各自特点的商品关系，而且由于社会关系日趋复杂，在立法的体制上还发生了由诸法合一逐渐向诸法分立的过程，在这一过程中民法所调整的社会关系的核心部分——商品关系，也逐渐地从反映多种社会关系的庞杂的法律规范中显现出来。

（4）凡存在着商品关系（指商品生产和商品交换）的社会，就要制定调整该社会商品关系的立法。对于这个法律的名称，考虑它的历史和现状，应该叫民法。

五、民法与中国当代的社会主义商品经济关系

以上这四个结论性的意见，实际上是给我国立法提出来的。

在僵化模式的经济体制下，商品经济往往被认为是专属于资本主义生

产方式的东西,社会主义经济似乎只能被看做与商品经济相对立的计划经济。商品生产、价值规律似乎只能在消费资料生产领域中起作用,这种认识是对马克思主义政治经济学的一种片面理解。

社会主义经济与资本主义经济的根本区别不在于计划经济与商品经济的对立,而是在于社会化的生产资料摆脱了资本属性而成为公有财产。生产资料的公有结束了生产资料所有权与劳动力相分离的局面,劳动力也不再作为商品,从而生产资料的社会性可以有充分发展的天地。这种区别并没有否定商品生产和商品生产的所有权规律,而仅仅是否定了生产资料的私有制,否定了资本所有权对他人劳动的无偿占有。所以,把社会主义经济与商品经济对立起来的观点在理论上是没有充分依据的。在社会主义商品经济关系中,计划经济与价值规律并不矛盾,它们相辅相成,共同发挥作用;试图在观念上把两者对立起来的观点,是一种形而上学的观点。

在社会主义社会条件下,如果存在商品生产,就要有一个民事立法,而这个民事立法必以调整商品关系为主导。这部分,如在社会主义条件下,商品生产关系存在于哪些范围,存在多长时间,在它存在的范围、地点、时间之内,我们的民法就在这个范围、地点、时间之内起作用。这就是我们下面紧接着要谈到的社会主义国家的民法的对象问题。

在我国社会主义制度下,制定我国民法应该以什么为对象?换言之,今天讨论民法对象问题,应以什么社会关系为我国民法调整的对象。

如前所述,我国现阶段仍然是商品生产社会,商品生产、交换,在我国是普遍存在的。我们说商品的特点,是供交换而生产的产品。从我国当前的经济体制可以看出在以下各个领域都存在着商品交换:

(1) 不同生产资料所有制企业之间交换商品,要通过商品交换。

(2) 个体劳动者还存在,而且今后要有所发展,那么,在这种情况下,他们的经济活动,不管与国营企业之间,与集体企业之间,他们相互之间,还是他们与公民之间的经济交往,都要采取商品交换的形式。

(3) 广大的工资劳动者,取得生活资料,需要交换,需要进行商品交换。

(4) 全民所有制企业,又都是独立核算的企业,它们之间的经济协作方面,也要通过货币来实现等量劳动交换。在这方面,说明我们是商品生产的社会,因此,在经济领域中,许许多多的正常的协作关系,都需要商品交换。这一点,我国经济理论界的讨论已为我们讲清楚了。

那么有人说,你说商品交换、流通领域在协作过程中是个商品关系,那么我们民法调整所有权问题,所有权是静态的东西,它直接反映在生产领域(即在企业内部生产活动中起作用),它是否为商品关系的内容,如首钢的大高炉,所有权是国家的,经营管理权归企业,它是不是商品?民法保护不保护?调整不调整?我说要保护,要调整。从整个国民经济的体系,从民法的角度来考察,它也是商品;首钢的所有的财产,从民法角度上来看也都是商品。当然,从其他角度看,是另有属性的。在我看来,首钢所有的财产,不外乎三种状况:一种是它曾经作为商品买进来的东西,如燃料、动力、原材料,这些东西都是通过计划内或计划外的合同,等价交换的原则取得的;另一种是将要作为商品卖出去的,如成品半成品;还有一种是固定资产,如大高炉,实际上,在生产过程中,不断地把它的物化劳动的价值转移到生产的产品中去了。它出售的产品的价格中,包括燃料、原料的费用,支付的工资以及税收、利润等,其中也包括固定资产折旧。固定资产的使用,它的价值,不断通过生产的消耗,转移到产品中去了。通过商品的出售,大高炉实际上也在参加整个社会的流通过程,经过20年,大高炉报废了,它的折旧金也收回了,足足可以重新修一个。实际上,就是这个大高炉,它已作为整个商品生产体系,在商品交换的过程中,把自己卖了一遍。从民法的角度来看,它也是商品。民法要保护大高炉,它是通过商品经济的手段,通过民法固有的手段来加以保护的。假如某人开汽车,不加小心,把高炉碰坏一大块,这时候,商品的性质就显现出来了,就要产生损害赔偿的问题。损害赔偿按什么原则呢?按照商品原则、等量劳动相交换的原则,你损害什么,就用自己的劳动,给予弥补。这是我们民法的起码的要求,这个要求是合乎商品关系规律的。我们民法对所有权保护的第一个方法,就是恢复原状。恢复原状,实际上就是用等量劳动进行弥补。如果说你没有这个技术,不会做这个工作,就拿钱来,这个货币是你的劳动量的体现,当然,如果是反革命等形式的犯罪破坏、爆炸,那又是性质不同的另一回事了。财政部对固定资产,是站在不同的角度看待的。但是,从民法领域来看,它是商品关系。我认为民法之所以规定静态所有权,应该按照商品交换的三个条件来分析,就能看出它是商品生产的组成部分。为什么呢?因为不承认所有权,就不能交换。所有权作为一个整体,是互为因果的。所以,它在民法中是不能分割的。

在买卖合同中,一手交钱,一手交货,这是很明显的商品关系。那么,租赁、承揽、运输、保险、保管这些东西,是否是商品关系呢?商品交换的典型形式是买卖,特殊形式是供应,这是在计划指导下的买卖。对承揽,有的同志说承揽关系,合同标的是劳动,不是商品。而民法调整的是商品关系。承揽合同又是民法的典型合同,那么承揽关系,它是不是商品关系?只要研究一下承揽合同的内容就不难看出,它纯粹是一种商品关系,一般的商品关系。比如,我们到市场上去买东西,货架上摆什么就可以买什么,但某种物品,货架上没有,而我们对这种物品的型号规格、特点,又有特殊的要求,当然就要通过一种承揽的形式,也就是加工人按定作人的意愿来制作商品,这就是承揽合同。承揽人必须交付劳动成果,否则不能取得报酬。而且包括承揽生产全过程的危险责任,都是由承揽人自己负担。为什么这么规定?就因为它是一个商品交换关系。整个的全部生产过程,由生产者自己承担,你不提供劳动成果,就是你不提供商品,就不能实现以按定作人指示而生产的产品为标的一种商品买卖关系。合同标的不是活劳动,是物化劳动,是劳动成果,而不是劳动过程本身。如果是劳动过程本身的话,那是劳动法调整的范围了。

在劳动关系中,劳动者只要按照劳动组织者和领导者的意图去支出劳动,实现所在工序的任务,就能领取报酬,至于这些东西如何销售,怎样实现价值,那是商品交换的领域的问题。这类问题,应该弄清楚。

租赁,不过是使用价值的买卖。租金,不过是使用价值在买卖过程中的价值。因而,它也是一种商品关系,只不过是一种交换形式的变态而已。

运输,是商品生产的继续。商品既然属于为交换而生产的产品,那么这个运输流通领域的支出也要纳入成本,纳入商品价格里去。因而,它是商品生产的一个组成部分。

总之,保管、运输,都是商品生产的总的体系中的组成部分。他们都符合商品关系的总的规律。不仅是所有权,就是保管、运输业都是商品关系。

有的人说损害赔偿算不算？我认为，就其本质属性，就其产生的原因来说，的确不是商品关系，那么，这种关系产生了，又用什么法律来调整呢？还是用民法来调整比较合适。为什么呢？因为在商品生产的总体系当中，作为物质上的损失，是可以用劳动量来衡量的。赔偿的办法是什么呢？首先就是恢复原状嘛，这就意味着支出等量的劳动。不能恢复的，用能够计算劳动量的货币来补偿。这些都不失为商品关系中等量劳动相交换的原则。人身损害的赔偿范围只限于由此所造成的物质上的损失，至于生命、健康以及精神因而蒙受损失问题的处理，这是另外的问题，将来在侵权行为中要谈到。

商品关系在我们国家相当普遍地存在着。民法的全部制度，就是为了反映这个商品生产的总体系，即我国民法应该是这个体系的反映。这是就一般理论而言。当然，涉及我们国家商品生产的性质和私有制的商品生产的性质如何一样，比如说，我国商品生产关系建立的基础是什么？整个生产受经济计划调整和指挥的程度如何？劳动力、土地是不是商品？货币是否体现为资本？我们的商品交换目的是什么？这些东西，不是民法理论，是经济学理论。民法在法律上的作用，是民法如何依靠自己的原则和手段建立自己的体系，来正确反映和调整我国社会主义的商品关系，使它按照社会主义的原则向前发展。发展的结果，是表现了商品生产的积极作用。民法的作用，从理论上看，应该从这个角度来探讨。

民法本身如何对商品经济发生作用呢？有两点：第一点是充分发挥商品生产的积极作用。积极作用是什么呢？概括起来，就是给当事人以自主权，发挥其积极性、创造性，破除"吃大锅饭"的思想。这可以通过民法的各种制度，如所有权制度、合同、法人以及其他各种制度来实现。第二点是防止商品生产、商品交换可能出现的某些弊端。这些弊端就表现为分散主义、个人主义以及无政府主义等，以及破坏国民经济整体计划的行为。有人说：把民法规定为调整商品经济关系的话，那不等于就是让资本主义泛滥吗？这是不对的。因为我们今天的商品经济本身，并不是简单地指资本主义的商品经济。

在发挥民法的积极作用时，还应该防止它的消极作用。比如，在《物》

这一章,就规定许多物是禁止交换的。关于哪些东西可以交换或禁止交换或是只准在一定范围之内进行交换,政府可以以命令、单行法规、行政立法手段,按需要加以规定。当事人都必须遵守,从民法的理论来说,以禁止流通的东西作为合同的标的,这种合同就不能成立,并给予相应的制裁。于是,这些物就被排除在商品交换之外了。关于法人制度,我们有企业登记的规定。这样,就使不同行业、企业的发展纳入计划的轨道。我们的法人制度,既能对商品生产起积极作用,又能防止商品生产的消极作用。我们在研究民法、思考民法时,必须注意到这两点:首先是如何调动社会主义的生产积极性,与此同时,严密地防止在我国商品生产中可能出现的或是预见到的某些消极作用。

我国在社会主义条件下是否存在着商品关系?在经济理论界,表述方式是不一样的。但是给我们的一个启示就是当前社会上没有一种观点反对我们国家是商品生产的社会,基本上他们都承认商品生产是我国当前广泛存在的一种生产形式,我们不必参与经济理论界的争论。但是,我们有理由认为我们的民法是以商品关系为调整对象的,或者说,我们的民法所调整的社会关系中的核心问题、主导方面是我国社会主义社会中的商品关系。可是,在立法上,对这方面恰恰是比较缺少的。所以我国立法的不完备,最集中的表现是长期以来没有一个完整的民法,没有一个完整的、准确的、符合我国社会主义经济条件下的商品关系的法律体系或法典。首先要规定法人制度、所有权制度、合同制度以及与此配套的一大批相适应的附属制度。这就是我国为何要制定民法,其对象应该是什么或以哪个为主导、为核心的问题的回答。原始社会末期就存在商品关系,在今后很长时间也存在,要到共产主义才没有。经济只有两种,一是自然经济,自给自足的经济,这种经济存在于原始社会和将来的共产主义社会。二是商品经济,存在于奴隶社会一直到社会主义社会。马克思在《德意志形态》里说,他自己原来是学法律的,但后来发现,不研究经济问题,法律问题就解决不了。于是就研究到经济理论上去了。我们要搞好民法,不仅仅是注释我们的民法,还需要发展民法学理论,这就要好好地研究我国当前的经济理论。离开了它,很多问题,我们就说不清楚了。所以,我提醒大家,我们要一起来研究我国当前的经济理论。我们起码自己要有一个想法,有一个倾向的意见。来回动摇,就说不清民法问题。所以,我们要抓住我国历史发展的过去、现在的特点和我国将来发展的趋势,建立自己的民法体系。这个体系,要遵守这么一个原则,就是尊重科学性,要从科学的唯物史观出发,继承前人的一切科学成就,紧密地联系我国当前的实际情况,实事求是地把我国当前的商品关系的现状和要求反映起来,建立一整套符合我国社会主义商品关系的法律体系,为国家的现代化建设服务。

马克思说,立法并不是哪个人发明什么,只不过是现存的经济关系的反映,不是发明者、创造者,它只是客观地反映经济生活。我国商品关系要长期存在,边疆与内地不同,960万平方公里的土地,各部门之间,生产能力高的可以卫星上天,低的拿小锄头耕地,南边旱、北边涝、东边丰收、西边减产……这个复杂的情况,都用一个国民经济计划囊括无遗,就会使我们陷于被动。我们必须把主导的东西,用国民经济计划指导好,但是其他的则要充分发挥商品经济的作用。抑或是那些最重要的物质资料,如钢材、水泥、各种重要的化学产品,除用计划指导之外,交换也要通过商品关系。我们的供应合同,还是用等量劳动相交换,在双方合意的基础上来进行也是调整商品经济的法律形式。

我国的民法,新中国成立以来一直比较落后。究其原因,从意识形态上来讲,我国从来就是一个重农轻商的国家。但是也不能完全从这个角度来考虑。新中国成立以来,我国的商品经济没有充分地发挥作用,这是我们民法本身没有得到充分发展的原因。但是,商品关系的作用,的确是不能低估的。学习研究中国民法的发展,我就往往联系到这样一个问题,看我们过去的历史,跟日本相比的话,日本在1866年(明治元年)的社会生产能力不如我国同时期的清朝同治年间(明治元年正是清朝同治七年),我们的生产能力虽然不如英法这些老牌的资本主义国家,但比日本要高,我们的经济基础比它要雄厚。明治维新以后,日本走向资本主义道路,发展了商品经济,鼓励了私人资本的发展。与此同时,我们搞的洋务运动、官督民办,把清王朝那个顶子翎子都带到企业里面去了,那时有什么江南制造厂、汉冶萍煤铁矿公司,各地的被服厂等。但是我们没有真正地发展商品经济,生产也是不计成本的,是官商、官工。因此,不到十来年,甲午战争一爆发,我们中国就失败了。当然不只是一条兵船的问题,而是我们这个国力不足啊!我们没有经济能力,日本是资本主义,正是欣欣向荣,我们是一个半封建、半殖民地社会,从经济理论来看,商品经济没有得到发展,民族工商业也没有得到发展,我们的国力就不足。所以,我认为商品经济不发达,是国力弱的主要原因。第一个五年计划,五种经济成分存在,充分地考虑了价值规律和商品经济的作用。但是自从私营工商业的社会主义改造完成后,我们就用了苏联的模式,一切用计划来解决问题,好像商品关系就不需要发展了,用计划直接指导,结果比例严重失调。这是一个教训。但是,我们也不能因此而放弃计划,不能忽视商品关系、价值规律的重要作用。

社会上有一种想法,认为商品关系是资本主义高度发展的典型形式,这就意味着资本主义是很坏的东西。资本主义社会把商品关系搞臭了,把它本来的面目给歪曲了。商品关系本身是平等、等价、自愿、有偿、互利的,是等量劳动的交换。这个关系发展到社会主义社会就再也没有比这个平等的了。在共产主义到来以前,再没有比这种经济上的互助合作形式更科学、更民主、更合理的了。为什么呢?因为是以我的劳动来换取他的劳动嘛。在资本主义社会,它的私有制高度发展,结果把不是商品的东西也给商品化了。从《共产党宣言》的论述可以看到,资产阶级把土地变成了商品,把劳动力变成了商品,甚至灵魂、肉体也可以商品化,因此,在私有制的商品关系中是尔虞我诈,产生了许许多多卑鄙的东西,于是乎,我们就把这些东西与商品关系本身挂上钩了,就把商品关系与资本主义画上等号了。这种观点不破除的话,就不能理直气壮地发展我国的民法科学。真正的商品关系,原来意义上的、按等量劳动相交换的这种商品关系,需要在我们社会主义条件下,才能真正地恢复它的本来面目。

总之,商品关系(包括商品所有关系和商品交换关系)的性质和内容以及在其中起作用的经济规律都有自己的特点,在社会关系中构成为一个种类。现在人们越来越认识到商品生产、商品交换、货币制度、价值规律在国民经济活动中有着积极作用。这种作用必须予以引导使之充分地发挥出来,但是商品经济固有的背离社会主义方向的消极因素尤其不可忽视,应当严加防范。这就必然要求国家制定相应的法律规范,对这种关系予以调整,力求使这些法律规范符合我国社会主义公有制条件下的商品关系的特点和要求。这些法律规范有统一的调整对象和一致的调整原则和方法,所以它们的总体构成一个在我国社会主义统一法律体系中的具有相对独立性的法律部门。这个法律部门就是我国的"民法"。

我们应当有兼容并包的胸怀,我们决不拒绝吸收人类法律文化的精华,我们需要从历史遗产中获得丰富营养。我们设想经过若干年的探索,一定会有一部无愧于我们这个时代的伟大的民法典,它将既有大陆法系法典概念明确、条理清晰的特点,又有英美法系灵活变通、注重实效的特点,但它最基本的特征必定是反映我们中国社会主义特色的商品经济关系。

第二讲　中国民法的历史发展和近四十年来的中国民法学研究

在这一讲里,我们集中讨论三个方面的重要内容:第一,中国民法的历史发展;第二,近四十年来的中国民法学研究;第三,目前民法学若干理论问题的研究概况。

一、中国民法的历史发展

中国民法从古代到现代是怎样发展的,我们主要从立法的程序和其外部过程来谈。民法调整的社会关系的内容在我国古代的法律和规范性文件中都有反映,现分八点来谈:

(一) 旧中国的民事立法,在悠久的中国古代文明史中法律制度占有很重要的地位

从法律发展的起源来说,从夏到周,整个奴隶社会的财产和人身关系的制度已逐渐完备,但还未形成有系统的法典。它的规范性文件见于《周礼》,如《礼记·曲语》就有"纷争辩讼,非礼不决"的规定,就是说打官司一切以"礼"为断。《周礼》也有对所有权问题的规定。奴隶社会的所有权主要是奴隶和土地问题。《礼记·下部编》规定,"土无二主","里田不鬻",土地不准买卖,归国王所有。这反映了当时土地国有的状况。《周礼》还有关于"人民、牛马、兵器、珍异凡买卖者质剂也"的规定。"质剂"就是书面文件。这说明当时重要的买卖合同需要有书面形式。至于在婚姻、家庭继承等方面则有更多的详尽规定,大家可以自己查阅。还有借贷、租赁的规定等。从中可以看出,它是基本符合以上所讲的历史类型的内容的。

我国封建社会的法律始于李悝的《法经》,《法经》原文失散了,但有些内容可散见于后人的一些法学著作中。李悝的《法经》是中国封建成文法的开始。后来商鞅承袭《法经》制定了《秦律》。《秦律》中关于土地关系和人身关系的规定,显示出了明显的封建主义性质。如在人身关系方面,在一

定程度上破除了那种按血统世袭的特权的东西。在土地关系方面，土地等级观念形成，即土地归国王所有，归陪臣占有，农民使用需缴纳地租。这就具有封建特色。我国民法一直得不到很快的发展，历史上有它的原因，这就是：重农轻商，并且是小农经济，个体经济一直是政治制度和经济制度的基础。中国封建制的立法从李悝《法经》开始，直到汉朝的《九章律》，随着朝代更替，律令、典章也有许多增删、变化，到唐朝的《永徽律》时，封建的法制已臻完备。在《唐律》这个封建法律中，对于财产所有，财产流通以及婚姻、家庭继承等关系都有较为详尽的规定，比以前都要完备。唐以后，由宋到清，随着生产力的提高，商品、货币关系的逐渐发展，法律、法令中的民事法律的内容也有相当的发展。但立法的体例，是互相承袭的，没有什么创造性，未脱离唐律的模式，当然内容是不断完善的。

旧中国近代的民法始于清朝。自鸦片战争以后，中国逐渐沦为半殖民地半封建的社会，外国资本主义入侵的结果，瓦解了中国自给自足的自然经济基础，动摇了几千年的封建经济基础，从而促进了商品经济的发展；在思想文化上，西欧文化传播到中国，受资本主义文化的影响，"变法图强"，是举国人民的共同愿望。从1898年（光绪二十四年）始，清朝政府迫于形势，公布变法维新，钦定《大清律》，至1910年（宣统二年）颁行了《大清刑律》和《清律例》。"民国政府"成立以后，参议院在一次决议中规定："嗣后，关于民事案件仍应照前清现行律中规定的各条办理"。这里是指民事有效部分。按此一直执行到1929年10月为止。这是清亡以前的一条民事立法线索。在这时，清政府还不可能制定一个带有资产阶级模式的民法典。因为，当时的社会体制，官制还不能与资本主义的东西相符合。还有另一条立法线索，在修订《大清律例》的同时，于1907年（光绪三十三年）12月开始修订民律。至1911年（宣统三年）脱稿，叫《大清民律草案》，包括总则、债、物权、亲属、继承五编。大致效法了德、日民法。这是中国的第一个民律草案。此草案未及颁行，清朝就灭亡了。"民国"成立以后，于1918年（"民国"七年）又着手修订民律，在《大清民律草案》的基础上，于1925—1926年分编完成。此稿除债编有修改外，与第一次《大清民律草案》没多大变化，这是中国的第二个民律草案。后来，又就第二稿的亲属、继承编进行修改，于

1928年完成。与此同时,在1928年12月,"国民政府"成立"立法院",着手制定民法典,直到1929年5月—1930年12月,分编陆续公布,这就是新中国成立前(现在仍在我国台湾地区实行)的"民法典",其中包括总编、债编、物权编、亲属编、继承编共1225条。这部法典继承了德国、瑞士、日本等资本主义国家民法立法的体系和原则,也保留了旧中国三次民草的封建色彩的内容,所以,它是半殖民地半封建经济制度和政治制度的产物。

(二) 中华人民共和国的民事立法

仅就现行立法谈谈。1949年10月1日,中华人民共和国宣告成立,推翻了三座大山。从而开始了由新民主主义社会到社会主义社会的过渡。自中国人民掌握政权开始,就彻底摧毁了旧中国的法律基础,开始了自己的法制建设工作。

新中国成立初期,从民法的角度看,首先在所有权方面,有许多重要规定。因为革命的根本就在于所有制的转变。因此,新中国成立初期,以《共同纲领》为基础,公布了一系列改变所有制的法令。如《关于没收战犯、汉奸、官僚资本及反革命分子财产的指示》、《中华人民共和国土地改革法》、《新区农村债务纠纷处理办法》等。这些法令的公布,使战犯、汉奸、官僚资本家及反革命分子的财产转变为全民所有,开创了我国全民所有的财产;废除了封建主义的土地所有制,使地主阶级的土地归农民所有。与此同时,为保护民族工商业和小手工业,还公布了《私营企业暂行条例》。通过以上法律、法令的公布,彻底地肃清了半殖民地半封建的生产关系,并使私人资本主义工商业和小手工业经济在国营经济的领导下得到恢复和发展。同时,也使经济基础和社会关系有很大的改变,不到三年就扭转了在国民党统治下的财政经济混乱、困难、通货膨胀的局面,基本的物质资料的生产和生活得到了保障。

1953年以后,国家进入有计划的经济建设时期,与此同时,开始了对农业、手工业和民族资本主义工商业的社会主义改造。在1954年我国宪法公布前后,在工商业方面,公布了《公私合营企业暂行条例》、《公私合营企业中推行定息办法的规定》,以及《关于目前工商业和手工业社会主义改革中若干事项的规定》。在农业方面公布了《农业生产合作社社办章程》、《高级农业生产合作社社办章程》，以后又有《六十条》。通过以上法律、法令，国家完成了对资本主义工商业的改造，使之成为社会主义所有制，并使个体农业和手工业走上了合作化的道路。

在1956年社会主义生产资料改造完成后，我国奠定了一个由全民所有制和劳动群众集体所有制的社会主义经济制度的基础。在此基础上，我国开始了全面的社会主义经济建设。

以上均是从所有制方面谈的，新中国成立以来，国家在流通领域里，主要依赖国家各级权力机关和执行机关在各自权限范围内为解决社会范围的协作和流通关系而公布的一系列的法律规范，这些规范是大量的，庞杂的，难以一一列举。其中主要包括物资买卖和供应、加工订货和基本建设、包工承揽、物资技术交流、财产租赁和房屋租赁等规定，在金融方面，银行、信贷、结算、储蓄存款等方面也有规定，还有各种方式的客货运输、仓库保管、委任行纪、财产保险和人身保险等规定。另外，从广义的民法来说，就著作权、发明权、发现权、商标权等方面早就有规定（现在有的正在修改，有的在制定，有的已经公布实施了）。所以在流通领域里，从广义范围的民法来看，在关于财产权利和与财产相联系的人身权利方面，不断有规定，这些公布的法律、法令就是我国民法的法律渊源。它们为我国有计划的经济建设提供了法律依据。

在1966—1976年间，立法工作基本陷入停顿，法律秩序遭到严重破坏，其结果使我们的国民经济濒临崩溃的边缘。这种混乱的局面直到"四人帮"被粉碎以后才得到扭转。特别是十一届三中全会以来，党中央全面总结了我国国民经济建设的经验和教训，提出了国民经济体制改革的方针。这几年来，积极地开展了民事立法和经济立法工作，取得了可喜的成果。除颁布了许多经济法规外，与民法有关的，还公布了民事诉讼法，从程序上保障了民事实体权利。我国民法典也还在积极的制定过程中。我国民法典的起草工作从新中国成立就积极地进行，到"文化大革命"前第二次进行。这次可以说是第三次进行，即从1979年10月开始。至此，已有了四个草案。

二、近四十年来的中国民法学研究

民法是基本法律部门之一,本质上是商品经济一般条件在法律上的反映。当前我国亿万人民正投身于改革和现代化建设,致力于建立社会主义商品经济的新秩序。回顾民法学40年走过的道路,总结经验教训,展望未来发展,具有重要意义。

新中国成立以后,我国民法学以1978年12月中共十一届三中全会为界,经历了两个发展阶段。前一阶段表现为新中国民法学的形成和艰难发展,后一阶段表现为社会主义民法学的兴起和繁荣。

(一) 形成和艰难发展时期(1949—1978)

1949年中华人民共和国的建立,标志着中国半殖民地半封建社会的结束,旧中国制定和实行的法律被废除,法学界面临着建设新的社会主义民法学的艰巨任务。当时,由于各种主客观条件的限制,聘请苏联民法学家来华讲学、翻译苏联的民法学教科书和专著、派遣青年学生赴苏联学习民法,成为必然的趋势。

从1950年开始,许多苏联民法学家先后来华执教,举办讲座和培训班等。国内翻译出版了苏联民法学专著、教科书、论文等,据不完全统计,从1950—1957年,共有四十余种。在学习苏联社会主义民法的同时,我国法学工作者也在结合中国实际开展民法学教学、研究,在民事立法方面,也做了大量工作。1952年,中国人民大学首先开设了中国民法课程。1954—1957年,我国第一次组织力量起草民法,中央人民政府法制委员会编印了7辑《民法资料汇编》,收入了资本主义国家和社会主义国家的著名民法典以及其他重要理论资料,作为民事立法的借鉴。中国人民大学、北京政法学院分别在1954年和1956年编印了《中华人民共和国民法资料》,出版了教育部推荐试用的、中国人民大学主持编写的《中华人民共和国民法教学提纲》。中国人民大学、北京政法学院等法律院系先后编写了校内使用的民法教材,印发了民法讲义。1958年,中央政法干部学校还出版了《中华人民共和国民法基本问题》一书。这一切标志着新中国民法的教学和研究工作已经初具规模。

还应当肯定的是，这一时期造就了一大批从事民法学教学、科研和从事民事立法、司法实践工作的人才，对以后民法学和民事立法、司法的蓬勃发展起了很大的作用。今天民法学界的许多硕士、博士生导师和专家、教授，大多是那个时期培养出来的。

这一时期，在学习和研究苏联民法的同时，已经提出了联系中国实际的问题。虽然研究讨论尚处于起步阶段，但是由于当时五种经济成分并存，社会上商品交往普遍，因此对于民事主体、所有权、债和合同以及法律行为、时效等问题的研究，还是比较活跃的。

这个时期的主要教训是对资本主义国家和旧中国民法进行了简单化、片面化的批判，全面否定了旧民法，取消了批判继承旧民法学术观点的可能性，结果延缓了社会主义民法和民法学的发展进程。

在1957年反右派运动和其后的共产风中，平等自愿和等价有偿、保障公民和法人的民事权利不受侵犯等民法科学赖以建立的原则受到践踏；以行政性的强制调拨，代替了商品交换，使民法几乎丧失了存在的基础，民法学的研究随之走入低谷，成了配合政治运动、进行宣传注释的工具，而不再讨论学术问题。

1961年1月，中共八届九中全会决定对国民经济实行"调整、巩固、充实、提高"的方针。1962年1月，在扩大的中央工作会议上，初步总结了"大跃进"的经验教训。随后我国的民事立法有了一定的发展，如试行了工商企业登记管理制度和工矿产品购销、农副产品收购和基本建设等合同制度。这一年，毛泽东同志提出："不仅刑法要，民法也需要，现在是无法无天。没有法律不行，刑法、民法一定要搞，不仅要制定法律，还要编案例"。因此，1962—1964年，我国进行了第二次民法起草工作，在以前工作的基础上，于1964年7月提出了《中华人民共和国民法草案（试拟稿）》共24章、262条，分为总则、所有权和财产流转三编。这个草案的出现，使处于低谷中的民法学出现了一线转机。然而，由于此前政治运动的冲击，我国的民法学研究基本上处于停滞状态，民法学界未能对该民法草案的拟定进行深入的研究讨论，该民法草案也未通过施行。

1966年，中国开始了历时十年的"文革"政治动乱，法制和法学受到严重摧残,民法学的发展处于"冬眠"状态。

(二)崛起和繁荣时期(1979—现在)

1978年12月,中共十一届三中全会作出了把全党全国的工作重点转移到社会主义现代化建设上来的战略决策,确定了加强社会主义法制的基本方针。1984年,党的十二届三中全会作出《中共中央关于经济体制改革的决定》,进一步明确我国实行有计划的商品经济。为改革开放和大力发展社会主义商品经济提供了理论基础。在这种情况下,我国的民事立法和民事司法蓬勃发展起来,确立了民法在我国社会主义法律体系中的重要地位。民法作为基本法律部门,逐渐显现了它在社会主义商品经济的调整中越来越大的作用,受到社会上广泛的重视,民法学研究出现了前所未有的繁荣局面。

广大民法学工作者积极投身于改革实践,将民法学原理与改革实践和辩证唯物主义、历史唯物主义相结合,把民法学研究提高到了一个新的水平,有中国特色的社会主义民法学开始产生。据不完全统计,1980年以后,我国除各种报刊上发表了数以千计的民法学研究论文外,还有二百多部民法学教材、专著和译著正式出版。1983年《民法原理》一书出版(佟柔主编,金平、赵中孚任副主编),是适应经济体制改革新时期民法学发展的重要标志。该书对民法与商品经济的关系进行了新的探索,系统地阐述了中国社会主义民法的基本原理,并以经济理论的突破为依据,对建立中国社会主义民法新体系进行了开拓性的研究。其成果对我国的民法学教学、科研工作和促进民事立法,均颇有影响。此外,还有中国人民大学出版社出版的《民法概论》、北京大学出版社出版的《民法教程》和《民法学》、河北人民出版社出版的《民法简论》、吉林大学出版社出版的《民法学》、重庆出版社出版的《民法通则教程》、内蒙古大学出版社出版的《民法学教程》、黑龙江人民出版社出版的《民法概论》、法律出版社出版的《民法教程》、武汉大学出版社出版的《民法总论》,以及由青年法学家们编写、中国政法大学出版社出版的《民法新论》(上、下册)等民法教科书和论著。另外,还有一些关于合同法、知识产权法、继承法等专门教材以及民事案例选编、中国和外国的民法论文集、外国著名的民法典的中译本等。普及民法知识的读物也大量出版,

《民法通则》颁布后,有关该法的普法出版物就达五十多种。

民法学的繁荣,还表现在学术讨论活动的频繁开展。中共十一届三中全会以来,召开了各种民法学讨论会,有全国性的,有地方性的,有教学科研单位发起的,也有立法、司法机关组织召开的,其中主要的有中国社科院法学研究所于1979年8月和1983年12月召开的两次民法经济法理论讨论会,中国民法学经济法学研究会召开的四次年会以及全国人大常委会1985年12月召开的民法通则(草案)座谈会等。特别是1986年中国法学会民法学经济法学研究会成立后召开的四次年会以及其他活动,对我国民法学的发展和繁荣,起了很大的促进作用。其中,第一次年会于1985年4月在苏州召开,着重讨论了民法与经济法的关系,明确了民法学经济法学共同发展和繁荣的方向,根据改革实践,向立法机关提出了加强民事立法的建议。第二次年会于1986年7月在银川召开,就所有权与经营权分离的可能性、必要性、现实性进行了讨论,并对《民法通则》颁布后所提出的一系列理论问题,如"两户一体"(农村专业户、重点户和城镇工商个体经营者)的法律地位、合伙财产的性质和民法学的体系等,作了研讨。第三次年会于1987年9月在武汉召开,就两权分离的法律形式、承包租赁和股份制的理论与实践问题,展开了热烈的讨论,为有关改革措施的法律配套,做了民法理论的准备。第四次年会于1988年7月在上海召开,采取了对同一问题不同观点针锋相对的讨论的形式,就企业改革中的法律问题,特别是产权问题作了进一步研讨,学术气氛空前活跃。

本着百花齐放、百家争鸣的原则,通过研究讨论,民法学界对民法与商品经济的关系、民法与经济法的划分、民法的调整对象、民法的体系、法人制度、国家所有权和全民所有制企业的财产权等重大民法理论问题,进行了深入的探讨,取得了可喜的成果,促进了民事立法的发展。从1979年起,我国陆续颁行了《中华人民共和国中外合资经营企业法》、《中华人民共和国外资经营企业法》、《中华人民共和国全民所有制工业企业法》、《中华人民共和国经济合同法》、《中华人民共和国涉外经济合同法》、《中华人民共和国技术合同法》、《中华人民共和国商标法》、《中华人民共和国专利法》、《中华人民共和国继承法》等一系列法律,特别是1986年4月《中华人民共和国民法通则》颁布,成为我国民事立法上的一个重要里程碑,标志着我国民法向完备系统化方向迈出了重要的一步。民事立法的发展,反过来又向民法学提出各种课题,促进民法学研究的深化,从而基本上形成了有中国特色的社会主义民法学。

《民法通则》颁布以后,国外法学界也对我国民法学产生了兴趣。1987年10月和1988年4月,在美国杜克大学和中国香港中文大学分别举行了中国《民法通则》讨论会,与会的有美国、加拿大、联邦德国、法国、日本、韩国、南斯拉夫、匈牙利和中国内地以及中国台湾、香港的民法学家共六十余人次。国际人士对《民法通则》与我国改革开放的关系、《民法通则》的国际意义及有关具体民事法律制度等,进行了热烈的研讨,标志着我国的民法和民法学开始走向世界。

1978年以后,我国的民法学人才培养和教学科研机构也有了迅速的发展。中国人民大学、北京大学、中国政法大学、中国社会科学院法学研究所民法经济法研究室、吉林大学、武汉大学、复旦大学、南开大学、厦门大学、安徽大学和西南、华东、西北、中南四所政法学院先后招收民法专业研究生数百人,其中民法博士研究生六人,并有近百人已获得硕士学位。一批中青年民法学者走上教学科研岗位,有的作出了卓越成绩,成为民法学研究的骨干力量。这表明在我国曾中断二十余年的民法学研究,后继有人,前景光明。除了中国社会科学院法学研究所不断加强民法经济法研究外,许多省市自治区社会科学院和一些大学也成立了法学研究所,配备了民法学研究人员,从而在法律院系之外,形成了一个比教学单位更能结合中国改革和发展实际的民法学研究系统。

中共十一届三中全会以后,民法学之所以能够迅速恢复和繁荣,主要有以下几方面的原因。

1. 经济体制改革中出现的理论上的突破,为我国民法学的发展奠定了思想基础

我国旧的经济体制,是以"左"的理论为指导建立起来的,其核心是把计划与市场、计划经济与商品经济对立起来,主张"一大二公"和高度集中的经济行政管理,不承认生产资料是商品,否定全民所有制企业具有独立商

品生产经营者和法人的地位。由于民法与商品经济有着天然的联系,但理论上又否定商品经济,这就必然限制民法学对民法调整的对象、民事主体、所有权和合同等方面的研讨。在改革开放中,理论界解放思想,探索社会主义建设的道路,在一系列重大理论问题上有所突破。首先是正确认识了计划与市场的关系,二者不是水火不相容,也不是板块式的结合,而是相辅相成的有机整体。在社会主义统一市场中,各种经济活动的当事人都是平等主体,只能在平等基础上进行竞争,适用统一的规则,由国家调节市场,而不是直接干预生产经营者的活动。这种认识的确立,对于划清民法与经济法的界限,确定民法调整的对象,明确民法在我国法律体系中的地位等,起了决定性的作用,从而为民法学的发展开辟了广阔道路。此外,从理论上承认生产资料是商品、全民所有制企业是商品生产经营者,主张以公有制为主导的多种经济成分长期并存,提出大力发展第三产业和技术商品化等,都使我国民法学得以在民事主体、客体、所有权、横向联合中的法律问题和各种具体合同等方面进行丰富多彩的研究。

2. 商品经济的发展,是我国民法和民法学得以发展的沃土

民法是社会商品经济的产物,它通过对各种独立主体在自主平等基础上进行的活动的调整,配合价值规律的作用,使社会经济正常运行。民法也只有在商品经济得到发展的条件下,才有存在的必要。在旧的经济体制下,公有制企业是行政机关的附属物,个体经济被视为"资本主义尾巴",政治口号和长官意志代替了经济规律的作用,平等的交换关系无法发展,民法丧失了存在的依据,民法学的命运也就可想而知。而在改革开放中,我国的商品经济关系的规模空前发展,指令性计划大大缩小,各种经济活动主体包括全民所有制企业得以充分发挥积极主动性并根据市场信息从事生产经营,这些都亟须从法律上规定民事活动主体的地位、民事法律行为、所有权和其他物权以及债的制度等。对外经济联系的扩大,外商同我国进行经济贸易,来华投资,也要求我国制定民法,作为调整商品经济关系的基本法。在这种情况下,各种民事法律规范和民法通则应运而生,从而为民法学研究提供了法律依据。

第二讲　中国民法的历史发展和近四十年来的中国民法学研究　35

3. 法制建设的加强,是民法和民法学发展的直接动因

法是国家意志的体现,民法也不例外。仅有商品经济的发展及其法制要求,并不能自然而然地形成民法,而民法学不可能在没有民法或民法不发达的情况下繁荣起来。中共十一届三中全会确定了加强社会主义法制的方针,提出把立法工作摆到全国人民代表大会及其常务委员会的重要议程上。因此,商品经济迅速发展所提出的要求,能够较快地在立法上得到反映。立法机关进行民事立法,一般都邀请民法学家参与讨论,在民事法律法规实施过程中,民法学家不断对法律条文的完善和法的适用提供意见,这就大大促进了民法学的发展。

4. 一支高质量的民法学研究队伍的存在和壮大,是我国民法学迅速恢复和维持长期繁荣的根本保障

20世纪50年代,我国培养了相当一批教学科研和政法工作人才,接受了马克思主义和社会主义民法学的基本原理,跟随国家走过了坎坷道路。而在中共十一届三中全会以后,他们勇于探索民法学的新问题、新领域,所以能够迅速承担起建设新时期社会主义民法学的历史重任。通过他们的辛勤耕耘,又培养出新的一批民法学研究的中坚力量,从而为我国民法学的长期繁荣奠定了基础。

三、民法学若干理论问题的研究概况

(一)民法调整的对象

民法调整的对象问题,涉及民法的本质及其在社会主义条件下的作用,是关系到社会主义民法学的内容和体系的重大理论问题,对于民事立法、民事司法和民法教学科研工作,都具有理论指导意义。

新中国成立以后,我国民法学界就这个问题进行了热烈的讨论。讨论可以分为两个阶段。第一阶段是1956年和1957年初,当时争论的焦点主要是:① 关于民法调整的财产关系的属性。有人认为民法调整的是一定的生产关系所决定的思想关系或法权关系,属于上层建筑范畴。经过讨论,多数人接受了马克思主义关于经济基础与上层建筑的辩证关系的基本原理,认为民法调整的财产关系属于经济基础。② 关于民法是否调整人们的行

为。有人认为民法并不直接调整生产关系,而是调整人们在处理财产关系中的行为。多数人认为,民法虽然是人们行为的准则,但它是通过对人们行为的影响而作用于社会关系,所以民法不是调整人们的行为,而是调整社会关系。对于民法调整的具体对象和范围,当时没有分歧,一致接受了苏联民法学界 1954—1955 年讨论民法对象问题所得出的结论,即民法调整组织之间、组织与公民之间、公民之间一定的财产关系和人身非财产关系,这种财产关系是以所有制为依据并与价值规律和按劳分配的作用相联系的。后来,我国的民法学教科书长期把民法对象概括为"一定的财产关系和人身非财产关系"。

文化大革命结束以后,我国民法学界重开论坛,第二次讨论民法调整对象问题。近十年来关于民法调整对象的观点大致有以下几种:

1. "两个一定"说

认为民法调整一定的财产所有关系、财产流转关系和一定的人身关系,其中财产关系具有平等、有偿的特点。在具体内容上,这种观点与苏联的传统观点完全一致。但并不强调民法调整的财产关系是体现价值规律作用、采取商品货币形式的关系。《民法通则》颁布以前的大多数教科书和一些论文持这种观点。

2. 商品关系说

认为民法调整的社会关系的核心部分或主导方面是我国社会主义社会的商品关系。从民法的权利主体制度、所有权制度、合同制度和民事责任制度来看,都是适应商品经济的要求建立起来的。① 商品生产和商品交换必须在不同的主体之间进行,由他们作为商品的监护人,相互平等地发生关系。因此,反映商品经济要求的民法,首要的是确立商品生产、经营者或所有者的法律地位,建立权利主体制度。② 参加交换的商品必须为交换人所有,即交换者必须彼此承认对方是交换物的所有者,而且交换者参加交换的目的是为了取得对方的商品归自己所有,这就要求在法律上确立所有权制度。对于不同的商品生产、经营者和所有者的财产,不论其主人的社会地位高下,民法都用一个"所有权"加以概括,借以使各个所有者得以平等自主地进行商品交换。③ 商品生产须以不同的社会分工为条件,只有不同的具体劳动所形成的不同使用价值,才能作为商品互相对立并进行交换。商品交换的这一特征,反映到民法上,形成合同制度。它以国家的力量,保证平等的当事人一方所自愿接受的约束得到实现,即向他方为交付某物或某种行为或不行为的给付,以维护正常的商品生产和商品交换关系。④民法上的责任制度,即保护权利的方法,表现为用平等方法来保障商品生产者在形式上的平等地位。民法上的责任形式和制裁方法,一般不具有惩罚性质,这也是由商品经济关系所决定的。

总之,民法的几项主要制度,都是为反映商品生产和商品交换的要求而建立起来的。从罗马法到社会主义民法,这一主旨始终未变。持这种观点的学者认为商品关系是民法对象的核心,同时并不排除民法也调整人身关系和非商品性质的财产关系。这种观点,在中国的经济和民法受长期"左"的困扰、民法学界仍处于僵化状态的20世纪70年代末,对于解放思想,促进学术讨论,推动建立统一的民法和促进商品经济的发展,起了积极的作用。其核心内容,即民法主要调整具有平等有偿特点的商品关系的思想,在1986年制定的《民法通则》中得到了确认。由此在理论上和立法上划清了民法与经济法的界限,确认民法调整平等主体间的关系,经济法调整经济管理中发生的社会关系。

3. 受价值规律自发作用的商品关系说

认为民法的作用是通过对独立主体自由开展活动所形成的关系进行调整,配合规律的自发作用,使价值规律在经济活动中得以运行。因此,民法不调整基于国家有计划地组织经济的职能所产生的经济关系(哪怕是"横向"经济关系)。历史上已由民法采用商品经济关系所要求的平等方法进行调整的、一些不具有商品关系性质的财产关系和人身关系,仍应作为我国民法调整的对象。

4. "大民法说"与"小民法说"

20世纪60年代起草民法典时,有人主张我国民法应调整一切财产关系;70年代末我国再次起草民法典时,有人重提这一主张。学术界将这种观点称为"大民法说"。在民法学、经济法学两大学派的论战中,有人将我国民法的调整对象局限于公民之间、公民与法人之间的财产关系,认为民法的主体主要是公民。还有人认为民法主要是调整以生活资料个人所有为基础的消费领域的直接或间接的商品关系和某些人身关系,学术界将这类观点称为"小民法说"。这两种观点,在深入讨论的过程中逐渐为人们所抛弃。

在我国民法通则起草过程中,立法机关充分吸取了民法学界关于民法调整对象的研究成果,对我国民法的调整对象作了规定,即我国民法调整作为平等主体的公民之间、法人之间、公民和法人之间的财产关系和人身关系(《民法通则》第 2 条)。至此,关于民法调整对象的讨论告一段落。

(二) 作为民事主体的公民

1. 关于公民的一般问题

近年来,民法学界对于作为民事主体的公民的一般问题讨论较多,主要有以下几个方面。

(1) 关于出生。西方国家关于公民的出生时间有许多不同学说,如阵痛说、断脐带说、独立呼吸说等。我国有人主张独立呼吸说,通常则认为应以医学上公认的"婴儿活着出生"之时为公民的出生时间。

(2) 关于公民的结婚年龄。大多学者将法定结婚年龄归结为一种"特殊权利能力"。但有人持不同意见,认为法律关于公民结婚年龄的规定不属于权利能力的范畴,而是一种"特殊行为能力"。

(3) 关于死亡。死亡分为自然死亡与宣告死亡,对自然死亡的概念,民法学界有不同的看法。过去一般认为,呼吸、心跳均告停止即为死亡,或者认为应以医学上公认的死亡时间为准。近年来,国外脑死亡问题的研究成果传入我国,许多人提出应将脑死亡作为死亡的标准。随着医学界接受脑死亡标准,民法上也势必将脑死亡作为公民死亡的时间。

(4) 关于宣告死亡的后果。我国民法学界通常认为宣告死亡与自然死亡产生相同的法律后果,即公民的权利能力终止。纵然这只是推定的,因为只有这样,才能产生符合我国继承法规定的财产继承权的法律效果。在《民法通则》制定过程中和颁布以后,有人提出,宣告死亡并不能当然终止公民的权利能力,因为被宣告死亡者如果仍然存活,该事实应优于法律上的推定;如果认为他没有权利能力,该人就无法享有民事权利,也就无法生存。

(5) 关于限制行为能力的年龄下限

对此我国民法学界一直有分歧。因对我国儿童少年的智力发展和他们从事民事法律行为的实际状况认识不一,有人主张将公民限制行为能力的年龄下限定为12周岁,有人主张定为6周岁或7周岁,有人主张定为14周岁。《民法通则》对此规定为10周岁。

(6) 关于监护人的权利和义务。有人认为,监护人既有一定的权利,也有一定的义务,监护人依法履行监护职责,就是他的权利。有人认为监护是一种义务,是一种义务性的责任。有人为了避免讨论监护的权利义务属性,则一般将监护作为一种职责。

2. 关于个体工商户、农村承包经营户和个人合伙

(1) 关于个体工商户和农村承包经营户。个体工商户、农村承包经营户是经济体制改革中出现的新事物。《民法通则》颁布以前,有关个体工商户、农村承包经营户的名称比较混乱,曾将农村承包经营户称为"专业户"或"重点户"(即"两户",有时称之为"农村个体工商户";城镇个体工商户,则一般称为"个体户")。关于个体工商户、农村承包经营户的法律地位,有人主张他们应属特殊的法律主体,应给予其法人的地位。也有人持相反观点,认为农村承包经营户没有自己独立支配的财产,不能到法院起诉和应诉,不具有特殊的民事主体资格。在《民法通则》起草过程中,多数人主张在公民(自然人)一章里专门规定个体工商户和农村承包经营户的法律地位。少数人则认为,个体工商户和农村承包经营户不过是普通公民的不同职业,其法律地位与普通公民没有本质的差别,因而没有必要作专门规定。近来越来越多的人主张,根据我国《民法通则》的规定和实际情况,农村承包经营户既不同于公民,也不同于法人,因而应是独立于公民和法人而存在的一类新主体。

(2) 关于合伙与个人合伙。合伙是民法学研究的一个重要课题。但在新中国成立后的长时期内很少有人研究这一问题,在《民法通则》颁布的前后数年,我国民法学界才注意对合伙理论的研究。① 关于合伙的概念。有人认为合伙是一种共同经营契约;有人认为合伙是一种共同经营关系;有人认为合伙是一种共同经营企业。在讨论中比较一致的观点是,合伙由合伙

合同和合伙组织两个不可分割的部分构成,前者是仅对合伙人有约束力的内部关系。后者是全体合伙人作为整体与第三人产生法律关系的外部形式。两者结合起来构成完整的合伙概念。② 关于合伙的法律地位。一种观点认为,合伙不能成为法人和法人以外的一种民事主体,因为它只是自然人的结合,并由合伙成员分别承担法律责任。另一种观点认为,合伙可以作为独立的民事主体。其中又分为两种意见:其一,认为合伙是一种组织体,可以独立进行活动,有相对独立的财产,因而应赋予法人资格,外国也有这样的法例和趋势。其二,认为合伙作为企业,是商品生产经营主体,在这一点上它不是自然人的简单结合;我国建立法人制度的目的是使从事商品生产经营的组织承担有限的法律责任,规定合伙是法人,就会否认这一原则,从而造成不必要的混乱,所以合伙不应成为法人。在正常情况下,合伙是以组织进行活动,只有在分担责任和合伙解体的情况下,它才显露出自然人的属性。有鉴于此,合伙完全可以成为一种不同于自然人和法人的独立的民事主体。③ 关于合伙财产的性质。有人认为,合伙财产是集体所有制性质的社会主义公有财产;也有人认为,合伙财产仍属于个人所有;大多数人认为,合伙财产同合伙人自己所有的其他财产是分开的,有相对的独立性,因而属于全体合伙人共有。有人进一步作以下的补充,出资人的个人所有与合伙的共有可以同时存在,在某些情况下合伙人出资的仅为其财产所有权的部分权能,而不以转移所有权的方式来构成共同财产。

(三) 法人制度

早在20世纪50年代,我国民法学界就一致认为应建立法人制度。但在长期"左"的影响和僵化的经济体制下,企业不可能成为独立的商品生产经营者,也就不存在建立法人制度的主客观条件。在经济体制改革中,我国民法学界许多人撰文呼吁建立法人制度,对其在我国社会主义条件下的作用、机制和对于发展商品经济的重要意义作了论证,对我国参照外国的经验,最终在民法通则中确立法人的制度,起了积极的促进作用。民法学界对法人的要件、分类等理论的研究成果,也已被《民法通则》等立法所采纳。

近年来,有人提出了"两级法人"的概念,认为半紧密型的经济联合体是国家认可的新法人,但组成或参加半紧密型联合体的各方依然是法人,因此可称之为"两级法人"。还有人认为,大中型企业中自负盈亏的组织,具有相对独立的生产经营与经济独立核算的经济地位,法律应赋予其参与企业外部经济活动的权利能力和行为能力,使其具有一定的主体资格,称为"准法人"。这种"企业法人级别论",未得到民法学界多数人的赞同。因为将法人分为不同的级别,是对民事主体法律地位平等原则的否定,也不利于解决联营关系中投资企业与新组成的法人之间的财产关系问题。企业内部的二级单位,不符合法律规定的法人的三个条件,因而不能成为法人。

(四)民事法律行为与代理

1. 关于民事法律行为

《民法通则》颁布以前,我国民法学界广泛地使用"法律行为"的概念,作为民事法律行为的简称,也有个别民法教材使用"民事行为"概念。《民法通则》使用了民事行为、民事法律行为、无效的民事行为和可撤销的民事行为等概念。关于民事法律行为与民事行为的关系,有以下几种不同观点:① 认为民事行为与民事法律行为是同一概念,这是《民法通则》颁布以前的一种意见。② 认为民事行为仅指无效的、不能产生预期效果的民事法律行为,但有学者认为,这是对《民法通则》的一种错误解释。③ 按照《民法通则》的规定,民事行为是一种最广泛的法律事实,包括合法行为和不合法行为,合法的民事行为是有效的民事行为,亦即民事法律行为,不合法的民事行为是无效的民事行为。因此,民事行为概念的外延比民事法律行为要广。

关于民事法律行为的特征,有以下两种不同观点。① 认为民事法律行为的特征有二:一是以意思表示为基本特征的法律事实;二是以设定、变更、终止民事权利和民事义务为基本特征的法律事实,这种观点强调意思表示的合法性。② 认为民事法律行为的基本特征有三个:一是以意思表示为构成要件;二是能够引起行为人预期的法律后果;三是应该是合法行为。这种观点为多数人所接受。

2. 关于代理制度

代理是民法中的一项重要制度,对于商品经济活动的开展具有不可缺少的作用。随着商品经济的发展,这项制度在我国得到越来越广泛的运用,民法学界对其中的一些问题曾展开研究。

《民法通则》规定在授权不明的代理中,如给第三人造成损害,应由代理人与被代理人承担连带责任。一般认为这种规定具有积极意义和理论依据;但有的学者对此持批评态度,认为让代理人与被代理人承担连带授权不明的责任是不合理的,授权不明的过错在于被代理人,因而只能由被代理人承担责任。

关于代理权的性质,历来就有争议。有人认为代理权是一种权利,是一种绝对权。近年有的学者著文对代理权作了全面深入研究,认为代理权是为了便于被代理人充分行使其行为能力,或者使其欠缺的行为能力在法律上得以补救,而通过被代理人的意思表示或法律直接规定,赋予代理人以被代理人名义进行民事活动的一种资格。基于这一资格,代理人所为行为的后果由被代理人直接承担。

此外,民法学界还对代理的分类、代理权限、狭义无权代理中第三人的催告、撤回意思表示等问题进行了探讨。

(五) 时效制度

20世纪50年代,我国民法学界的大多数人接受了苏联民法学关于诉讼时效的理论,但也有人主张建立取得时效制度。80年代起草民法的过程中以及《民法通则》公布前后,民法学界对于在我国应建立什么样的时效制度展开了认真的研讨,大致有以下几种不同观点。

1. 主张建立取得时效制度

其理由是:① 有利于社会经济秩序和其他社会关系的稳定;② 有利于促使权利人适时行使权利,充分发挥物质财富的效用;③ 有利于人民法院及时正确地处理民事纠纷;④ 可以避免只规定消灭时效而形成的理论缺陷,即根据诉讼时效取得利益的当事人,应通过取得时效制度实现其权利,否则不利于经济关系的稳定。

2. 反对建立取得时效制度

其理由是:由于不动产登记制度、动产即时取得制度相继问世,使取得时效制度失去了存在的价值。从民法理论上看,取得时效和消灭时效并行是不科学的。而且从我国实际情况看,取得时效在实践中没有什么积极意义。因为我国的社会经济发展水平和人民的文化水平较低,法制观念不强,民事司法状况尚待改善,在这种情况下规定取得时效,可能会加剧原已存在的非法占有,甚至哄抢公共和私人财产的现象。

3. 主张建立统一时效制度

有人认为,应当抛弃消灭时效和取得时效的分类,建立统一的时效制度,把权利的丧失与权利的取得有机地统一起来,使其既具有消灭权利的效力,又有取得权利的效力。多数人仍然主张建立诉讼时效制度,或者更名为"消灭时效"制度。其中一些人认为可以用诉讼时效制度来统一整个时效制度,民法通则采纳了这一主张。

关于时效制度的适用范围问题,也有较大分歧。一般认为国有财产不适用时效制度的规定,因为社会主义公有财产神圣不可侵犯,而且在公有财产管理的各个环节容易出现漏洞,不像个人占有财产那样直接、有效。近年来有人进一步提出,时效制度不适用于法人的财产权利关系,或者仅适用于法人的流动资产。持不同意见者则认为,对国家财产适用时效制度,有利于督促国营企业单位关心和管理好国家财产。

此外,对时效的效力,《民法通则》第137条规定的20年期间是属于长期时效还是除斥期间,人民法院遇有特殊情况能否对20年期间再予延长,《民法通则》实施以前的权利义务关系如何适用时效制度(即《民法通则》关于时效的规定有无溯及力)等问题,民法学界也进行了探讨。

(六)民事责任的归责原则和精神损害赔偿

1. 关于民事责任的归责原则

一般认为,过失(错)责任原则是我国民事责任的最基本的原则,其他原则(如无过错责任原则)是处于从属的或补充的地位。现在有人提出,当事人有过错的普通侵权行为(或称一般侵权行为)适用过错原则,遇此情况当事人无过错即无责任;法律有特别规定的特殊侵权行为,适用无过错责任原则;当事人无过错,法律又无特别规定的,适用公平责任原则。这三个原则同时并存,互相补充,共同组成了我国侵权行为法律制度规范的归责原则体系。

关于无过失责任原则的社会经济基础,民法学界存在两种不同意见。有人认为,在相当长一段时间内,我国还难以实行全面的社会综合保险制度,因此适用无过失原则的条件仍然存在。另一种意见则认为,各种保险制度如责任保险、货物运输保险和保证保险的实行,为在我国建立无过失责任原则提供了坚实的基础。持这种主张的人进一步认为,最理想的办法是把个人责任转化为社会责任,借助于保险制度将损害分散给全体投保人承担,在这样的条件下,无过失责任原则就有了坚实的基础。

关于公平原则是否应为侵权责任的归责原则,民法学界目前尚有争议。有人认为确认公平原则为民事责任的归责原则,符合社会主义的道德标准。也有人认为公平原则不能作为民事责任的归责原则,否则会造成是非不分、"和稀泥"的后果。

2. 关于精神损害赔偿问题

长期以来,我国民法学界坚持"人格"不是商品,人格损害不能以金钱赔偿的观点。后来《民法通则》规定,公民和法人的人格权受到损害的,可以要求赔偿损失。对此,民法学界展开了激烈的讨论。

(1) 精神损害不能用金钱赔偿,其理由主要是:① 主张精神损害可用金钱赔偿,其实是把人的尊严变成商品,这是资产阶级的观点,违背了马克思主义。② 用金钱赔偿精神损害,由于赔偿金的确定没有标准,事实上行不通。持这种观点的人认为,《民法通则》第120条的规定并无进步之处。

(2) 精神损害可以而且应该用金钱赔偿,对法人人身权的保护,则应以追究侵害人的财产责任为主要手段。这种观点认为,持第一种观点的人在理论上是受苏联民法学的影响,他们对精神损害及其损害后果未作科学研究和调查,"不识精神损害真面目",就简单地认为精神损害赔偿制度是资产阶级的东西。其实对人格(精神)的损害要求赔偿损失,并非降低人格,而恰恰是对受害人人格尊严的一种保护方式和对加害人的一种制裁手段。

(3) 给予精神受损害的人适当数量的金钱是可以的,但从性质上来说,不能称之为"赔偿",只能称之为"抚慰"。因为人身、人格、生命等无法用金钱来衡量,给予受害人一定数量的金钱以示抚慰,则是完全可以的。对这个问题的讨论,促进了我国民法理论的发展,在实践中则加强了对公民名誉权、姓名权等的保护,对于精神文明的建设具有积极意义。

此外,民法学界对精神损害金钱赔偿的适用范围、条件以及具体赔偿数

第二讲 中国民法的历史发展和近四十年来的中国民法学研究

额的确定等,也展开了讨论和研究。

(七) 物权和所有权的一般问题

1. 关于物权

新中国成立以后,受批判旧法的影响,民事立法中一直没有使用物权概念,理论界也很少使用这一概念。近年来,民法学界许多人撰文呼吁恢复物权概念,建立我国的物权制度。

他们认为,随着经济体制改革的发展,仅有所有权制度已无法满足调整社会经济关系的需要,建立物权制度的必要性决定于我国公有制的不同形式,同时也是商品经济发展的一般要求。当前承包经营关系、经营管理关系、担保关系等大量发生,没有相应的周密的物权制度,不能很好地加以调整。有人进一步提出,传统的物权制度已不适应经济发展的客观要求,无力调整当今纷繁复杂的社会关系。这表现在:土地作用的削弱,动摇了传统物权体系赖以存在的基础;智力成果的勃兴,打破了传统物权一统天下的格局;新型财产权的出现,肢解了传统的物权体系。因此,有必要对旧的物权概念进行大规模的更新。

目前,有人对建立我国的物权制度体系提出了一些设想,认为物权应包括自物权(即所有权)、他物权和类物权(占有)。他物权包括以使用、收益为主要内容的经营管理权、承包经营权、地基权、地役权以及以担保为主要内容的抵押权、质权和留置权。也有人认为,我国的物权体系应包括所有权(含智力成果权)、经营权、使用权(主要指土地使用权和地基权)、地上权和相邻权、担保权(抵押权、质权、留置权、定金等),并主张取消物权的优先行使性,将传统的物上请求权与债的请求权置于平等地位。

2. 关于所有权

传统民法理论和我国民法学界一般都认为,所有权是所有人对其财产进行占有、使用、收益和处分的权利。但在近年有关全民所有制企业财产权性质以及两权分离的理论探讨中,人们对传统的所有权理论提出了修正和补充,具体表现在以下几个方面:① 认为在所有权的四项权能之外,还存在着一种与所有权不可分离的权利,即支配权,它是在同一物上独立支配其所有物的排他性权利。② 提出了"双重所有权"的理论,向传统所有权的"一物一权"定律提出挑战。③ 分析了财产所有权的内部结构,指出所有权具有横向要素结构和纵向要素结构。④ 引入英美法中的所有权理论,试图以此对传统的大陆法系的所有权学说进行改造和更新。

(八)全民所有制企业财产权的性质

关于全民所有制企业财产权的性质问题,是近年来我国民法学界讨论最多的热门课题。关于这一问题,主要提出了以下几种观点。

1. 传统物权观点

有些人试图用传统物权的权能分离,来解释全民所有制企业财产权的性质。持这种主张的又分占有权说与用益权说两种。

(1) 占有权说。认为国家所有制经济是一种"两层楼式"的经济,国家与国营企业分别具有双重身份:国家既是主权者,又是全民财产的所有者;国营企业既是主体又是客体;既是相对独立的法人,又是国家所有权的客体。由此决定了在国家与国营企业的财产关系中,国家享有所有权,国营企业享有占有权。这种占有权是国家授予的,是由国家所有权派生的一种独立物权,但它的独立并不导致对国家所有权的否定,国家作为所有者仍然享有收益和下达指令性计划等宏观控制权,国营企业对利润留成形成的固定资产同样享有占有权。

(2) 用益权说。持这种观点的人认为,应当从马克思所阐明的财产所有权与财产经营权分离的观点出发,把国营企业的财产经营权看做财产用益权在社会主义制度下得到发展的一种形式,这种财产经营权是区别于国家所有权的一类独立物权。

2. 关于企业法人所有权观点

(1) 企业"法人所有权说"。认为只有确认企业法人所有权,才能真正确立生产资料的全民所有制。类似的观点认为,企业具有所有权才是真正的法人,国家所有制并不一定要表现为国家所有权,国家完全可以通过享有某种其他财产权(包括出资权)实现自己的财产利益。在国家与全民企业的关系中,国家享有出资权(类似于股权),企业享有完全的所有权。法律确认法人的所有权不是对社会主义公有制的否定,而是在社会主义商品经济关系中,更好地实现国家财产权的一个有效途径。

(2) 法人"相对所有权说"。认为所有权的绝对与相对是交替变化的,只有建立相对所有权,即不完全、不充分的所有权概念,才能正确地理解社会主义国家与国营企业之间的财产关系,在划归企业的财产上建立双重所有权,即国家所有权和企业相对所有权。企业所有权作为一种相对所有权,具体表现为法人所有权。在这种双重所有权结构中,国家所有权居于主导地位。

(3) "商品所有权说"。认为在国家与全民企业的财产权关系中,企业享有商品所有权,企业相对独立于国家后,产生了企业与国家以及企业与其他生产经营主体之间的两种财产关系。对国家而言,企业是国家财产的经营者,对国家承担责任,并享有自主使用、支配财产的权利;对其他生产经营主体而言,企业是拥有独立财产的法人,有进行各种商品交换的权利,并独立承担财产经营风险。这两种财产关系构成了企业法人商品所有权的基本特征。类似的观点认为,商品所有权与商品经济有着内在的联系,在商品经济条件下,商品经济的内在要求必然表现为法律上的商品所有权。商品所有权是商品交换的前提,也是商品交换的结果。我国国营企业依法享有商品所有权,是指企业对在国家所有的生产资料的基础上所生产的部分劳动产品的所有权。这对于企业摆脱行政机关附属物的地位、明确其相对独立的经济利益、取得在民事活动中承担债务责任的能力、参与企业之间的合法竞争和联合,具有重要的意义。

此外,在法人所有权的主张中,还有"所有权分割说"、"所有权层次说"和"部分所有权说"等观点。

(4) 经营权观点。这种观点以党和国家关于经济体制改革的理论为依据,在民法学界占据主导地位,并在《民法通则》中得到了反映。持该观点的人认为经营者不一定必须是所有权者,在国家与国营企业的财产权关系中,国家享有所有权,国营企业经在国家授权范围内,对国家授予的财产享有占有、使用、收益和处分的经营权。这样就足以使企业成为真正独立的法人,而不需享有所有权。经营权是一种新型物权,只要能够保障其实现,企业能够真正成为商品生产经营者,总之,两权分离的具体界限是可以由法律规定清楚的。国家如仍对企业进行非法干预,使企业成为它的附属物,那是法制不健全的表现,在这种情况下,即使赋予企业以所有权也无济于事。坚持国家所有权,有利于保证国营企业为整个国民经济的发展而从事生产经营,也不妨碍经营权的有效行使。由于国家所有权是国营企业经营权的前提和依据,国家仍有效地行使着这种权利,因此它不是一种虚有权。经营权也不是传统意义上的用益权,经营权的物权性质,使它与国家行政管理权区别开来,所以不宜称为经营管理权。根据这种观点,双重所有权的主张是不能成立的,不仅在理论上说不通,在实践中包括在英美法国家也是不存在的。至于股份制,由国家控股,不能解决政企不分的问题,由私人控股会削弱国家的宏观调控能力,社会主义国家集中资金的能力大大超过了股份公司的相应功能,因此不应把推行股份制作为全民所有制企业改革的基本方向。

(5) 经营管理权观点。这种观点认为,全民财产的所有权人必须由国家承担,否则不能保证按社会利益来利用全民财产。企业对全民财产则必须享有作为商品生产经营者所应有的各种权利,称为经营管理权。企业对全民财产的权利的实现,有赖于在企业和国家机关之间建立有法律保障的权利义务关系,主要不在于其权利的名称如何。从语词概念和实际情况看,企业占有、使用、收益和处分一定的全民财产,均离不开一定的管理活动,所以,企业对全民财产的经营权和管理权实际上是融为一体、不可分割的。

配合经济体制改革,民法学界还对所有权与经营权分离的形式进行了讨论,对承包、租赁、股份制等作了深入探讨,对改革起了一定的促进作用。

(九) 债和合同制度

债和合同是民法的基本制度之一。近几年来,我国法学界对债和合同的理论问题展开了广泛的研究和讨论。

1. 关于民法要不要使用债的概念

有人主张我国民法应当保留债的理论的合理内容,但应摒弃债的概念本身。理由是:① 我国人民所理解的债,与大陆法系国家自罗马法以来形成的债的概念大相径庭;② 债本身是一个外来词,我们可以不用;③ 债的概念主要是概括合同制度,把无因管理、不当得利和处分权行为放在其中,并无科学性;④ 不用债的概念不会影响我国民法和民法学的完整性、系统性以及民事法律关系的严肃性。但大多数人认为,我国民法和民法学应当使用债的概念,我国民事立法也广泛使用了债的概念。

2. 关于建立什么样的合同法体系

自经济合同法颁布以来,我国陆续颁布了近十个单行合同法规,形成了经济合同法体系;此外还颁布了涉外经济合同法和技术合同法两个法律,由此形成了"三足鼎立"的合同立法格局。在理论上,有人认为既然法律部门划分的基本依据是社会关系的不同性质,那么,调整不同性质合同关系的法律规范也应分别编纂(或归入相应的部门法典),因而至少可以区分民事、劳动、经济等不同性质的合同制度。对此,有人提出不同看法,认为我国应建立统一的合同法律制度,即制定一部统一的作为民法重要组成部分的合同法,统一适用于一切民事主体和一切合同关系,实行国内合同法与涉外合同法的统一。

3. 关于合同的实际履行

合同的实际履行原则,长期以来一直被认为是我国合同法的一项基本原则,有人称之为我国合同法律制度的一个重要特征。近年来,有人认为,实际履行原则严重地束缚了合同当事人的自主性和积极性,影响了生产力的发展,使社会物质资料日渐匮乏,就是在集中经济体制下,它也没有得到切实贯彻,我国的现行立法已背离或摒弃了这一原则。这种观点受到了人们有说服力的批评,因为它是以对实际履行原则的片面理解为前提的,而且对该原则在中国和其他社会主义国家的实行状况和作用,并没有作实事求是的评价。还有人认为,应当确立合同正确履行的原则,认为实际履行原则不能完整地体现我国合同制度的根本宗旨,不能担负指导当事人正确履行合同的重任。

(十)继承制度

早在20世纪50年代初,民法学界就有人撰文论述我国继承制度存在的必要性,并为配合民法起草工作写过关于继承制度的专著。近年来,我国法学界关于继承制度的讨论集中在以下几个方面:① 论证继承制度的必要性;② 阐述我国继承法的特点;③ 讨论权利义务相一致是否应为我国继承法的基本原则;④ 讨论遗嘱继承与法定继承的关系;⑤ 研究代位继承、转继承的理论与实践问题;⑥探讨继承法中规定的一种新的合同——遗赠扶养协议。

以上仅是民法学界的一些主要研究成果。此外在知识产权等方面,如在研究知识产权的一般性问题,讨论著作权和版权的概念,阐述商标权、专利权、版权的法律特征,探讨商标权转让以及专利实施中的各种权利义务关系等问题上,取得了一系列成果,并出版了不少论著。

（十一）民法学的展望

我国正处于改革开放的伟大时代,其中心任务是繁荣社会主义商品经济,发展社会生产力,与此相适应,商品经济所需要的一整套法律制度亟须健全。所以改革为民法学的振兴创造了良好的条件,同时也对加速民法学的发展提出了迫切要求。我国民法学当前面临的任务,就是要从民法理论上研究和解决发展商品经济过程中所出现的各种民法问题,为深化改革和建立社会主义商品经济新秩序服务。

1. 探讨建立商品经济秩序的民法机制

民法作为我国社会主义法律体系中的独立法律部门,在改革中对我国社会主义商品经济关系起了一定的调整作用,在保护民事权利主体的合法权益,维护社会经济秩序等方面也发挥了积极作用。但是,当前民法对商品经济关系的调整,无论在深度还是广度上都是远远不够的。这不仅是因为民法调整机制还未健全,而且也因为我国的商品经济运行仍然存在扭曲现象。例如,发展商品经济所应遵循的平等、等价原则受到某些特权的践踏;诚实信用、公正平等原则还不能为相当一部分民事主体所自觉遵循;以权谋私、见利忘义等现象在民事领域还普遍存在;无视合同法制,拒不履行债务的现象相当普遍,并且已经成为严重的社会问题。为了使社会主义商品经济能够健康地发展,克服在资本主义社会里由于价值规律的自发作用和片面追求利润的动机所产生的诸多弊端,使社会主义商品经济在法制的轨道上有秩序地运行,就必须在充分认识民法对社会主义商品经济的调整作用的基础上,进一步完善民事立法,使民法规范切实得到贯彻实施,对一切进入市场的商品生产经营者产生应有的约束,使商品经济新秩序得以健全、完善。

现阶段民法学的一项重要任务,就是要研究在商品交换中如何切实贯彻和实现民法的平等原则。从民法学的角度看,所谓商品经济新秩序,就是在商品经济关系中,处于生产、交换、消费和分配各个环节的民事主体,都能遵循等价有偿、平等互利、诚实信用等原则进行活动,在追求自身利益的同时,注重或至少不违背社会和他人的利益,在享有权利的同时承担相应的义务。这样一种有秩序的、互利的、合法的活动,就是商品经济所需要的秩序。在当前的民事活动中,如何消除特权与平等交换、垄断与平等竞争之间的尖锐矛盾,清除阻碍社会主义商品经济新秩序形成的障碍,是一个亟待解决的重大课题,也是深入探讨民法各项制度进一步完善的问题。例如,如何在国家管理机关和企业之间切实建立权利义务关系,如何确保行政机关不得从事生产经营,限制肆无忌惮的倒卖活动,如何制止以不正当的回扣方式搞不正当竞争,消除改革给各种投机行为提供的可乘之机,如何区别合法赠与和行贿受贿、合法的佣金与非法所得之间的关系。

对广大法学工作者来说,当前和今后的任务不是泛泛而论建立商品经济新秩序的必要性等一般问题,而是应该从我国经济体制转轨的时代背景和现行的经济运行情况出发,深入探讨民法机制在建立商品经济新秩序中应该发挥什么样的作用,探讨建立商品经济秩序与完善各项具体民事法律制度的关系,以及建立商品经济新秩序的民法途径等问题。

2. 研究新的经营方式中的民法问题

伴随着企业经营机制改革的不断深化和新经济机制的逐步形成,与此相关的民法问题大量涌现,迫切需要从理论上予以解释和探讨。

两权分离,即全民所有制企业财产的所有权与经营权的分离,是我国经济改革中搞活企业所涉及的一个重要问题。实行两权分离,是在新的历史条件下完善国家所有权制度的一种有效措施,它既坚持了国家享有全民财产的所有权,又适应经济改革的需要将经营权赋予企业,这样,既有利于国家的宏观控制和统一协调,又不妨碍企业作为相对独立的商品生产经营者的法人地位。但坚持两权分离,并不意味着国家所有权制度不需要进一步改革。因此,在讨论两权分离问题时,需要进一步研究两权分离与所有权制度的关系,探讨在新的经济条件下,怎样完善国家所有权的行使方式,如何使国有资产的投资适合经济效益的要求；在国有土地和其他自然资源的使用中如何贯彻有偿使用原则，使稀缺的资源发挥出应有的效益，特别是如何促使企业和各个代表国家行使投资权利的主体关注国有财产的使用和处分中的损益，避免国有资产的无人负责、损失浪费现象；如何从民事流转和民事责任的角度研究遏制集团消费，制止那些在改革中打着所有制改革旗号，将国有资产分光吃光的不法行为。

在两权分离过程中，承包经营和租赁经营作为新的企业经营方式，在消除旧体制的弊端和促进新体制的建立方面起了巨大的作用。但对它们是过渡措施还是根本手段，能否真正搞活大中型全民企业，还需要从民法理论上作进一步的探讨。承包、租赁等责任制形式的普遍运用，对民法的主体制度、债和合同制度的研究都提出了新的课题。当前，特别要研究如何通过完善责任制合同，保障合同当事人的权利，保证义务的履行，建立财产责任制度以制约经营者的行为；如何从财产权利和责任上解决好企业行为端正和经营风险的承受问题，特别是如何解决好企业在承包、租赁前后所发生的债权债务纠纷，以及承包、租赁企业在破产以后的清产还债问题。注重对承包、租赁在实践中出现的弊病进行剖析，并提出相应的法律对策，是我们面临的理论课题。

股份制经营方式在我国出现后，引起了企业界和理论界的广泛注意和争论。我们认为，一概否认股份制的积极作用，或者把股份制夸耀为万能的改革措施，都是不可取的。必须认识到，在我国现阶段，国家作为全民所有者的代表，对全民财产行使所有权是必然的，因而国家所有权与企业经营权分离究竟应该采取何种形式，如何采取资产经营责任制、承包经营、承租经营、股份制等多种经营方式来对不同类型的全民企业进行多元化的改造等问题，都需要从民法学理论上进一步探讨。

商品经济发展中出现的其他问题，如私人企业的法律性质和形态、横向经济联合中的产权、企业兼并的条件和程序、企业股份的性质和反对垄断等，也需要从民法的角度予以研究解决。

3. 加强对民法理论与民事立法、民事司法的相互渗透和影响的探讨

实践是理论的源泉，社会主义商品经济的深入发展，不但给社会经济关

系带来了深刻的变化,而且也不断给我国的民法理论提出新的课题。我国民法理论产生和发展时期,社会主义商品经济发展的深度和广度,都与今日不可相比,因而我国的民法学虽已初具体系,但总的来说还远远不能适应社会经济关系不断发展的需要,民法学的科学体系有待进一步健全。

健全民法学体系,首先要求深化对民法学所包含的各种制度的研究。就民事主体来说,不但对个体工商户、农村承包经营户的法律属性和债务范围需要进一步研究,而且对公司、合作社、私人企业、联营组织、企业法人等有关问题,也有待深入探讨。就物权制度来说,不断适应经济生活发展变化的需要,丰富、完善担保物权和用益物权制度,创立适应中国国情的物权法体系,也属当务之急,债权制度所包含的合同之债、侵权行为之债、因不当得利和无因管理所生之债,也需从理论上发展丰富。

健全民法学的科学体系,还要求我们对与民法密切相关的公司法、海商法、保险法、证券法、票据法等予以高度重视。随着我国经济体制改革的不断深化,发展商品经济所需要的各种法律制度亟须建立。企业经营机制的转换和公司制度的普及,迫切需要制定完备的公司法律;股票、债券的广泛使用,要求通过制定证券法来规范其发行和流通;银行以托收承付为主要方式的传统结算制度的改革,必然促使汇票、本票、支票和信用卡的使用日趋普遍,这就要求建立和健全票据法制;随着人身保险与财产保险制度的发展,完善保险法规的工作也日益受到重视。与此同时,从学科上建立与这些法制相关的理论体系,认真研究这些法律规范的内部规律和作用机制,是民法学理论工作者所面临的重要任务。

在健全民法科学体系的同时,还必须加强民法理论与民事司法的相互渗透和影响。我国以往的民法理论研究,比较注重结合经济体制改革和发展商品经济的实际,这对从宏观上构造民法学的理论大厦,发挥民法理论对改革实践的指导作用,无疑十分重要。但是,民法学理论工作者对司法实践的注重和研究还没有引起足够的重视,民法理论还没有对司法实践产生应有的影响。因此,一方面,丰富多彩的司法审判活动所提出的大量问题,如人身权侵害、联营合同纠纷、承包和租赁企业的债务纠纷等,没有及时从民法理论上予以解决,所形成的成功经验没有从民法理论上予以科学的概括;

另一方面，民法学界的某些讨论，往往成了脱离司法实践的概念之争或经典考证，虽然这种研究方法具有理论意义，但对司法实践的指导作用显得不够。因此，今后在民法学理论研究中，需要注意克服这种倾向，加强民法理论与民事司法的相互渗透和影响，不断从司法实践中寻找新的理论问题，并运用成熟的理论去分析、解决各种新的问题。从改革的趋势来看，判例将在审判实践中发挥越来越重要的影响，要使判例科学化，没有完备的民法学指导是不能达到目的的。

4. 为完善民法进行对策性研究

1986年《民法通则》的颁布实施，改变了长期以来我国缺少一部民事基本法律的不正常局面，对于保障民事主体的合法权益，正确调整民事关系，促进现代化事业的发展，发挥了积极作用。

但是，由于立法上和人们认识上的种种原因，《民法通则》仍不足以适应我国发展商品经济、建立和健全商品经济新秩序对于民法的要求。从法律的角度看，我国目前市场机制不健全，经济生活中出现无序和反序的现象，在很大程度上是由于我们未能为商品经济提供一个适当的法律模式，缺乏健的民法规范，妨碍了对商品经济活动当事人进行有效、科学的制约。具体表现是：《民法通则》的规定比较原则、简单，往往难以遵循和执行；司法机关所作的司法解释，过细过多，且不为一般当事人所了解，不符合法律公开的法制原则；《民法通则》的一些具体内容也跟不上经济生活的蓬勃发展，有些方面已显得陈旧，因此迫切需要对《民法通则》进行全面的修订。

既然需要全面修订《民法通则》，那就不应是小修小补，而应趁发展商品经济和民法学繁荣的形势，制定一部完备的中国社会主义民法。这就要求民法学工作者走出书斋，进行广泛深入的调查研究，结合民法学理论研究，借鉴乃至移植外国一切好的做法和经验，积极向立法机关献计献策。这是当前民法学界的一项义不容辞的责任。

5. 加强民法的宣传教育工作

商品经济的发展，需要有民法规范；民法的有效实施，又依赖于商品经济的发展和民法意识的普及。否则，不具备一定的社会条件，"徒法不能自行"，商品经济也难以正常发展。在我国经济生活中，官工官商的遗风犹甚,民事主体在交换中所应有的平等,被某些特权所造成的垄断和不公平竞争破坏殆尽,一般当事人也往往不能认识到自己享有何种民事权利,也不能自觉地遵守关于民事主体、民事法律行为和代理、财产所有权和债权,以及民事责任等法律规定,给加强民事法制和建立商品经济新秩序带来了一定的困难。

显然,在20世纪80年代,我们并不能让商品经济的发展自然而然地促成民法意识的普及。这是因为普遍的民法观念的树立,将是一个长远的过程,必须坚持不懈地在民法的规范下大力发展商品经济,大力加强民法知识和观念的宣传教育工作,使以交换价值为基础的交换规模不断扩大,价值规律所要求的平等观念深入人心。因此,广大民法学工作者应当利用一切可能利用的场合,如教学、讲座、撰写普及读物、参加司法实践,以及在日常生活交往中,向广大群众和干部宣传民法,使大家对民法的性质、基本作用和重要意义有深刻了解,从而为民法的正确适用创造更有利的社会条件。

民法学界要完成上述任务,并不是轻而易举的。① 应对所处的改革开放的时代背景和发展商品经济的实际,有一个充分而深刻的认识,特别是紧紧把握我国的社会主义公有制性质。② 必须坚持理论联系实际的马克思主义学风,研究一切民法问题,既要坚持马克思主义理论的指导,又要从中国的实际出发。无视科学理论的指导,脱离实际的理论研究,片面照搬或全盘否定西方的研究方法的做法都是有害的。③ 认真思考、刻苦钻研、不骄不馁,增强民族忧患意识和社会责任感,是每个从事民法学理论研究工作者所应具有的基本品格。社会主义商品经济呼唤着民法,日益深化的经济体制改革为广大民法学工作者创造了大显身手的条件。我们相信,在这个伟大的时代,广大民法学工作者不会辜负时代所赋予的神圣职责,必将为振兴和繁荣我国的民法学做出不懈的努力,为建立社会主义商品经济新秩序作出应有的贡献。

第三讲 民法和经济法的关系

在民法和其他相邻法律部门的关系问题上，最值得讨论的就是民法和所谓经济法的关系问题。

非常坦率地讲，我不承认经济法是个独立的法律部门，对"经济法"这个提法也持有强烈反对的看法。当然，这个名词本身，我们姑且保留，仅仅是对约定俗成的尊重，因为大家都这样叫它经济法。问题的关键在于，它直接触及民法和经济法的关系问题。下面谈谈我对这个问题的看法。

一、关于经济法的由来

"经济法"一词，最早来自于1906年的德国经济年鉴，德文的经济法Winschaftsrecht中的"经济"这个词，就其字根来讲，主要含义就是"经济管理"、"经济核算"。在德文里，也另有"经济"一词，比如经济基础和上层建筑的"经济"就是另一个词。俄文的"经济法"一词里有"家庭主妇"、"经济管理"、"经济核算"、"节约"的意思。在俄文中的"政治经济学"，"经济基础"中的"经济"用的是另外一个词。当时提出这个词，的确很时髦，什么经济的、经济社会学、经济这个学、经济那个学。查一下中华大辞典，便知"经济法"这一词的含义了。当时这个词，据我考察，并没有什么明确的科学含义，只是提了出来，还来不及整理出一个科学的含义。后来，德国经过第一次世界大战，经济法逐渐被七八个法学学者研究，而且，提出了若干的体系和理论，上升到科学理论里来进行研究了。当时经济法的内容是什么呢？比如交通法，矿业法，林业法，商业法、工业法，土地法以及他们称之为社会化经济的立法。归纳起来，大致是属于经济行政法的范围（见上海大东书局1934年出版的《法律大辞典》"经济法"条）。

自从资本主义国家发展到垄断资本主义时期，垄断造成经济危机，垄断促使经济危机迅速到来，垄断加深了经济危机的破坏作用和力量。自从1929年到1930年，美国的经济大危机波及世界以后，经济危机不断出现。对此，20世纪30年代资本主义国家就制定了"反垄断法"，首先是美国，后来发展到欧洲,战后发展到日本等,有大量的垄断组织涌现的国家。它们为了防止经济危机的破坏作用,为了削弱垄断组织给经济带来的危害,在日本、欧洲以及欧洲共同体都采取了行政的手段,限制垄断组织的作用。据一些欧美和日本来我国讲学的法学家们的言论,表明他们现在所说的经济立法归根到底,不过是反垄断法。在资本主义国家的经济立法,原来是指经济行政管理法、工业法、商业法、矿业法、林业法等等,现在主要是指反垄断法,资本主义国家和垄断集团为了自身的存在,不得不采取这种手段。反垄断法名称很多,但不外乎是这么一些内容:用立法手段,不准企业随便合并,因为企业合并就容易形成垄断组织。如果私下合并就是违法,比如反卡特尔法。卡特尔,不过是企业之间的某些联合。反卡特尔法的中心是反对企业联合,鼓励竞争。垄断企业最怕竞争,因为一竞争,它就要降低产品出售价格——他们往腰包里揣的钱就少了。所以,他们最反对竞争,特别是垄断企业。因此,它们就想方设法防止竞争。怎样防止呢?就是划分势力范围,我在我这儿作威作福,你在你那儿称王称霸,咱们互不干扰。划分势力范围后,他们可以就价格达成协议。比如说,他们俩为了挤垮中小企业,把中小企业的市场全拿过来,就协议降低价格。本来垄断资本的资金就很雄厚,这样一降低价格,中小企业就完蛋了,垮了之后,他们又把它廉价收买。以后,又恢复原价,或又提高价格,这样就挤垮了中小企业,最后形成少数企业垄断一切。他们还私下搞协议,垄断某种原料。我有钱,你的原料我都给你买了,给你垄断了,用得着也买,用不着也买。除他之外,谁也买不到。反正,他们什么办法都能想得出来,什么办法都可用。这些东西,给高度发达的资本主义社会带来重大的危害,因此,资本主义就想用立法的形式来遏制这个东西。我们跟外国专家谈这些问题时,请他们给经济法下个定义,他们也给不出一个明确的定义来。但是他说出了下面几句话,对我们有启示。他说,经济法在我看来,就是保护民法准则得以充分发挥的法律。经济法的目的,要民法准则才能达到,民法准则是要自由竞争的,民法准则是要当事人地位一律平等的,互利自愿的。因此,经济法是保障民法准则能够充分实现的一种法律。这个意思是什么呢?是说自由竞争带来了垄断,而垄断组织一经出现,就遏制了自由竞争。那么资本主义国家是愿意自由竞争的,因为垄断带来了经济危机。固然,在资本主义国家议会内部也有两派势力,互相斗争,用立法来争取本利益集团的利益,垄断财团的代表人物的议员,就主张一种立法;代表中小企业的,又主张一种立法。总而言之,它的立法在议会斗争中也代表各自的利益。如此看来,经济法就是保障民法准则的作用得以发挥的法,反对垄断,对我们也很有启发。

我又提出,自由竞争本身是垄断的前提,竞争必然带来垄断,大鱼吃小鱼,你反对垄断,却又鼓励自由竞争,显然,是陀螺逻辑,翻来覆去解决不了。你加强保护自由竞争,而自由竞争又是垄断的温床,这又怎么办?说老实话,他们并不能回答这个问题。故德国专家说,搞经济立法、经济理论和实践的同行,总有这几个要求:经济上的合理增长、工人能够充分就业,物价稳定,外贸平衡,就追求这四个东西。① 生产不合理的增长,以后就会慢,就会倒霉。② 工人要充分就业。③ 物价稳定。他们的物价稳定,就是通货稳定。④ 外贸平衡。他说我们并不想要出超,不想多卖出去,少买进来,黄金越多越好。原来是这么想过。现在清醒的理论家不这样认为。认为这样的外贸是不能持久的。因为对方外债累累,是不会再与你做生意的。我们认为有买有卖,大家共同增长。那种以邻为壑的办法,把我们的产品倾销于外国,我们舒服了,别人垮台了,这种办法是不能持久的,目光是短浅的。在此,我们不去分析他的哲学思想,从它的经济利益上看是清醒的。这四点若同时存在,要同时解决上述四点。至今没有这么个理论来解决。凯恩斯理论,也不能完全解决这些问题。资本主义国家的经济法的含义,随着时期的变化,其意义也不同。资本主义的经济法,原来是经济行政管理法,慢慢成为所谓反垄断法。反垄断法,也不过是用行政手段,强制地限制企业不准随便合并,不准许划分势力范围,等等,用高压手段来解决。这就是他们的经济法。

社会主义公有制国家有无经济法?有的。最早是在苏俄,20世纪20年代制定民法典的同时就有个叫斯图契卡的人提出来要在苏联立个经济法。他认为,经济法是解决计划的法,是调整社会主义组织之间经济关系的法。公民间的财产关系由民法来解决。他主张经济法与民法分家。他认为,平等自由的部分由民法调整,有计划的部分由经济法调整。他这种观点,受到当时法学权威维辛斯基的批评。维辛斯基对他这个观点批评说,你这是资产阶级的公法、私法理论的翻版,扣了个大帽子,把资产阶级公法、私法理论拿到社会主义国家里面来了。而列宁说,在我们国家无所谓公法、私法之分,一切均为公法。另外,这种看法割裂了社会主义经济的整体性。社会主义经济是个整体,这是不能割裂的。将来如果讲民法,讲个人财产所有权;在经济法里是讲全民所有财产和集体所有财产所有权,这种讲法是不对的。它割裂了国民经济。比如,我们是工资收入者,光谈我们的工资收入,不把它与全民所有制经济联系起来,我们的工资从哪儿来的,你不讲生产的目的,不讲增加个人收入,提高人民生活,就讲不清全民所有制经济的目的。这一观点,符合不同的社会性质的社会关系,要用不同的法律部门去调整这一理论。

苏联从20世纪20年代提出这个经济法的理论,至今仍在争论。经济法与民法的关系,经济法到底是什么法等,至今争论不休。但是,我看到,主张经济法是独立法律部门的思潮,在逐渐衰落。就在不久前,一位苏联的法律学者还在论述苏联经济法和民法的区分。他说,经济法的提出,是无中生有的,没有必要。苏联最近一个时期关于经济法的争论,可以看中国人民大学苏联东欧问题研究所和民法教研室所翻译的两本书。一本叫《经济法》,一本叫《经济法理论问题》。苏联主张成立经济法的旗手是拉普吉夫,他坚持经济法是一个独立的法律部门,其他许多法律学家都不同意。

二、关于经济法不同定义

在我国,有这么一种说法:经济法是调整经济关系的法。这是一种顾名思义的说法。按照这种说法贯彻到底,民法也包括在内,民法也是经济法的组成部分,甚至刑法也可以不例外。我不同意这种说法。原因在于,这种说法实际上是一个经济法律汇编,这不是科学体系,而是诸法合一。

第二种提法是:经济法是确认和调整国家机关社会组织在国民经济经营管理过程中的地位及所发生的经济关系的全部法律规范的统一体。这种观点与第一种不同,因为它把公民间的排除在外。这种说法跟前一种说法有共同之处,不是去按经济关系的本质属性划分法律部门,也不科学。学校去买办公用纸与我个人买纸有什么区别呢？我看没有什么区别,当然,有人说有的是有计划性的,有的是没有计划性的。有计划性的,显然属于行政手段,由行政法来调整解决。但是它的等价交换的问题,又与民事关系是一样的,你为什么硬要把行政法都弄到这里来？那么,行政法存在还是不存在？总之,这样说是仅仅按主体划分,而没有按经济关系的实质来划分法律部门。

第三种提法是:经济法调整的是国家机关、社会主义组织之间经营管理和生产协作方面新的关系。这种提法也不妥,使人捉摸不清到底是什么样的新的经济关系。因为它失去对经济关系的质的规定性。比如说,严格意义上来说,经营和管理这个词也是有区别的。经营,是企业对外部的关系,上下级关系、买卖关系;管理是内部关系,车间与工厂里的关系,车间之间的关系。一是宏观经济学,一是微观经济学。所以,经营管理,既有内部关系,又有外部关系;既有上、下级关系,又有平行关系。如果是经营管理,又加上个协作关系,这两个字眼在一起,就重复了,这不是定义。经济关系,包括组织关系、财政关系,组织关系和财政关系有什么含义,我认为,是一个新的特殊的经济关系。他敢于提出这个问题来,如果没有一个新的、特殊的经济关系的话,那么你的经济法律部门就建立不起来。可是,他有这个愿望,但不能实现,所以,这种提法不能同意。

第四种提法是:经济法调整人所在的某一社会领域中各经济单位在其联系上面分工协作的共同行动关系(见《经济译丛》1979年第3期)。即法律调整的对象是人在某一社会领域中的行为,也就是把行为作为区别各个不同法律部门调整对象的决定性标准。这个调整对象不是社会关系,而是行为。这是东德的一个法学家的观点。如果看中国人民大学翻译的两本书,苏联的拉普捷夫也有这个观点。他们在书中说:"法不单独调整社会关系,同时也调整社会行动,行动的结果又可能形成某种社会关系。因为社会经济行动是统一的,所以经济法也是统一的法律部门。"这种划分方法是生硬地制造出来的。① 没有一个新的经济关系,独立的法律部门就建立不起来,因此,他就要想方设法找出这么一个新的经济关系来。但是,他却没有找对。② 他根本不从经济关系出发,如果你硬要按经济关系划分法律部门,就不好办,找不出来,经济法是复杂的东西,有横的也有纵的,有行政法,也有财政法,还有民法在这里。新的经济关系找不到,但是他们找到了一个东西就是"行动"。他们认为,社会行动是统一的,整个国民经济的任何行动都是统一的。行动是统一的,法律部门也就是统一的。我认为,为了建立一个法律部门,去找一个统一的调整对象,并要在实践中找出许多例子来证明,是办不到的。我不同意这种观点,理由是,法律调整的对象,不是行动,而是社会关系。我们要坚持马克思主义的法律观。什么是法律调整呢?就是通过法律规范对人们的行动的控制而作用于社会关系。法律永远是社会关系的反映,反作用于社会关系。如果这种行动离开了社会关系,那么,这种行动就不会是法所调整的对象了。行动不是调整的对象,为什么?比如我打你一拳,这是统一的行动,不能分割。这一拳产生各种后果。如果我打这一拳,打伤了人,产生刑法后果,在经济赔偿上产生民法的后果,如果是个行政领导干部,还要给行政处分。为什么这个统一行动,会产生这么多的后果呢?因为法律调整的是社会关系,那就要看我在为此行动的时候,是在什么社会关系的体系中,站在什么样的社会关系的地位,我的行动产生了什么样的社会关系上的后果。法律调整的是这个东西,怎么能说法律调整的行动呢?如果行动不是在一定的社会关系的范围内进行,而且这种行动又不引起任何社会关系的话,那么,法律为什么要调整它呢?东德法学家在这个问题上,显然是不对的。拉普捷夫也是这个观点。但是,在这两本书中,还没有人批驳这个观点。在他们看来,这是一个比较有力的论据,但即使是这个论据,我认为也是站不住脚的。在实践和理论上都说不过去。如果我打的是一个坏人,是正当防卫,那么我这一拳,就引起了另外一种法律关系;如果我打的是一个好人,把人给打伤了,这又是另一种法律关系。可见把法律关系抽掉了,行动就没有任何法律调整的意义了。如果行动不能做法律调整的对象,那么,这种经济法的全部理论就动摇了。

另外,还有许多观点和说法,如有什么法律部门之间社会关系的改变,总会产生一种新东西等。我想有许多同志是一相情愿的善意推理,总觉得我们的经济形势发展了,在大量的特殊的经济交往中,必定会出现一种新型的社会关系。这种新型的社会关系,不能用传统意义上的任何法律部门来对之进行调整。这种想法以为按照事物不断发展的规律,现在的法律就一定会发生变化,然后就一定会产生一个新的法律部门?这个想法仅仅是愿望。遗憾的是,它不是现实。目前还没有一个经济理论支持这种愿望。从经济理论界的教科书中,也没有发现什么新的经济关系,需要建立一种新的法律部门,使用新的调整手段。从实际出发,这种新的经济关系,新的规律还没有出现。恐怕要建立新的独立的法律部门,但很难做到。

有人提出,经济法所支持的理论根据是综合经济关系和法律的综合调整理论。好像名词上一综合,法律部门就建立了。我看不见得。你没法独立到什么程度?又有一种理论,叫边缘科学理论。说现在的法律科学。如民法一发展就涉及行政法,行政法一发展,又涉及民法,因此出现了所谓边缘科学。经济法就是这么一种法律上的边缘科学。这是一种想象的,是用别的科学来套用法律。我不反对这种可能性。但你至今没有拿出来。民法有自己的原则,不能违背,自愿就是自愿,如这种自愿必须在计划指导下,在什么领域,必须服从计划,这个计划就不叫自愿。这要把两种法同时运用,计划方面的用行政法,自愿方面的用民法。边缘科学造成一种新的东西,即该自愿的带有某种强制,强制的又带有某种自愿的属性。这样,对我国的经济,该强制的,就没有威力了,该自愿的不能发挥协商自愿的气氛,两败俱伤,没有任何好处。计划不执行,按行政法处理;合同不履行,按民事责任处理。如果行政改为民事来处理,民事关系用行政法处理,这就坏了,就乱套了。这种所谓的边缘科学理论,是站不住脚的。

还有一种所谓互相渗透的理论。民法里要渗透某种行政法,行政法里要渗透某种民法。所谓的相互渗透是不是可以这样理解,即你中有我,我中有你。比如民法典里规定有某些行政规范,像供应合同的计划前提,法人、商标的核准登记等等;刑法典里规定有某些民事规范,像我国 1979 年《刑法》里的第 31 条、第 32 条等等。这种情况早就存在。这种现象是不可避免的,也不应该避免。这不能叫法的渗透,只能说是不同法律规范在不同法典中的相互容纳。必须注意的是:每一种规范在不同的法典中仍保持着各自固有的属性,因而我们在理解与分析这些问题时,必须分别把它们各自的属性交代清楚,才不致在概念上造成混乱。

有的同志认为这种渗透性表现在同一法律学科之内,经过渗透的结果就出现了一个新的法律部门,比如说,行政法的强制性和民法上尊重当事人的自由意志,混淆成了一个既不具有强制性又不具有自由意志的、而是两者都不是的一个新的东西,如计划的指令不具有强制性了,市场经济不再依靠价值规律了。形象些说,以水和盐的化学构成为例,当水和盐混合以后,原来的氢和氧、氯和钠都丧失了原来固有的化学属性,而另外产生一种新的物质了。从法学上说,既是民法的调整原则、行政法的调整原则,也包括其他基本法的调整原则,通过这种"渗透"不再在这一新的法学部门起原来的作用了。如果所谓"渗透性"是指这种认识的话,就不对了。我认为:① 现在还不存在这种经济事实;② 现在在我们的经济工作中,必须使行政的、民事的法律调整原则都保持其固有的作用,只是在不同时间、地点、条件上,分别不同程度地起各自固有的作用而已。如果因为渗透而使它们丧失其固有的作用,就会造成经济工作的混乱。如果用这种理论来建立新的法学部门和这个法学部门的体系,就会导致削弱计划指导的强制作用和限制市场机制的作用。

我们强调民法原则,无非是要使价值规律的作用在指定的国民经济领域内充分地发挥出来,根除过去"吃大锅饭"的那一套做法和制止过去那些不适当的行政干预手段,疏通流通渠道,把经济搞活,促进社会主义商品经济的发展,把生产力搞上去,以适应四个现代化的需要。当然,这个目的只靠民法是不能实现的,国家还必须在经济活动中进行必要的干预和引导,以防止商品经济可能带来的种种弊病和不良倾向。因而,这就要求不同的部门法律,分别在不同的时间、空间、条件下分别起到它应有的作用,就像乐队中的许多乐器一样,每种乐器都保持着自己固有的音响效果,但相互协调地配合起来,就能产生美妙的乐曲,如果设想通过法学的"渗透性"形成一个折中的新的法学体系,现在还没有这样的物质生活条件,所以是不可能的。我不赞成"渗透"、"化合"这样一些词儿。如果一定要用什么词儿的话,就不如用"综合"、"混合"等词,因为我根本不承认经济法是一个独立的法律部门,连"经济法"这个名称也不科学,因为历史唯物主义认为法都是经济的,经济法规只不过是各种基本法的法律规范的"综合体"、"混合体"而已。

如果把它们称作"经济经营管理法"还贴切些。

　　此外,这个所谓"渗透"的说法没有分清法律科学和法典这两个不同的概念。民法典里规定几条行政法令,那是完全应该的,而且是不可避免的。但是,这不等于说它就不是行政法。在其他法典里面,包括某些民事上的条款,那也是可能的。但是它毕竟分得出来。在这个时间、地点,这种关系上,这是一个民法规范,那是一个行政法律规范,这是完全可能的。但是,这种渗透是法典的制定过程中互相包容了某些内容。它并不能改变民法科学的本质和行政法科学的本质。不然的话,我们既没有民法科学,也没有行政法科学。所以,互相渗透的理论似乎有这样一种想法,即好像化学产品,如果是经济法与民法混在一起,有纵的和横的关系,行政命令的手段和平等自愿的手段。这到底是一种混合物呢,还是一种化合物?在我看来,是一种混合物。民法条款和行政法条款可以摆在一起,就像森林法、资源法、环境保护法等等,都有这种条款,并不奇怪。至于说是不是化合物呢?不是,现在还没有发现这样的化合物。如果是化合物,行政手段、纵的手段和横的手段,就变成了一个既不横也不纵的东西。等于说钾、氢、纳和氯,变成了咸盐一样,完全改变了它的本质属性。或前面讲的氢和氧变成了水。遗憾的是,经济法并不属于这一类化合物,而是一种混合物,水还是水,油还是油,各起各的作用。如果有某些混合,那是在经济法规里面,不同性质的法律规范,可以写在一起。但是作为法律科学来说,各有各的领域,各有各的方法,不产生什么互相渗透的说法。

　　现在关于经济法的理论,有这么一个新的提法。在中国人民大学出版的《法律》(《人大复印报刊资料》1982年第9期)里有这么一篇文章,标题是"论经济法的调整对象"。简介其文章观点如下:我国经济法是一个独立的法律部门。它的调整对象是意志经济关系。从历史上来看,在资本主义上升时期,国家对经济采取放任的态度,不去干预国民经济。由于资本主义的高度发展,出现了垄断组织,垄断组织破坏了生产力的发展,给资本主义国家,给统治阶级带来了危机。于是,他们改变了态度,对经济关系,由放任主义态度改变成了干预主义态度,订立了经济法来干预垄断组织。这种干预垄断组织的关系,从经济关系反映,就叫做意志的经济关系。这种观点认为,资本主义国家的生产资料是私有制,国家的意志纳入经济关系中去,这样做是不能彻底的,只有我们社会主义国家,在公有制条件下,我们有统一的国家领导,这个时候,国家的意志就能充分地纳入我们的经济关系中去了。这样,经济关系原来是一种放任的经济关系,到垄断时期,意志的经济关系出现了,于是出现了经济法。然后在社会主义公有制条件下,国家是国民经济的主人,因此,国家意志完全能够纳入经济领域,这样,就产生了一个新的经济关系。这个经济关系,不同于过去的一切,所以,就要产生一个独立的法律部门,这就是经济法。我们的经济法调整的对象,就是这种意志的经济关系。这就是该文的全部理论。

我看这个理论是不对的,不对在哪儿呢?

(1) 法律调整的社会关系、调整的对象,基本上是第一性的,特别是经济法,更应该是客观的经济规律在法律上的反映(恩格斯语),是经济关系决定法律调整。那么,你调整的意志的经济关系,是第一性还是第二性的? 就是说,是不是由社会产生法律的物质基础? 如果是的话,那么,意志一词原来的意义是什么呢? 本来是第二性的,意志又从哪里而来呢? 意志,在唯物主义者看来,它是生产关系和客观物质世界在我们头脑中的反映。经济关系,加上"意志"二字来混合,这是第一性的,还是第二性的? 如果你要承认意志是经济生活的反映的话,是主要的话,为什么不说这就是经济关系? 国家意志本身就是经济关系产生的。

(2) 按这种说法,资本主义上升时期的法律,比如法国民法典,难道不是将国家的意志"强加"于经济生活的吗? 不是经济生活的反映吗? 实际上也是将统治阶级的意志纳入了经济生活。这不是资产阶级几经奋斗取得大革命的胜利,按照自己的意愿而制定的法律吗? 资产阶级向往的东西是财产的自由权,身份的平等,合同的自由,这是天赋人权的全部内容。难道这不是资产阶级意志对经济生活的干预吗! 完全是的! 怎么能说那个时期是放任的呢? 怎么能说从那以后国家才代表统治阶级把意志纳入经济关系里去了。所以我认为意志的经济关系是不存在的。在社会主义条件下,当然也不存在所谓的意志的经济关系。如果我们的国家意志干预国家的经济生活,必须遵循客观经济规律,最大的权威也不能够给经济关系发号施令。你要发号施令,就要碰壁。国家意志违背经济关系,要受到经济关系的惩罚。我们这样的国家,如果有经济法的话,也不会是按他那样去调整什么意志的经济关系。

三、经济法不是一个独立的法律部门

必须说明,我是在跟同志们讨论民法问题,经济法本身并非我的专业。但是,为了把民法调整的对象说明白,就不可避免地涉及经济法的对象问题,以及它和民法之间的关系问题。我是从这个意义上来介绍的。当然,这些也并不是我个人的发明创造,我不过是归结了许多别人正确的东西,加上我自己的观点来说明的。

不应否认,从20世纪以来,世界各国都在自觉地、不自觉地强化经济法规调节经济生活的作用。这是社会化大生产的发展对法律必然提出的要求。现代化生产专业分工的飞速发展,对于生产过程连续性的要求越来越高,再生产的各个环节以及它们之间的过渡都需要借助法律手段使管理活动和生产活动秩序化、规范化。这种现象在我们以组织国民经济为其重要职能的社会主义国家里表现得尤为突出。如果我们对新中国成立以来、特别是党的十一届三中全会以来颁行的大量经济法规进行考察,可以发现它们以灵活而具体的规范,发展了基本法的较为概括的反映经济活动一般条件的原则性的规定。它们从经济实践具体过程中提出的各种要求出发,不管这个过程涉及再生产的哪个环节、哪个领域,它都能简捷而灵活地发挥综合调整的作用。我认为,我国现阶段的这种表现形式错综复杂、作用的范围极为广泛的经济法律规范的总和,就是经济法。经济法固有的属性不受基本法狭隘的调整对象和特定的调整方法的种种限制。

法学工作者常常把庞杂的法律规范,从不同的考察目的出发,按不同的标准和不同的角度进行分类,用来揭示其内在的规律和外部特征。比如可以按参加的主体、调整的手段、立法部门的权限等等加以分类。但从建立整个法律体系出发划分基本法律部门则是最基本的分类。这种分类采用的标准只能是按社会关系的本质属性,采用其他标准是不能完成这项任务的。比如行政法、财政法、劳动法、民法这类实现调整职能的基本法就是这种分

类的结果。这些基本法的任务是把某些基本的、性质不同的社会关系——其中很大部分是经济关系的一般特征作为调整对象的。基本法不仅能直接调整各类社会关系,而且是大量的经济法规的立法根据和补充以及适用的后盾。有了基本法可以把庞杂的规范系统化,并且对于调整原则、手段能够做到必要的统一和集中,从而防止立法上的重复、矛盾,使法律条文集约化。但是基本法毕竟是着重于抽象的社会关系的一般规定,而并不能代替对于具体经济关系进行具体的法律调整的经济法规的作用。彭真同志指出,经济法是一系列法规中极为重要的法规,是直接反映经济基础的,是调整经济关系的。我理解所谓直接反映,就是说经济法要以灵活、简捷的形式(在这方面基本法律部门无法与之相比),反映社会经济实践中不断出现的和统治阶级不能漠不关心的新现象、新问题、新要求。如果把经济法调整的对象确定为具体的生动活泼的经济活动过程,那么,我们可以看到:① 经济法调整的经济关系在类别上不应该是特定的。因为任何具体的经济活动(这是经济法调整的范围)都会不同程度地涉及生产、分配、交换和消费四个环节,而且在目前多种经济成分并存的条件下,不同主体在经济活动中结成了多种多样的经济关系。② 经济法调整的经济关系比起基本法所调整的对象更富于变动性。十一届三中全会以来,党和国家消除了"左"的思想指导,实行对外开放和对内搞活经济的政策,并在近几年开展了规模巨大的经济体制改革,使我国经济管理体制发生了巨大的变化。特别显著的是,农村普遍实行生产责任制,出现了各种专业户和承包户;工业企业普遍扩大了企业自主权,改变了过去的生产经营和分配方式,各种经济联合体也不断出现,商业网点大量增加,流通渠道日益畅通。经济的迅速发展不断对上层建筑提出了要求,我国经济立法必须及时反映这些要求,不断地把党和国家在不同时期的经济政策固定下来。这种情况在任何时候都不会改变,所以经济法不能像部门法那样保持同等程度的稳定性。

既然经济法具有调整范围的广泛性、调整手段的多样性、反映经济要求的灵敏性这些特征,起着部门法不可代替的作用,为什么要把它看做一个部门法,从而用一个独立部门限制它的对象和范围,并扼杀它的灵活性、广泛性、多样性的固有特征呢?经济法之所以能在我国社会主义法律体系中占有自己的地位,起着部门法难以起到的作用,就在于它具有调整范围的广泛性、调整手段的多样性、反映经济要求的灵敏性特点。所以,划分部门法的那些条条框框只是捆绑经济法的条条绳索,是和经济法固有的特征格格不入的。可见经济法不是一个独立的法律部门。

不承认经济法是个独立部门,绝不是要否定它在我国法律体系中的应有地位。事实上,经济法的地位是基本法所不能取而代之的。经济法和某些基本法(行政法、民法、劳动法等)比较起来,有以下区别:① 基本法是把社会关系(在经济关系中占有重要地位)按特定的性质和不同的种类作为其调整对象,因而其内容具有局部的相对稳定性;而经济法则是随着经济的发展需要,在制定修改方面不断变化和发展的。② 基本法调整具有特定性质的经济关系,因而主要采用了特定的调整方法;而经济法调整各类具体的经济关系,或者在各种经济现象和经济过程中发生作用,因而采用了多种调整方法。③ 基本法主要由权力机关(在我国主要是全国人民代表大会和它的常务委员会)制定;经济法主要由行政管理机关(在我国主要国务院和各级政府部门)制定。④ 基本法往往以法典的形式出现,而经济法则以法规、条例、制度、章程等形式出现。

从上面的分析看出,作为规范性文件总汇,经济法不是一个独立的法律部门。我认为,我国经济法就是国家或是由国家授权的职能机关针对某种具体的经济现象、经济过程、经济事务在其从事经营管理过程中所发生的各种社会关系进行综合调整的具有法律规范性质的法律文件。具体地说,这些法律文件指的就是规章、条例、办法、指示、决议、命令等等。它具有三个特征:

1. 调整的直接对象是具体的经济事务

例如开发、保护、利用各种资源的经济事务,对这类事务进行调整的法规有森林法、种子法、水产法、草原法等等。这些事务和法规只能是列举性的,不可能全部罗列。又比如,基本建设的法规、加强经济核算制的法规,都是国家或它的职能机关针对具体性事务制定的综合调整的法规。这些不同于基本法,基本法调整的社会关系是抽象化的带有普遍意义的社会关系,比如民法是基本法,它调整的商品关系是抽象化了的经济关系。其他如婚姻家庭关系、行政管理关系、财政管理关系、土地关系等,都是抽象化的重大的社会关系。把这些具有一般规律的社会关系作为调整对象的,就是基本法。前面说的那些具体事务,如保护森林呀、基本建设呀、提高产品质量呀,这样一些基于某种经济目的的具体经济生活,具体经济现象,显然不能同商品关系、婚姻家庭关系、财政关系、行政关系等量齐观,不能成为基本法。

2. 经济法所调整的具体经济事务包含着各种社会关系

民法所研究的商品关系,是高度抽象化了的社会关系。在商品关系之外可能有行政关系,在它的内部还有生产过程,我们是把商品生产前后的一切关系都卡断了,专门研究商品交换过程中的社会关系,这就是民法的对象。如果要把商品交换的全过程,从开始到最后,一直落实到提高社会生产力、获得经济效益上,就要涉及多种社会关系了。这可能就是经济法的要求。比如,人就有抽象的人,具体的人。民法讲的是抽象的人,经济法讲的是具体的人,男人或女人,老人或小孩,不如此,就反映不出具体的东西。又比如,要想解决开发、利用、保护森林资源的问题,就必须涉及各种社会关系。森林法中关于所有权的规定涉及民法,它只需要写明森林归国家所有就够了,至于所有权的概念、内容、保护这一套东西,民法典里都有了,无须在森林法里详细规定了。关于森林的管理体制问题,林业部、林业局、林场这几级怎么管理,上下级隶属关系怎么解决,互相之间有什么样的权利义务关系,这些都是行政法的问题。开发森林,要投资,林业收入要纳税上缴利润等等,又是财政法的问题。木材的出售或计划供应,又牵涉合同问题。那么,合同如何签订,怎样才具有法律效力,当事人间的具体权利义务等等,这又是民法的问题了。单靠森林法就解决不了。林业工人与纺织工人在劳动保险、劳动保护以及在各种生活待遇上都不相同,林业工人要享受一些特殊待遇,也可以在森林法里做一些规定,这就涉及劳动法的问题。另外,要管好森林,还需要刑法的条文,对盗伐森林的,要给予刑事制裁。这个问题有过争论,有人主张经济法规不应规定刑事规范,因为刑法是基本法,只有全国人民代表大会或常务委员会才有权力制定这样性质的法规。经济法无权规定这些内容。这个话,有部分道理。什么叫犯罪,不是经济法规可以规定的。经济法规是否可以规定一些刑事上的规范呢?我认为是可以的。但是要有两个条件:一个条件是不能创立刑种;一个条件是不能改变刑法的量刑幅度,因为你规定也不能超越刑法。为了把问题说得更清楚,我再打个比方,比如基本建设问题,计划任务的确定是行政法的问题,计划任务书的审批程序,设计勘探,有的涉及行政法,有的涉及民法(如勘探工作中的承揽合同),还有土地征用问题,财政拨款问题,以及工人待遇方面的问题。因此,要想解决一个基本建设问题,需要处理各种社会关系。对待各种社会关系,必须根据不同的原则,运用不同的手段,还要涉及与在这种原则和手段范围内的一系列的具体的制度,比如基本建设法规中所规定的包工合同,法规虽然只规定了某些合同的问题,但实际上解决这类合同问题甚至要涉及民法的全部制度和理论问题,如主体问题、产权问题,法律行为以及代理、时效等问题,这就不是经济法规能够解决的了。如果规定了林业工人的某些问题,实际上要处理这些问题也将要涉及劳动法的全部理论和制度。这就需要基本法了,基本法的研究就需要基本法学科。

今后,根据国家建设实践的需要,将要不断制定各种各样的法规。这些法规,就是针对具体事务的某一个或几个具体问题而制定的。但这些法规不过是运用基本法规的基本原理和调整方法,结合具体经济要求的某些特殊需要所作的规定罢了。

3. 对各种社会关系进行综合调整

所谓综合调整,就是针对各种具体经营管理过程灵活而恰当地按照经济事务本身的客观要求,运用基本法的原则和手段来解决各种具体经济问题,使之发生具体的经济效果。比如你要搞好基本建设,就有自己的客观要求。财政拨款要得到满足,土地征用要妥善解决,还要按计划进行建设,不能大搞楼堂馆所;再有,百年大计,质量第一必须保证,要用较少的钱盖较多的房子,做到多快好省,收到很好的经济效果。这就是综合治理,缺了哪一个环节都不行。这就需要许多法律部门来共同调整,但对基本建设这个特殊经济过程无论在财政拨款上,合同的订立和国家计划监督上,对工程质量的要求上,又都有某些特别要求,这就是很多单行经济法规存在的根据。

现在,社会分工越来越细,社会化大生产的要求越来越高,国家管理经济的职能也越来越显得重要。如果说解放初期改变所有制,建立公有制是当时的重要任务的话,那么,现在在社会化大生产的过程中,把各种社会经济关系综合调整好,运用各种手段来进行综合治理,以适应国家建设的需要,这个任务就越来越重要了。单凭基本法,不能深入、具体地和有针对性地解决国家大量的、重要的经济活动问题。因此,经济法规就提到日程上来了。但是,要发挥经济法的作用,就必须把它的本质认识清楚。不然,空有想法,不能达到经济法规应该起到的综合治理的作用。

四、关于经济法同民法以及其他基本法的关系

经济法和基本法在作用范围上并不是割裂的,而是有机地联系在一起的。在我国,由于社会主义经济是计划经济,在经济活动中又是通过商品关系的形式运作,国家具有组织和管理国民经济的职能,这就产生了我国现存的两类基本经济关系,即等价有偿的商品关系和行政隶属的组织领导关系。"一切经济活动都要存在于这两类经济关系之中,无论何种主体之间从事的交换关系都要和商品货币联系在一起,都是民事关系。"无论哪一级实行的经济管理,都始终表现在一定的行政组织关系中。所以,经济法作用的经济现象和经济过程(或者具体的经济关系)是存在于基本法调整的经济关系之中的。由此决定的经济法和基本法的关系如下:

1. 经济法是基本法的补充和发展

完备的法律调整结构是,基本法的某一制度和规范适用于具体的经济领域时,必须有适当的具体的经济法规范配合。基本法是把某一类型的经济关系的一般的基本特征固定下来,而经济法规范则是把具体的经济活动直接规定下来。没有经济法规范,基本法的原则往往因缺乏直接针对性而不能充分发挥其调整作用。例如,关于产品流通问题,民法只能用原则性或简单列举的办法作出允许、限制和禁止的规定,但是经济法规对各种计划物资、金银、武器弹药、爆炸物、麻醉品和其他剧毒品、历史文物等禁止流通和限制流通的物品会作出具体的规定,国家在这方面颁布的大量法规可以作为民法部门的补充。特别是在生产领域中由于科学技术的运用,大量的技术性规范、生产操作规程之类的法规,对于合同的签订、履行和不履行的责任的认定、处理,都是不可缺少的法律依据。

2. 经济法综合地采用了基本法的调整手段

某一社会关系可以由多个法律部门调整,某一经济活动可以产生多种法律责任,这说明法律对经济综合调整的必然性。经济法针对特定的经济过程吸收了各个基本法的方法,使它们结合起来,努力消除它们之间的矛盾和不协调的现象;因而能够在具体经济领域发挥出部门法不可取代的作用。比如关于产品质量的问题,民法是通过必须符合当事人约定的质量的规定实行管理的,行政法是从关于国家标准、部颁标准以及计量法规的规定实行管理的,劳动法是从劳动过程中的劳动纪律、操作规程实行管理的,经济法则可以兼用基本法的有关规定,并通过民法的、行政法的、劳动法的甚至刑法的责任制裁各种违法行为,从正面和反面确保产品的质量符合要求并不断提高。

3. 经济法能够促进基本法的发展和完善

基本法总是相对稳定的,因而基本法的内容容易落后于经济发展的状况。如何使基本法不断完善呢?这就需要从大量的不断发展着的经济法规中选出适用的规范,并将其提炼上升为基本法。苏联1923年公布的民法典中只有买卖合同而无供应合同的规定,显然不能适应后来发展起来的社会主义组织之间的物资和技术的供应和交换。民法典公布后就制定了许多关于供应合同方面的法规,因此在1964年的新民法典里对供应合同专门作出了规定。可见经济法规对基本法能够起到发展和完善的作用。

综上所述,基本法和经济法规在我国社会主义法律体系中都是不可缺少的组成部分,它们彼此间起着互相补充、互相促进的作用。

关于经济法同民法以及其他基本法的关系,我用一个图表来说明。

宪法(根本法)

经济法规 \ 基本法	民法	财政法	行政法	劳动法	诉讼法
基本建设法					
森林法					
有关保证产品质量的法规					
有关加强经济核算的法规					

有人戏称我的这个图表是"佟柔的八卦图"。我不在乎别人如何评价，关键是这个图表是否能说明一些道理。从这个图表中，我们看到，基本法包括民法、财政法、行政法、劳动法等，它的特点是调整抽象的社会关系。劳动法研究的体系是劳动的报酬、劳动纪律、福利待遇、工资、假期等。行政法所研究的是行政区划、上下级关系、行政管理等等。财政法包括预算、税收。民法调整的是商品关系，它的内容有所有权制度、合同制度、代理制度、时效制度、损害赔偿等。这些基本法都有它自己的一套体系，而且也都涉及某些民事规范、财政规范、行政规范。如果大家有兴趣的话，可以拿一个典型的经济法规来解剖，就会发现其中有许多这样的规范。

我们看到，上表中经济法规（特别法）是针对具体经济过程、现象、任务而制定的，其内容根据情况可以包含基本法的各种规范或某一些规范。这些规范在特定领域中的表现形式、运用方法以及条文的解释都不能离开原来的基本法，也就是说各种基本法在特别法中都保持着各自的属性。以基建法规为例，有关所有权的保护、合同的签订实现、商品的买卖等经济关系由民法调整，或者说这些规范属于民法范围，即民法调整的原则和方法在基本建设领域中的具体体现；有关基建的计划安排、物资分配管理关系由行政法调整；有关基建资金拨款及监督使用等关系由财政法调整；有关建筑工人工资待遇、劳保福利关系由劳动法调整；有关基建中的贪污盗窃、渎职等经济犯罪案件关系由刑法调整；有关土地的征用、征购、划拨关系由土地法、行政法调整；有关基建中的经济犯罪的诉讼程序关系由刑事诉讼法调整；有关基建中的经济纠纷案件中的诉讼程序关系由民事诉讼法和仲裁法规调整，等等。由此可知，各种经济法规并没有统一的调整对象、原则与方法，民法、行政法等等都是这些经济法规的基本法，所以我们说无论是单个的经济法规或是它们的总和都不能形成独立的法律部门。

我们现在还没有民法典，但民法不能不讲。那么，凭什么来讲呢？就是凭经济法规中的许多民事规范和基本原则来讲。民法规范不一定都在民法典里反映，民法典不过是民法规范集中、系统的表现。假若我们把所有的法律规范掺合在一起，用一个大分离机来分离，就会在高速运转的过程中分离出几个类别来。属于民法一类的，当事人的地位是平等的，等价有偿的；属于行政法一类的,则是强制的,无偿的。分类之后,就形成了独立的法律部门。有它各自的体系、原则和手段。而森林法这类东西,从法学分类上来看,就没有自己的体系。科学不是满足概念的要求,它的要求是要容易说明,容易使用。在罗马法那个时代,社会生活非常简单,诸法合体,社会尚可容忍和接受。但是,现在社会关系极其复杂,就不可能继续容忍了。在立法的时候,如果我们把民法搞上500条,财政法300条,行政法、劳动法等又是几百条,这些加起来,就算是5000条吧,也还是省了很多精力。如果不这样,制定任何一个法规都要涉及很多具体规范,这就是大大的浪费,甚至弄得互相冲突、矛盾。我们民法与经济法的关系,只能是基本法与具体法的关系。目前,在我国还不可能建立一套前后一贯、首尾一致的经济法体系。捷克斯洛伐克搞了一个经济法典,但并不成功,我们不必效仿。当年的德意志民主共和国也想搞一个,但至今难产。这些国家的立法者在制定民法时,把公民之间的问题单独进行立法,从着重保护公民的权利出发,有些具体规定还是很有借鉴意义的。但是,如何给经济组织之间的关系建立一整套法律体系,目前还没有解决,看来也没有办法解决,人们仍然在利用单行法规进行调整。

在大学里,如果我们把经济法规一个个地讲,讲森林法,讲矿业法,讲环保法,那么,大学四年,一天讲一个法规,也讲不完。我们只是给学生指一个方向,让他们自己去运用。所以,经济法的任务,不是去重复研究民法已经研究过的问题和那些基本原理,比如代理、所有权、债的关系以及合同的一般原理等等,而是运用这些基本原理去解决具体的经济事务。像实施细则一样,它并不创造、并不改变基本法的原理原则。在某种情况下,基本法驾驭经济法规,把经济法规作为它的主要手段,灵活地加以运用。当然,运用必须按照规律,不能肆意妄为。想搞好经济法,首先就得学好基本法,如民法、财政法、劳动法、行政法等,也要学刑法。必须掌握基本法的体系、规律,调整对象、方法和原则。如果一开始就讲经济法,就没有基本的概念。比如讲森林法,森林分几级所有?什么是所有权,它的内容,它的保护方法,这一大堆问题头脑里不清楚,怎么去正确地运用经济法规呢?如果先懂得了基本法,一遇到具体问题,就会知道某种关系由什么法调整。若这个经济关系是等价的,平等的、自愿的,一看就知道应由民法调整。那是计划管理,没有商谈的余地,你不服从,就要采取行政措施。因而,其中的各类属于什么法调整便可以泾渭分明、一目了然。

总而言之,经济法不是一个独立的法律部门;对于基本法来说,它具有特别法的性质或者实施细则的性质。

第四讲　关于经济法作为一门新兴的法律学科的探讨

经济体制的改革和国民经济的发展,使越来越多的经济关系和经济活动准则需要用法律形式固定下来。这就需要尽快加强和完善我国的经济立法,同时,也必然要求尽快发展我国的经济立法理论。在上一讲里,我们重点讨论了经济法的产生、发展以及和民法的相互关系。这个问题关系到我国立法体系和法律教学的重要问题,因此我们有必要深入探索和研究。

尽管我认为在现阶段我国经济法尚未形成一个作为基本法的法律部门,但它也许可以成为一门新兴的法律学科。因此,我谈一点不成熟的看法,不当之处,希望大家指正。

一、经济法不是一个独立的法律部门,而是一门十分必要的法律学科

经济法一词有两种含义:① 指国家制定和颁布的经济法规范;② 指在理论上形成的经济法学科。这两种含义是不相同的,有许多同志在讨论经济法时,往往把这两个概念混淆起来。为了把问题讨论得准确,就必须澄清概念,在共同的意义上加以探讨,才能少走弯路。首先,我觉得应该区别作为"法"和作为"学"的经济法含义。然后,我想提出这种命题:即从法律规范上说,经济法不能形成独立的法律部门,但是从学科上看,经济法是一门必要的学科。为什么经济法不是一个独立法律部门而是一门学科呢?我想从下面几个方面来说明这个命题。

(一)西方经济法规量的积累是传统的部门法发展的趋势而非新的法律部门建立的标志

20 世纪以来,西方国家呈现出这种立法趋势,即无论是以法典化为特征的大陆法系,还是以判例法为标志的英美法系,都大大加快了经济立法的步伐,加强了经济法制的建设。在这种经济立法的浪潮中,大陆法系由法典

化向经济法规发展,而英美法系则由判例法向经济法规演化,从而产生了两大法系有最终融合的趋势。如果说在19世纪,正如英国学者梅因所说,"从身份到契约"的发展,是社会发展的重要内容,那么在20世纪,从"契约到法规的发展",也不能不说是西方社会中出现的一种新的现象。

经济法规,作为相对于法典和判例而言的一种立法形式,包括了多个法律部门的内容。在这些发展起来的经济法规中,属于传统的民商法旧法规占有重要的比例。此外,就是以反垄断法为核心的统制经济的法规。从法律规范上讲,这些统制经济的法规构成了西方经济法的主要内容。德国经济法最早的创始人之一努斯包姆(Nussbaum)说:经济法就是"欧战时及欧战后所发现的经济法规全体,统称为新经济法(das neue Winschaftsrecht)",一些学者也指出,经济法就是指统制经济法。

所谓统制经济法,就是利用国家强有力的行政权力对经济实行干预的法规总称。统制经济,顾名思义,就是对经济实行统一管制。统制经济法经历了三个发展时期:① 在一次世界大战中,由于战争的破坏,各交战国都出现了人力、物力、财力的匮乏现象,为动员和集中力量支持战争,各交战国纷纷成立经济管制机构,同时颁布了一系列管制经济的法规。② 在1927年至1933年西方经济大危机时期,各国为渡过经济萧条和不景气的难关,运用国家强制力颁行了一系列法规以管制经济和刺激经济的发展,其中以罗斯福进入白宫和希特勒上台以后颁行的一系列反危机的法规为主要代表。③ 在第二次世界大战后经济复兴时期,为了稳定经济秩序,促进经济发展,各国所颁布的一系列行政性的法规。例如日本战后颁布的《农地调整法》、"劳动三法"(《劳动组合法》、《劳动标准法》、《劳动关系调整法》)、《禁止私人垄断和确保公正交易法》,被称为战后经济三大改革的重要法规,对于恢复战后的经济起了极其重要的作用。

统制经济法是直接贯彻和实施各国经济政策的法律措施。由于各国现行经济政策及传统政策的影响,使各国的统制经济法在立法规模和内容上不尽相同。例如在自由放任政策根深蒂固的老牌资本主义国家,如英国和荷兰,即使进入帝国主义时期后,也很少对经济实行大规模的统制。而德国这个后起的帝国主义国家,在统制经济方面远远走在其他国家的前列,正如德国学者黑尔曼（Max Hermant）所说，"谈到统制经济，我们一望而知其为德国经济的本质"，这就形成了数量可观的德国统制经济法，对经济生活的影响甚重。其他国家为使第二次世界大战后被破坏了的经济尽快地复苏也纷纷制定统制经济法规。比如20世纪30年代初对物价的统制，加拿大对于小麦等产品采取按季节变动物价的方式；日本对于稻米批发市场通过强制压价的方式统制；瑞士、比利时等国在通货收缩和某种产品受限制时，禁止物价不当增长；英国对于小麦规定了一种担保价格，允许生产者依市价出售，然后由政府补给生产者所得价格与担保价格间的差额。但是纳粹德国对物价的统制措施极为严厉，几乎所有的产品价格都由政府实行管制。统制经济法的产生，为西方经济提供了研究对象，当《魏玛宪法》为普鲁士帝国的统制经济的立法大开绿灯并产生了一系列统制经济的法规以后，德国学者便采用"经济"这个当时被认为是最时髦的字眼，而将这些法规命名为"经济法"。在20世纪20年代初，柏林大学、柏林商科大学相继设置"经济法讲座"，亚那大学等更有"经济法研究所"，嘉斯克尔等编纂的《法律及国家科学辞典》打破了原有的法律分类，在私法和公法之外，设有"劳动法及经济法"。可见，经济法在德国曾经风靡一时。

统制经济法规的出现，标志着垄断资本主义时期国家对经济的干预达到了相当的规模和程度，它们对经济生活的作用是传统的民商法所不能企及的。如果说，民法能够依靠价值规律的作用维护生产外围环节的正常秩序，而统制经济法却直接作用到了生产部门的内部。比如，纳粹德国在第二次世界大战时期颁行的一些法规规定，在定期举行的禁肉日，所有的肉店都要关闭，甚至一片肉也不准入口。贩卖用的果饼，绝不能使用脂肪，啤酒中的麦芽量极端减少，面包的制造须与其面粉混用的规定完全一致。含乳酪的冰糕等须在夏季一定的月份中开始方准制造，违者将根据1940年4月6日颁布的《消费统制刑罚令》予以处罚。这种利用行政权力对私法关系的干预措施，是传统的民法所不能达到的。民法也能够对私法关系进行干预，例如利息的限制、利率的法定、租地权的存续期间的固定等，但这种干预是通过法律规范利用经济杠杆等作用约束人们的行为而实行的，它一般不借助于行政权力，也不通过行政强制，更无须采用刑罚措施。所以从法的功能和作用上看,经济统制法对经济的干预确有独到之处。它反映了社会化大生产的发展对法律的影响。

西方学者往往从实用的角度出发,对法的功能和效用给予充分注重,他们划分法域也多是从实用的角度出发,而没有从法律所调整的社会关系的根本属性上予以区别。所以在方法论上是不科学的、不可取的。事实上,法的功能并不能说明法的性质并表明某一部门法与其他部门法的区别。以统制经济法为例,正如我们所指出的,统制经济法的实质在于借助国家行政权力对经济实行干预,然而国家的干预正是国家固有的作用。早在公元前1400年,希腊哲学家柏拉图在其名著《理想国》中就贯彻了干预经济的思想。而借助行政权力干预经济的法律规范在古代法中也被大量采用。税法就是这种法律。在欧洲,除了10—12世纪因法兰克国家崩溃而导致税制的废除,在其他时期,即使在封建割据时期,这种利用行政权干预分配关系的税法也是长存不废的。再如对生产领域的经济关系的干预,在垄断资本主义形成以前也是存在的。俾斯麦创造德意志帝国时代,就应用了统制经济的方法,诸如保护关税、统制货币、统制全德的金融制度、统制交易等。正如一些学者所说,1862年至1871年间,俾斯麦在与丹麦、奥地利及法国的三次战争中获胜,无不依赖于其统制经济的效果。所以,从法律性质上说,统制经济法并不是什么新的法律现象。

既然统制经济法是借助行政权干预经济的法规,那么它就应该作为经济行政法而归入行政法。事实上,在不存在"经济法"概念的英美等国,这些法规都是行政法所研究的对象。为什么统制经济法应该作为行政法的一部分? ① 这些法规大都是所谓委任立法,即议会通过法律授权政府以"行政创制法律"。例如在第一次世界大战前,魏玛宪法授予德国政府以立法权。在美国,罗斯福上台后,从议会那里获得了"紧急权力"(emergency power),从而颁布了《产业复兴法》、《紧急银行法》、《农整法》等。在英美国家,根据政府授权的许多独立机构都有这种立法权限,这些法规构成了统制经济法的内容。② 这些法规不仅要靠行政机关制定颁布,而且法规在内容上要授予一些行政机关的权限,并靠这些行政机关执行,当违反法规时还要靠行政机关实行强制。例如,日本战后颁布的若干统制经济法,授权经济安定总部有权指示和命令检察官和警察官严格执行经济统制法,并严格取缔违法行为,该机构被称为"令人闻风丧胆的安总"。③ 许多法规有行政特别法之称,例如反垄断法就属于此类,其效力优先于普通法适用。可见,统制经济法的目的是利用行政权对经济实行干预,其内容主要是对行政权限的规范,其产生也是行政权的行使,这不过是表明了行政法在帝国主义时期适应垄断资本主义的需要而出现的一种新的发展。而其本身并不可能形成特别的法域。

总之,20世纪以来,西方经济法规量的积累实际上是传统的部门法发展的趋势,而并不是新的部门法建立的标志。

(二)我国现阶段尚未出现一种新的经济关系,需要另立一个经济法部门予以调整

我国经济法不过是调整各种经济关系并分别属于各个部门法的法律规范的总称。在阐述社会主义经济法问题时,必须把它与西方统制经济法作出严格的区分。在社会主义条件下,由于生产资料公有制的建立,国家的经济命脉不再掌握在私人手里,在公有制的基础上实行计划经济,不同于西方国家对私有经济的行政干预,而是在行使社会主义国家固有的对国民经济的组织和管理的职能。因此,社会主义公有制国家的经济法同西方国家的经济法在性质上是判然有别的。

社会主义经济法是不是一个独立的法律部门?就这个问题,苏联曾从20世纪20年代起就展开过讨论,迄今未得到解决,对此我们将不作赘述。一国的经济法总是与该国的经济关系和经济管理体制具有密切的联系,因而总是具有该国的特点。比如在采用分散性管理并取消了国家管理职能的南斯拉夫,其经济法似乎是民法与商法的集合。南斯拉夫安东尼耶维奇的经济法教科书中将经济法分为债权法、票据法、自治组织法、社会保险法几篇,基本是传统的民法和商法的内容。所以东欧有些学者在谈到经济法时,都把南斯拉夫的经济法撇开不谈。这就说明,在探讨我国经济法问题时,必须从我国实际情况出发,从我国的经济建设和立法实践出发,而不能从苏联东欧的模式出发。只有这样,才能揭示出我国经济法的运行规律。我认为,从我国现存的基本经济关系及由此决定的法律体系出发,我国经济法尚未形成一个独立部门,或者说,在我国法律体系中不存在经济法这个部门。

从历史唯物主义观点出发,法律作为建立在经济基础之上的上层建筑,是适应经济关系的变动而发展变化的。社会关系的本质属性是划分法律部门的客观标准,而社会关系的发展也是部门法发展的客观基础。

部门法的发展历史表明,当经济生活中形成某种特定的社会关系,并且统治阶级已采用法律手段使它规范化和秩序化,就导致了新的法律部门的建立和原有的法律部门的解体。反映自然经济条件的罗马法,其内容和形式是诸法合体、刑民不分,但是由于古罗马时期简单商品经济的发达,因而在学理上私法已经从诸法中分立出来了。资本主义商品经济的发展使民法完全从诸法中分离出来而成立独立的法律部门,但是西方民法贯彻以私法自治和确保私人权利为原则,因此凡涉及私人权利的问题,均被囊括在民法的调整范围之内。由于社会主义经济关系的确立,公法与私法的分类已被否定,建立了以种类不同的社会关系为标准来划分法律部门的科学的方法,因而传统民法在社会主义条件下也发生了新的变化。首先,在社会主义条件下以两性结合和血缘联系产生的社会主义婚姻家庭关系,是实现社会主义家庭职能的新型的社会关系,它要求特殊的调整原则和调整方法,因而从民法中分离出来成为独立的法律部门。其次,由于在社会主义条件下,生产资料归全体劳动者所有,劳动力不再是商品,因而劳动者在同生产资料直接结合过程中产生的社会劳动关系,已不再由民法而由劳动法这个新型的法律部门调整。

可见,在探讨经济法是否能成为独立的法律部门时,必须要寻找出经济法能否成为独立的法律部门的客观依据以及是否必要和可能。

从分析我国的经济现状可见,现阶段我国存在着以下几种基本经济关系,并受到不同的法律部门调整。

(1)国家在组织和领导国民经济中形成的经济关系,或称为纵向的关系,这种关系体系十分庞杂,依不同的标准可以划分为不同的类型,但是都具有行政隶属的特征,因而主要通过体现行政指挥和服从方法的行政法调整。有人认为,在具有行政隶属特征的管理关系中,国家在筹集资金和分配资金过程中形成的财政关系,以及国家在规划和利用土地中形成的土地关系已经具有相对的独立性,它们都形成了自己特有的体制,因而财政法和土地法应该独立为基本法律部门。我同意这种看法。因为在我国经济生活中,财政法和土地法已起到了基本法的作用。还有的同志认为,经济管理关系和非经济管理关系具有质的区别,这主要是经济领域中经济规律的运动所决定的,因而调整经济管理关系的经济行政法应该从行政法中独立出来,我认为这种看法也不无道理。管理关系是多维的体系,从管理关系中分离出各种经济关系,也是经济发展的客观要求。

(2) 经济组织和公民参加横向的互相交换各自劳动成果的活动产生的商品关系。这类关系主要依靠体现了平等协商、等价有偿方法的民法调整,由于我国经济是有计划的商品经济,即在国家制定的宏观经济协调运动的轨道上发展着的新型商品关系。在我国新型的商品关系的基础产生的社会主义民法,在内容上与传统民法有本质的区别。同时,必须指出,我国民法中的主体、所有权、债和合同以及其他制度都反映着国家经济计划指令的要求。正如我国的计划经济与商品经济并不矛盾一样,我国民法不仅与国民经济计划不矛盾,而且是执行国民经济计划的必不可少的工具。所以,运用我国按社会主义原则建立起来的民法调整有计划的商品关系,正是我国经济发展的客观要求。

(3) 劳动者在运用劳动能力、实现劳动过程时所发生的劳动关系。在社会主义条件下,根本消除了人与人之间的阶级剥削。劳动是为自己、为社会而劳动,劳动者根据"各尽所能、按劳分配"的原则获取劳动报酬。所以,社会主义劳动关系是一种具有本身特殊属性的社会关系。这类关系是劳动法部门赖以建立的基础。

所以,在我国调整经济关系的法基本上可分为三个部门,即行政法(财政法和土地法可以从行政法中分离出来)、民法和劳动法。我国经济法实际上是指国家或由国家授权的机关颁布的一系列经济法规。这些法规只是把某种具体的经济现象、经济事务、经济过程作为自己规范的对象。例如,开发、保护和利用各种资源就是具体的经济事务,对这类事务进行调整的法规就有森林法、种子法、水产法、草原法等。又如,基本建设的法规、加强经济核算制的法规,都是针对具体事务制定的综合调整的法规。许多法规在名称上也表明了它是解决具体事务的。比如关于什么问题的通知、几个问题的措施和办法、就什么事情的指令等。而基本法调整的社会关系是抽象化的带有普遍意义的社会关系,比如民法是基本法,它调整的商品关系是抽象化的经济关系。其他如婚姻家庭关系、行政管理关系、财政管理关系、土地关系等,都是抽象化的社会关系,对于经济生活具有普遍的指导意义。

经济法规调整的具体的经济过程与经济现象中往往包含着许多不同种类的社会关系。即包括了基本法所调整的各类社会关系。民法所调整的商品关系,是高度抽象化的社会关系,指导商品关系的是行政关系,在商品关系内部还有生产关系,民法只是把商品交换过程中的社会关系作为自己的调整对象,如果要把商品交换的全过程,从开始到最后,一直落实到提高社会生产力,获得经济效益,那么,就要涉及多种社会关系,这就只能由经济法规来解决。比如经济法规调整企业的经营管理活动,其中经营过程是指企业的外部活动、外部事务,既包括企业与国家之间的上下级隶属关系,也包括互不隶属的企业之间在经济协作、经济往来中发生的关系,这就包括了行政法和民法调整的关系。管理过程是指企业的内部事务,包括企业内部的组织和指挥关系、各车间的分工协作关系以及产品检查、质量督促、生产规划等,这就包括了劳动法调整的社会关系,所以这些经济法规因其涉及的社会关系不同,可以分为行政的、民事的和劳动的法规。

可见,经济法规没有统一的对象和方法,所以,无论是单个的经济法规或是这些经济法规的总和,都不能构成独立的法律部门,经济法规中包含着各种基本法规范,可以视为基本法的补充。基本法是反映某类社会关系的一般条件作为自己调整的对象,因而对象和方法是统一的,而且有一套完整的体系,因此,在科学上可以归纳为一个独立部门。而经济法规不具备形成基本法的条件,经济法规量的积累也不是形成独立部门的依据。谁要想建立一个经济法部门,就必须指出这些经济法规在调整对象上的同类性,或者指出在我国现阶段已产生了一种新的经济关系,它不同于以往人们所认识的任何一类经济关系,并应找到在这种经济关系中起作用的特殊规律,找出不同于其他部门法的调整原则和方法。如果只是简单地把已经受到其他部门法调整的诸种经济关系都归由经济法调整,并以此建立经济法部门,不仅违背了唯物主义法学关于以社会关系本质属性作为划分部门法的基本理论,而且必然是以否定或贬低其他部门法为代价的,这势必会有害于我国法律体系的和谐统一。

(三)经济法规反映经济关系的广泛性、灵活性和针对性的固有特性,使它们不可能形成一个独立的法律部门

20世纪以来勃兴的经济法规,其生命力就在以其具体的、灵活的规范丰富和发展了法典的抽象的法律原则。法典化(codification)曾是18世纪资产阶级革命胜利后所采用的手段,采用这种法律形式对于商品经济高度发展的自由竞争时期是必要的,而且是可行的。正如列宁所说:"商品生产是一种社会关系体系,在这种社会关系体系下各个生产者制造各种各样的产品(社会分工),而所有这些产品在交换中彼此相等。"所以商品关系体系决定法典化的法律形式。随着社会化大生产的发展,部门和企业之间相互依存性越来越大,协作关系日益密切,对于生产过程连续性的要求也越来越高,在再生产的各个环节以及它们之间的过渡都需要借助法律手段使管理活动和生产活动秩序化、规范化。特别是人们在同自然的关系中,能动地认识自然并利用自然科学技术广泛地运用于生产活动,从而丰富和发展了经济关系,这些都需要借助法律形式调整。而且需要通过经济法规的形式来反映经济:关系的广泛性、变化性的要求。所以经济法规的产生也是社会化大生产的发展在法律上的反映。

这种现象在我们以组织国民经济为其重要职能的社会主义国家里也表现得尤为突出。如果我们对新中国成立以来、特别是党的十一届三中全会以来颁行的大量经济法规进行考察,就可以发现它们以灵活而具体的规范发展了基本法反映经济活动一般条件的原则性规定。它们从经济实践的具体过程所提出的各种要求出发,而不管这个过程涉及再生产的哪个环节、哪个领域,都能以简捷而灵活的特征发挥综合调整的作用。我国现阶段这种表现形式错综复杂、作用范围极为广泛的经济法规的总和就是我们所说的经济法。

经济法规固有的特征属性不受基本法所要求的调整对象、特定的调整方法的种种限制。彭真同志曾经指出:"经济法是一系列法规中极为重要的法规,是直接反映经济基础的,是调整经济关系的。"我理解,彭真同志在这里是把经济法和经济法规同样看待,彭真同志所说的"直接反映",就是说经济法要以灵活、简捷的形式反映社会经济实践中不断出现的和统治阶级不能漠不关心的新现象、新问题、新要求。用生动活泼的经济法规管理经济,也是我国经济体制改革的客观要求。

经济法规调整的是具体经济现象、经济过程、经济事务,它直接反映了国家不断变化的经济政策,由此决定了经济法规具有以下特征:

(1)经济法规作用的对象在社会关系的类别上不应该是特定的。因为任何具体的经济活动(这是经济法规作用的范围)都会不同程度地涉及生产、分配、交换和消费四个环节。而且在目前多种所有制形式、各种经济成分并存的条件下,不同主体在经济活动中结成了多种多样的经济关系,都需要运用法律手段调整。比如,在体制改革中,从农村到商业、工业及其他事业都在普遍推行经济责任制。实行经济责任制,就是要依据价值规律实行经济核算,按照各自的经营状况和个人劳动的数量和质量,浮动地对个人支付报酬,它要求从物质利益出发,把权利、责任、利益结合起来,达到国家、集体(企业)、个人利益的三者统一。可见经济责任制反映了社会主义经济规律中各重要经济规律起合力作用的状况。经济责任制关系包含了各种类型的责任制关系,这些关系不是一个法律部门所能反映的。而经济法规却可以从各个经济过程和环节(不管它们涉及何种关系)固定和落实经济责任制。由此可见经济法规反映经济关系的广泛性。

(2)经济法规作用的对象比起基本法所调整的对象更富于变动性。十一届三中全会以来,党和国家清除了"左"的思想指导,实行对外开放和对内搞活经济的政策,展开了规模巨大的经济体制改革。在体制改革中,各种经济关系日新月异并且不断对上层建筑提出了要求,我国经济法规必须及时地反映这些要求,不断把党和国家在不同时期的经济政策固定下来。这就使经济法规的内容也不断发生变化,比如关于开放城市集市贸易问题,1979年国务院规定,必须指定地点,不要设在市中心区,上市品种只限于农产品;禁止工业、旧货上市;只准生产者和消费者直接见面,取缔转手倒卖。1980年,国务院有关规定允许在市区适当的地点建立集市贸易市场,对转手贩卖不宜一律禁止,允许社员在不影响生产、不剥削他人的前提下,可以从事个人力所能及的鲜活商品和三类农副产品贩卖活动。1981年国务院规定允许在城市恢复一些传统的日用工业品、小商品市场和旧货市场,到1983年国务院发布了《城乡集市贸易管理办法》,根据搞活经济的政策,对集市贸易作了系统的规定。由此可见经济法规反映经济关系的灵敏性。

(3)经济法规作用的对象比起基本法所调整的对象更为具体。基本法调整的是抽象化的经济关系,经济法规作用的是具体的经济关系。一个是解决矛盾的共性,一个是解决矛盾的个性。比如人就有抽象的人;具体的人,抽象的人是社会关系的总和,具体的人是男人或女人、老人或小孩。基本法就讲抽象的人,经济法规就讲具体的人。由于经济法规反映经济关系的具体性,所以往往因时、因事、因地而变化。① 因时间的变化而在内容上发生变化。比如现行税制上关于化工行业的税目税率表上划成农药、化肥、酸、碱、胶、气、溶剂试剂、油漆颜料等不同的税率,但现在化工产品已发展到上万种,有些产品如"护肤霜"和"雀斑霜",究竟属于化工产品还是列入药品,也不易分清,这就必然要求在税率上作出变化。② 因事情的变化而在内容上发生变化。比如,1980年商业部、工商行政管理总局等单位发出了《关于严格禁止社队企业私购布票套购棉布的联合通知》,到1983年由于化纤布调低价格,棉布供应情况起了变化,国务院批转了商业部关于全国临时免收布票和明年不发布票的请示的通知后,1980年商业部等单位下发的有关布票管理规定自动失效。③ 因地域的不同而在内容上发生变化。比如国务院在规定二类农副产品规格时,就允许各省、市、自治区有权调整商品规格,可以增加或减少二类商品品种。这是因为各地的资源和生产条件不同,对各种农副产品的供需情况也不一样。有的列为国家派购的农副产品,因市场上有大量产品出售,因而在本地方并没有列入派购对象;而有的列为国家派购的农副产品,因本地并不生产,因而不能作为派购对象。经济法规在时间、事件、地域上的变化,也反映了法规灵活性和针对性的特征。

我们知道,部门法作为调整同类社会关系的法律规范的集合,作为贯彻抽象的法律原则的形式,一般来说是比较稳定的,其调整的范围总是特定的。既然经济法规具有调整范围的广泛性、变动性、反映经济要求的针对性的特征,为什么要把它作为一个独立部门束缚起来,以限制它的对象和范围,并扼杀它的灵活性、广泛性、针对性的固有特征呢?我国经济法规之所以能够在经济建设中起着部门法不可企及的作用,就在于它具有上述的固有特征,而一旦丧失了这些特征,经济法规独特的作用也就消失了。所以,划分部门法的条条框框只是捆绑经济法规的条条绳索,是和经济法规所固有的特征格格不入的。从这个意义出发,可见我国经济法规不是、而且也不应该成为一个独立的法律部门。

总之,基本法反映了党和国家的基本政策,体现着经济领域中的基本规律,它们所反映的经济关系具有较强的稳定因素。而经济法规反映着基本政策范围内的特殊政策,体现着经济领域中的特殊规律,它们所反映的经济关系总是灵活多变的。基本法与经济法规之间体现着原则性和灵活性的配合,这种配合正是我国立法成体系并能协调发展的基础,也是充分发挥法律调整效果的保证。

(四)经济法不能成为独立的法律部门对于我国经济立法的意义

关于经济法能否成为独立的法律部门的问题,苏联从 20 世纪 30 年代开始争论,迄今已有五十余年(指当时演讲的时间——编者),至今争论仍没有结束。我国法学界近几年就这个问题展开了热烈的讨论,这一讨论对于明确我国经济立法的正确方向,完善我国经济法制建设,无疑具有重要的意义。表现在以下几方面:

(1)由于我国法律体系中不存在经济法部门,因而经济法规的立法不能像基本法那样具有相对稳定性和抽象性,并且在修改上要经过严格的立法程序。而应该保持经济法规的具体、灵活的特征。基本法中不宜规定的,由经济法规作出规定。基本法中规定得不详细的,经济法规可以规定得详细具体。在基本法中不宜变通的规定,经济法规可以作出特别的规定,而且经济法规可以经过简单的立法程序就可以修改,以保证法的灵活性和及时性。明确这一立法方向对于发挥经济法规的作用十分重要。

(2)由于法律体系中不存在经济法部门,因而应该加强基本法的原则对经济法规的指导。由于我国民法典至今尚未问世,经济生活尚缺乏一些基本准则,所以使许多经济法规在适用的效果上受到了限制。比如许多单行法规规定了国家所有权的问题,但是关于国家所有权的基本原则以及保护所有权的基本方法无明确的规定。这就使单行法规的规定不能完善。再如,经济法规涉及法人制度,但法人成立的条件、内部外部关系、法人外债的物质保证、对法人活动的法律监督以及关停并转的善后等问题,不以基本法予以规定,经济法规的规定是很难适用的。总之,加强和完善基本法的立法工作,是发挥经济法规的作用的重要措施。

(3) 由于法律体系中不存在经济法部门,所以,在我国不能、也不可能制定出一部经济法典。如果试图把经济法规作用的广泛的范围,用一部法典规定下来,恐怕成千上万条也无法容纳。捷克斯洛伐克的经济法典,实际上是一部债法典。其全部条款的 2/3 是关于产品交换的规范。无怪乎该国的一些学者认为其经济法典也是民法的渊源,因为它和民法的内容大量重复。如果我们要仿照捷克斯洛伐克制定一部经济法典,把社会主义组织之间的商品交换与公民之间及公民与社会主义组织之间的交换割裂开来,把社会主义统一市场分割成两个市场,并采取所谓"双轨制",用两个法律部门调整,实际上是否定了在公有制基础上多种经济形式和多种经营方式并存的客观必然性,这和我国多层次经济结构的国情是不相符的,与我国的经济体制改革的方向是背离的。经济体制改革,就是要改变按行政区划、行政层次进行统一收购、分配、供应的封闭式、少渠道、多环节的体制,以发展商品经济、全面搞活流通为原则,大力发展社会主义的统一市场。要在城市普遍建立各种形式的贸易中心,实行自营业务与代理业务相结合,大量批发与小宗买卖相结合。"地不分南北、人不分公私",各行各业都可进入贸易中心,产销直接见面,自由交易。生产资料要真正作为商品进入流通,由国家直接分配调拨的产品应仅限于极少数关系国民经济全局的能源和原材料中的部分,其他生产资料都要通过市场自由购销。可见,我国只能用统一的平等和等价有偿的民法方法调整在体制改革中发展的商品交换关系,而不能从外国的模式出发,搞"两个市场、两个法律部门",并制定出一部所谓的经济法典。

恩格斯曾经指出:"法不仅必须适应总的经济状况,不仅必须是它的表现,而且还必须是不因内在矛盾而自己推翻自己的内部和谐一致的表现。"

我国法律体系是由各部门法组成的和谐统一的整体,在这个统一体内部,不应该有重复矛盾的现象。如果硬要违背现阶段经济发展的需要,力图建立一个经济法部门,必然以削弱其他部门法为代价,而且在立法上极易出现重复、矛盾以及分工不明的现象,这对于维护整个社会主义法律体系的和谐统一是不利的。

(五)经济法不是一个独立的法律部门,但是一门十分必要而且具有广阔前景的法律学科

诚然,法律和法学之间具有内在的密切联系。法学以法为对象,有法律才有法学。正如恩格斯所指出的,"随着立法发展为复杂和广泛的整体,出现了新的社会分工的必要性:一个职业法学者阶层形成起来了,同时也就产生了法学。"但是正如我们在区别经济法的概念时所指出的,法律和法学毕竟是有区别的。法律体系是法律在调整同类社会关系基础上形成的部门法的总体,而法学体系则是法学工作者在从不同的考察目的出发、按不同的标准、从不同的角度对庞杂的法律规范进行分类基础上形成的整体。不调整同类社会关系的法律规范,并不妨碍法学工作者对它们进行分类整理。所以经济法不是一个部门法,并不影响它作为一门法律学科形成的价值。

经济法作为一门学科,是以大量的经济法规为研究对象的。新中国成立以来,国家在实现组织和管理国民经济的职能中颁布了大量的经济法规。仅中华人民共和国成立以后17年,国家制定的经济法规,据粗略地估计就有1500多件,其中许多法规现在仍然是适用的或基本适用的。特别是党的十一届三中全会以来,由于全党工作重点的转移,社会主义民主和法制建设走上正轨,对经济建设的立法步伐大大加快了。1978年以来,我国已新制定和颁布了300多件法律,其中有250多件是经济法规(据1983年年底的统计)。这些经济法规既是建立学科经济法的法律根据,也为学科经济法开拓了广阔的前景。

二、学科经济法的任务是研究经济法规运用各个基本法手段和原则对经济关系进行综合调整的规律

学科经济法的主要任务就在于研究并揭示经济法规运用基本法的手段

和原则对经济关系进行综合调整的规律,通过认识这种规律,以消除各个部门法之间的不协调现象,为经济立法选择最佳方案,为经济立法的系统化寻找可行的途径,在立法和适用法律两方面,达到国家通过法律形式组织和管理国民经济的最佳效果。此外,建立这门学科,也将为经济法人才的培养提供坚实的理论基础,并开辟法学教育和理论研究的崭新领域。

毛泽东同志曾经指出:"我们不但要提出任务,而且要解决完成任务的方法问题。"因此,建立和完善学科经济法,必须要树立正确的方法论。

(1) 必须坚持整体的观念,以整体性的观念认识事物,是辩证唯物论的基本方法论。正如列宁所指出的:"要真正地认识事物,就必须把握、研究它的一切方面、一切联系和'中介'。我们决不会完全地做到这一点,但是,全面性的要求可以使我们防止错误和防止僵化。"树立整体性观念,就是要求我们在对经济法规进行归纳分析时,必须从法律体系的整体观念出发。宪法关于经济建设的大政方针等规定,对经济法规具有指导的意义,以宪法为依据的各个部门法所具有的基本原则,也是经济法规所必须遵循的基本原则。我认为,研究经济法规,应把其作用对象看做是基本法调整对象的某一过程和阶段,经济法规不过是各个基本法原则在具体的经济领域中的渗透和发展,因为这样能使我国法律体系系统化,并且能够形成有序化的整体观念。

(2) 必须坚持相互联系的观念。唯物辩证法普遍联系的观点对于经济法规的研究具有十分重要的意义。经济法规总是处于联系之中,联系性正表明了它自身的运动。某些看来是散乱的、庞杂的规范,在深入研究它们的时候,就会发现它们之间相互联系的规律。联系的内容和形式是多方面的,但是我认为,学科经济法主要研究两种联系形式:① 经济法规与基本法之间的联系的规律,即经济法规综合利用基本法手段调整经济关系的规律;② 经济法规和寓于各个法规中的法律制度,在作用于某一经济过程和经济现象时所形成的内在联系。联系的多样性决定了整体或系统的多样性,只有坚持相互联系的观点,才能把握经济法规在不同系统中相互作用的规律。

法律在国民经济中的综合调整,就是社会主义法律在对各种经济关系调整中的相互作用,它是以各个部门法运用不同的方法和原则调整不同类型的经济关系、反映不同的经济规律为基础的:马克思曾经指出:"无论是政治的立法或市民的立法,都只是表明和记载经济关系的要求而已。"社会主义法律以带有普遍性、强制性的法律规范表现了经济关系的内容,表现了不同的经济规律的要求。在各个部门法中,民法作为调整商品关系的法律形式,主要反映了价值规律的要求;行政法作为调整以计划为核心的管理关系的法律形式,主要反映了计划规律的要求;而劳动法作为调整劳动关系的法律形式,主要反映了按劳分配规律的要求。这些部门法都贯彻了基本经济规律的要求。对社会主义经济关系的法律调整,虽也需要其他法律部门,但主要靠这三个部门完成,它们都具有自身的特定的原则和方法,从而能够在对经济关系的调整中发挥其特有功能。

但是,正如马克思在《政治经济学批判导言》中科学论证的,经济关系具有统一性的特征。社会主义经济关系就是由生产、分配、交换和消费四个环节组成的统一体。在这个统一体内部有多种经济规律在无声地、自发地起作用。各种经济规律不是孤立地存在的,而总是交互地起着合力的作用,是无数互相交错的力量的总和,也可以说是"无数个力的平行四边形"。这种合力作用在社会主义基本经济规律的主导下,支配和影响着社会主义经济运动的各个方面和全部进程,同时也决定了社会主义法律对经济的综合调整作用。

社会主义法律的综合调整作用,也是由法律的方法能够互相影响所产生的。在法律对经济关系的作用中,某种经济关系可以由多个法律部门调整,某一类经济活动也可以产生多种法律责任。比如,我国所有制关系就可以由多个法律部门共同起保护和调整作用,而侵犯各种所有权的行为可以导致不同的法律责任。此外,各种法律所规定的某类社会行为,其规范性的效果并不局限于特定的界限之内,由于各种社会行为的互相影响,法律规范的效果也互为作用。

国民经济是一个范围广泛的领域,在各个经济领域中,都可以通过法律形式调整人们在经济活动中形成的各种关系。当法律作用于各个经济领域中时,由于在这些领域中的经济关系的复杂性、多样性,使法律的综合调整作用显得特别重要。而完成对某一些领域综合调整的任务不是一个部门法所能承担的。这样,就产生了综合利用各个部门法手段对各个经济领域进行综合调整的经济法规的形式。

经济法规对经济领域所起的综合调整作用,是各个部门法所不能取代的。比如关于产品质量的管理领域,民法是通过必须符合当事人约定的质量的规定实行管理的;行政法则是通过国家标准、部颁标准以及计量的规定等实行管理的;劳动法则是通过劳动过程中的劳动纪律、操作规程实行管理的;经济法规则可以在产品的再生产的全部过程中,兼用基本法的有关规定,并通过民法的、行政法的、劳动法的甚至刑法的责任以制裁各种违法行为,从正反两方面确保产品符合要求并不断提高质量。

所以,从法律规范上讲,经济法也就是综合利用各个基本法的方法和原则对经济关系进行综合调整的法律规范的总和。各个经济法规在综合运用基本法的手段和原则时,丰富和发展了基本法的内容。基本法的某一制度和规范适用于具体的经济领域时,总是要有适当的、具体的经济法规配合。缺乏经济法规的规定,基本法的原则往往因缺乏直接针对性而不能充分发挥其调整作用。例如,关于产品流通问题,民法只能原则上或以简单列举的办法作出允许、限制和禁止的规定,但是经济法规对各种计划物资、金银、武器弹药、爆炸物;麻醉品和其他剧毒品、历史文物等禁止流通和限制流通的物品作出具体的规定,国家在这方面颁布的大量法规可以作为民法部门的补充。特别是在生产领域中由于科学技术的运用,大量的技术性规范、生产操作规程之类的法规对于合同的签订、履行和不履行合同的责任的认定和处理都是不可缺少的法律依据,而且这些经济法规中的众多法律规范实际上是民法或是其他部门法内容的丰富和发展。

应该指出,法律的综合调整并不能产生一种新的调整方法和新的法律部门。有的同志认为,法律的综合调整是法律的互相渗透,通过这种渗透的结果就产生了一个新的法律方法和法律部门。有的同志甚至用 $1+1+1=3$ 的公式来表示这种渗透理论,我认为这完全是对综合调整的一种曲解。法律的综合调整是法律方法的互相作用,怎么能够把这种互相作用看做是氯和钠化合成盐一样,完全改变了它的本质属性呢?如果是这样,那岂不是说行政法的强制性和民法上尊重当事人的自由意志混淆成了一个既不具有强制性、又不具有自由意志的东西？岂不是说计划指令不具有强制性、市场经济不再靠价值规律发挥作用？搞经济工作的同志都提出要综合运用行政手段和经济手段，但没有谁会认为，通过这种运用，就会产生一个既不是经济手段也不是行政手段的新手段。事实上，我们讲的综合调整，首先必须使基本法的原则和手段保持固有的作用，并在不同的时间、地点和条件下，分别不同程度地各自起固有的作用，在这种作用中的相互联系就是综合调整，而不是说一旦综合就像变戏法一样变成了一种新的手段和一个新的部门。

从法律的作用来看，综合调整事实上起到单个法律调整所达不到的作用。正如协作劳动能够产生一种新的生产力一样，综合调整也能产生新的"合力"。再比如在一个乐队中，每种乐器都保持着自己固有的音响效果，但协调配合起来，就能产生美妙的音乐。从单个的经济法规到经济法规的总体，研究它们的综合调整作用，正是学科经济法的任务。经济法规如何综合运用基本法的方法和原则对经济关系进行综合调整呢？

（一）经济法规是基本法的原则在具体的经济领域中的体现

这就是说，由于经济法规作用的领域属于基本法的调整范围，当基本法作用于具体的经济领域时，其抽象的法律原则就变成了经济法规的具体规范。基本法的原则作为贯彻在基本法中的指导方针，都要靠经济法规表现出来，各个经济法规都是各种基本法规范的集合。但是由于法规作用的对象不一样，因而在一个法规文件中，基本法规范的集合形式是不一样的。这些集合形式大致有以下五类：

（1）以行政法规范为主的行政法规。例如国务院颁布的生产许可证条例、市场管理暂行办法，国务院及国务院批转各部委的带有指导和命令形式的行政法规，国务院各部委、地方政府颁发的行政命令、措施及行政规章等。

（2）财政法规，它们在经济法规中占有较大的比重。据统计，在1979年至1983年的五年中，由全国人大、国务院颁发和批转的财政法律、法令和法规，总数为101个，其中，属于全国人大、人大常委会颁发的有25个；属于国务院、中共中央和国务院颁发或批转的有76个。

（3）以民法规范为主的民事法规。例如国务院颁发的《私人房产登记条例》、《工矿产品购销合同条例》、《农副产品购销合同条例》等。在我国民法典尚未颁布的情况下,这一类法规是我国民法的主要渊源。

(4) 劳动法规。例如国务院颁布的《关于实行奖励和计件工资制度的通知》、《矿山安全条例》和《矿山安全监察条例》等。在我国尚未颁布一部劳动法典的条件下,这些法规都是劳动法的主要渊源。

(5) 综合性的经济法规。这一类法规包括:① 关于党和国家对于行政的、民事的、劳动的、财政的等方面的方针政策的规定,例如国务院颁布的《关于进一步扩大国营工业企业自主权的暂行规定》。② 关于保护自然资源方面的法规,例如《环境保护法》、《森林法》、《海洋环境保护法》等。③ 对于某个经济领域中各种关系的法律规定,例如基本建设和提高产品质量方面的法律规定,这一类法规在经济法规中也占有一定的比重。

大多数的经济法规都有一个部门法规范的交叉问题,比如许多民事法规中都规定了行政监督和检查制度,而许多行政法规中都有民事责任方面的规定。特别是在第五类法规中,这种交叉现象就十分明显。立法者可以把不同类别的法律规范写在同一个法律文件中,但是法学工作者必须采用分析和归纳的方法把它们作出区分。即使我们把所有的法律规范都集合在一起,也可以用一个大分离机来分离,并在高速运转中分离出几个部门法的类别来。那么分离的标准是什么呢?我认为分离的标准仍然是法律规范作用于具体经济现象、经济事务时所包含的不同类型的社会关系。同时,根据法律调整对象和调整方法统一性的原则,适当参与民法的平等和等价有偿,行政法的强制性和无偿性的命令特征进行分类。经过这种分离,只能使基本法的规范达到统一,而不可能在基本法之外再分离出一个新的部门。

综合性经济法规是否能够产生一个综合部门?对此我持否定态度。因为综合性法规也不过是各个基本法规范的集合。各种基本法在综合性法规中都保持着各自的属性。我们试举基本建设法规为例,有关所有权的保护、基本建设合同的签订与履行、商品的买卖等经济关系由民法调整,或者说这些规范属于民法规范即民法调整的原则和方法在基建领域中的具体体现;有关基建的计划安排、物质分配管理关系由行政法调整;有关基建资金拨款及监督使用等关系由财政法调整;有关建筑工人工资待遇、劳保福利关系由劳动法调整;有关基建中的贪污盗窃、渎职等经济犯罪案件由刑法调整;有

第四讲　关于经济法作为一门新兴的法律学科的探讨

关土地的征用、征购、划拨关系由土地法、行政法调整；有关基建中的经济犯罪的诉讼程序关系由刑事诉讼法调整；有关基建中的经济纠纷案件的诉讼程序关系却由民事诉讼和仲裁法规调整。而把各种基本法规范用一个法律文件表现出来，这就是综合性经济法规。

诚然，经济法规在调整具体的经济领域中，结合了各种经济现象和经济事务，从而产生一系列新的范畴和概念。特别是生产领域中传统经验的总结、科学技术应用于生产力中产生的技术规则、商品交换中形成的各种习惯等，通过经济法规的确认，使经济法规包括了大量的技术性和程序性规范。有的同志认为，这些技术性和程序性的规范是基本法所包括不了的。我认为这种看法未免片面了。许多技术性规范表面上看起来是协调人和自然、人和劳动资料和劳动对象的关系，实际上是调整人和人之间的关系。如果对这些规范作出具体分析，就可以看出这些规范仍然调整不同种类的社会关系，因而可以看做是基本法原则在具体经济领域中的发展。比如在纵向的管理领域中存在的计量标准、质量检验标准和程序、价格标准、生产许可程序、环境保护中监察制度等，都由行政机关执行和监督，违反这些标准要由行政机关利用职权实行强制，所以这些规范都可以看做是行政法规范的组成部分。在生产领域中有关劳动的操作规程、各种安全卫生的技术规程、劳动保护用品的发放标准、各种安全和卫生的管理制度属于劳动法规范。有关合同的签订、履行和不履行的责任，票据的发行、转让、汇兑、支付等程序属于民法的规范。

正如我们已经指出的，经济法规的产生正是国家管理经济的职能的要求，也是社会化大生产发展在法律上的反映。如果说解放初期改变所有制、建立生产资料公有制是当时的重要任务的话，那么，现在在社会化大生产的过程中，把各种社会经济关系综合调整好，运用各种手段进行综合治理，以适应四个现代化建设的需要，这个任务就越来越显得重要了。单凭基本法规，不能深入地、具体地、有针对性地解决国民经济中大量的经济活动的问题。因此，经济法规就提到日程上来了。

既然经济法规不过是基本法的具体化，那么，所谓经济法的法律关系，不过是基本法的法律关系的具体化而已。这是因为基本法的主体和基本法关于主体的法律地位的规定适用于各种经济关系,它本身是各种经济关系经过高度抽象后在法律上的反映。任何社会组织,当它们在纵向的管理关系中以管理者和被管理者的身份出现的时候,就是行政法的主体,而有关各种社会组织的管理权限和义务的规定,就是行政权利义务的具体化。当社会组织作为独立商品生产者和交换者从事横向的民事流转活动时,它就是民法的主体,经济法规中关于各种企业和公司的权利义务的规定,都是抽象的民事权利的具体化。任何公民参加纵向的管理关系就成为行政法主体,参加横向的商品关系就是民法的主体,参加各种社会劳动关系就是劳动法的主体。所谓抽象的、一般的经济法的法律关系是不存在的。法律关系不可能超出基本法的法律关系的范畴和内容。

现在一些经济法的教科书和讲义中以及有关经济法的论文中,对经济法的原则提法很多,众说纷纭,有的提十条,有的提八条,没有一个基本一致的看法。为什么会产生这种现象呢?说到底,经济法规不过是基本法的原则在具体经济领域的具体化,这样,基本法所共同遵循的宪法原则,例如社会主义公共财产神圣不可侵犯的原则对经济法规有重要的指导意义,同时,基本法所特有的原则,例如行政法的计划原则、民法的平等协商和等价有偿原则、劳动法的按劳动分配原则等,都是经济法规必须遵循的原则。所以,要表述经济法的原则,只能表述这些原则。至于按经济规律办事的原则、提高经济效益的原则等,既然是所有经济工作都必须遵循的原则,那么在各个调整经济关系的法律中当然要有所体现。但是,要把这些原则列为经济法的基本原则并以此区别于各个部门法的原则,恐怕未必能划清界限。

总之,经济法规不过是基本法的原则在具体的经济领域中的具体体现,在贯彻基本法的原则时,经济法规采取了兼收并用的方式,从而使基本法的原则得到了综合运用。

(二) 在经济法规中基本法的特有方法的相互配合作用

古罗马法学家曾经将法律的方法划分为命令、禁止、许可、惩罚,这种划分仅仅指出了法律规范影响社会关系的一般形式。如果从不同的社会关系的本质属性及由此决定的法律调整方法出发,可见法律的调整方法是各不相同的。在我国现阶段,实行的是在公有制基础上有计划的商品经济。国家具有组织和管理国民经济的职能。同时由于不同所有制和分工的存在决定了商品生产和交换的产生,而且同一所有制内部的交换也要遵循价值规律,这样经济活动都要与商品货币发生联系,并且直接和间接地受价值规律的影响。所以,我国的经济具有计划和商品双重性。因此,无论何种主体之间从事的交换关系都要与商品货币联系在一起,这是民事关系;无论哪一级实行的经济管理,都始终表现在一定的行政组织关系中,这是管理关系。因此,决定了法律调整经济关系的方式主要是两种方式,即民法的平等协商和等价有偿的方法,行政法的行政指令和服从的调整方法。

由于在我国民法和行政法的部门立法形式上,两种方式都不是通过法典化的形式集中表现出来的,而是通过经济法规以分散的形式表现出来的。一方面,在单个的经济法规中,表现了两种方式的互相影响的作用。例如国家建设征用土地条例既规定了国家建设征用土地的强制性原则,也规定了用地单位要与被征地的单位签订协议。另一方面,从经济法规的总体来看,它们都表现了两种方式的互相影响、互相作用。具体表现如下:

1. 行政法方法对民法方法的影响

行政法方法对民法方法的影响,也就是国家行政权力对民事领域的干预。列宁在批判"私法"观点时,曾警告大家"不要被资产阶级旧法律家所愚弄",强调"必须扩大国家对'私法关系'干预的权力"。我国社会主义民法作为实现国家管理经济职能的手段,也不是什么"私人意思自治"的领域,而是相当广泛地渗透着国家权力的作用。从经济法规的内容来看,行政法方法对民法方法的影响有两种形式:

(1) 行政法规范对民事法规的内容作用。也就是说,民事法规中规定了国家行政权力的干预的规范。例如,经济合同法规定的合同的计划原则,以及在合同的签订、履行、发生纠纷后调解和仲裁等方面,都规定了国家行政管理机关的监督、管理以及行政强制等作用。再如商标法中规定的强制注册和管理制度,专利法中规定的专利强制实施制度,都包含了行政权力的干预。

(2) 行政法规对民事法规的外部影响。也就是说,通过行政法规对民事领域的干预来保障民事法规正常发挥作用。我国许多行政性经济法规,例如关于计划管理方面的法规、物价管理暂行条例、市场管理暂行条例、国营企业成本管理条例等都起到了这方面的作用。这些行政性经济法规对民法的影响主要表现在三方面：① 对所有权行使的行政干预。比如国营企业行使国家赋予的经营权，必须服从国家的集中统一领导，承担对国家应尽的责任。集体企业在行使其所有权时，也必须服从国家计划的统一安排。国家因建设需要征用集体所有的土地，被征用的单位不得拒绝。② 加强对主体活动的行政监督，例如通过由工商行政管理部门对法人的登记许可，以及通过统计、会计、审计、税收、银行等职能监督手段加强对法人活动的行政监督，通过市场管理等手段保障对公民活动的行政监督。③ 加强流通领域的行政管理，国家的计划管理、价格管理以及质量标准等方面的规定，关于国家专有物资、统购统销物资以及金银、麻醉剂、毒品等限制流通物的管理制度，对于民法的合同制度都具有重要的指导意义。行政法规范对民法规范的影响，目的在于实现行政权力对民事领域的干预，以加强国家对社会经济组织和公民的经济活动的集中统一领导。这种干预基本上只是从民事关系的外部施加影响的，而并不改变民事关系的等价有偿的性质。

2. 民法方法对行政法方法的影响

民法方法对行政法方法的影响，在许多行政性经济法规和民事法规中都有所表现。例如，基本建设拨款改为银行贷款，通过民法的信贷合同方式管理基本建设资金。再如当管理机关因管理不当造成经济损失，采用民法的损害赔偿方式，由上级管理部门赔偿下级部门以及经济组织的损失，或者追究直接责任者的民事责任等。在行政管理领域，随着经济管理体制的改革，运用民法的合同方式代替传统的行政方式已有相当的发展，例如体制改革以来，国营小型企业正通过租赁和承包的方式经营，必将有助于改善行政管理，提高经济效益。

民法的方法对行政法方法的影响，主要是使行政法方法的运用更进一步遵循价值规律的要求，使管理机关能够充分尊重企业作为独立的商品生产者的自主性和积极性，以促进我国商品经济的发展。例如1984年4月26日财政部颁发的《国营工业、交通运输企业成本管理实施细则》第24条规定："企业对于既没有国家法律规定，又没有国务院或省、自治区、直辖市人民政府明文批准收费的各种摊派款项，有权拒绝支付。"国务院 1981 年 8 月批转国家物价总局等八个单位的农副产品议购议销价格暂行管理办法（草案）规定："开展议购议销活动，要根据中共中央、国务院关于收购农副产品要签订合同的指示精神，在国家计划指导下进行，以减少生产与收购的盲目性。国营商业、供销合作社议价收购的大宗三类农副产品，应尽可能与生产单位签订议购合同。"中共中央、国务院颁行的 1985 年一号文件中关于取消粮食统购、实行定购等规定，都体现了民法方法对行政法方法的影响，它对于发挥经济组织的自主性和创造性，提高行政管理的科学性，都具有重要的意义。

3. 行政法方法与民法方法的相互影响，能够达到国家集中统一领导与企业相对独立的和谐统一

我国 1982 年《宪法》明确规定："国营企业在服从国家的统一领导和全面完成国家计划的前提下，在法律规定的范围内，有经营管理的自主权。"贯彻宪法的原则，使加强国家的集中统一领导与尊重企业的相对利益和自主权相结合，这是行政法方法与民法方法相互影响所必然达到的效果。在纵向的经济管理领域，运用行政指令和服从的方法有助于加强国家集中统一领导，例如国家通过科学计划保障国民经济有计划、按比例发展，通过价格管理以稳定物价、保障经济的正常发展，利用市场管理和监督以维持流通领域中正常的经济秩序，运用贯彻了固定性、强制性、无偿性特征的税收方法加强国家的财力集中，等等。在横向的商品交换领域，运用民法的等价有偿、平等协商的方法，可以充分发挥企业在参与经济流转活动中的自主自愿和民主协商精神。民法给予企业在经济活动中必备的法律地位，承认它们参与经济活动必要的资格和合法的活动能力，确认企业拥有独立的财产所有权和经营管理权，并在法律和计划管理范围内，依自己的意愿行使其对财产的处分权。这必将有助于保障企业的相对独立，给予其必要的经济活力，促进我国商品经济的发展。

长期以来，在高度集中的经济管理体制下，在对横向的经济关系调整中，行政法规范大量取代了民法规范，这对经济建设产生了不利影响。随着近几年来经济管理体制改革的发展、对外开放和对内搞活经济的政策的实

行,繁荣了我国商品经济,丰富和发展了民事关系。这就扩大了民法方面的适用范围,同时使行政法方法也得到了改变。这种变化表现在:① 单一的指令性计划向指导性计划和市场调节改变;② 部门的行政指令性文件逐步减少,而管理机关的检察、监督的职能逐步增加;③ 运用价格、税收、信贷、工资等经济杠杆的形式影响社会经济生活的方式,得到了普遍的采用。所有这些都说明,在我国当前,如何保持民法方法和行政法方法的和谐统一,是我国经济体制改革的必然要求。

总之,行政法和民法的综合调整,能够有效地体现宏观经济规划与微观经济活动的协调发展,充分体现了我国社会主义经济制度的优越性。

(三) 在经济法规中三种基本法的制裁手段的综合运用

在这里,首先应该指出我们所说的法律制裁,是指国家运用强制力对于违法行为采取的处罚措施,这种处罚措施并不适用于平等的主体之间,因为平等的主体之间任何一方无权对另一方作出法律制裁。

经济法规作为调整经济关系的主要法律形式,必然要对经济领域中的各类违法行为规定制裁措施。一些行政管理机关颁发的带有行政指令性质的法规并没有直接规定制裁,但这并不能说明这些法规就不成其为经济法规。然而,对于在全国范围内具有普遍适用效力的经济法规,必须规定制裁措施,才能强化在法规中体现的国家强制力,以保障法规在实践中得到切实贯彻实行。

各个经济法规采用三种基本法的制裁方式,即民事制裁、行政制裁、刑事制裁,而不可能有自己独立的制裁方式。这是因为经济领域中的违法行为,因其侵害了为各个法律部门所保护的不同的社会关系和社会秩序而构成各种不同性质的违法行为。在纵向的行政管理领域中,违法主体侵害了为行政法所保护的行政管理秩序就构成行政违法行为;在横向的经济关系中,违法主体侵害了为民法所保护的正常的商品交换秩序,就构成了民事违法行为;如果违法主体侵害国家和人民的利益造成了严重的后果,具有一定的社会危害性并已触犯刑律,就构成犯罪行为。与各类违法行为相适应,国家对经济领域中的违法行为采取三种制裁方式,即民事的、行政的和刑事的制裁,这三种制裁方式都可以在经济法规中作出规定。行政制裁适用于纵向的管理关系中,由国家行政机关对违反行政法规的行为实行强制。在横向的经济关系中,主要不适用行政制裁。民事制裁一般适用于平等的民事主体之间的关系。在纵向的管理关系中,也可以采用民事制裁方式,这主要是指行政机关因行政不当或违法行为造成对经济组织和公民的财产损失、或者上级行政机关造成对下级机关的经济损失,可以考虑采用民事赔偿的方式。我国1981年《经济合同法》第33条对此已作出了明确规定。刑事制裁是最严厉的措施,对于民事的和行政的违法行为构成犯罪的,可以适用这种制裁措施,而且它可以直接作用于人身,可以充分体现国家的强制力。

经济法规中是否有自己的独立的制裁方式?有人认为经济法规中的信贷制裁(限制利率、强收或停止发放贷款)、价格制裁(强制降低物价)是原有的法律部门所不能包括的制裁方式,因而是经济法规的特有的制裁方式。我不同意这种看法,信贷和价格制裁的概念是从经济的角度而不是从法律的角度提出的。它和"经济责任"、"经济制裁"的概念一样,作为经济学的概念适用到法学领域中是不太确切的。因此,需要对它们作具体分析。就信贷制裁而言,信贷制裁实际上主要包括民事制裁和行政制裁两种。在我国,由于银行具有经济组织和监督的双重职能,当银行作为经济组织与其他民事主体签订信贷合同,因对方违反合同规定而加罚利息或停止发放信贷时,就是一种民事制裁。根据有关法规规定,从1981年起,银行对于企业逾期贷款加罚利息20%,积压物资贷款加罚利息30%,挪用贷款加罚利息50%,这一规定主要适用于信贷合同,可以视为合同责任具体化。如果银行行使监督职权与其他经济组织和公民发生关系,运用行政强制力对其他主体的违法活动实施信贷制裁,就是一种行政制裁。例如,根据有关规定,银行从1983年7月1日起统一管理流动资金,对于企业违反计划、挤占挪用资金的行为,银行停止发放信贷或收回贷款,可以作为行政制裁。价格制裁也是如此。如果一方合同的当事人生产的产品不符合国家标准和合同规定的标准,另一方当事人根据合同的规定降低产品的价格,只是合同责任,不能视为制裁。工商行政管理部门对违反市场管理法规的产品降价收购,可以视为行政制裁。但是经济组织和公民越权制定和调整其商品价格,擅自提级提价和哄抬物价、以次充好和变相涨价,主管部门依法降低其价格,使其产品的价值与价格相符,这种措施不能视为制裁,而是正常的行政管理措施。

总之,经济法规中不可能有自己独立的制裁手段和方式,而只能沿用基本法的三种制裁手段。

经济法规不仅可以采用基本法的三种制裁方式,而且必须综合运用这些方式。综合运用的根据在于:① 一种违法行为将侵害多种社会关系,导致多个法律后果。比如滥伐森林的行为,不仅导致民法的赔偿损害的后果,如果直接责任者是国家工作人员将导致行政法的后果,而且滥伐森林构成犯罪的,就导致刑法上的后果。这样,对于同一种违法行为可以采取多种制裁手段。② 单纯运用一种制裁手段不可能达到法律制裁的目的。因为三种制裁手段各有其自身的特点。比如对法人的违法行为,运用民事制裁可以追究法人和直接责任者的经济责任,恢复被损害的财产原状。运用行政制裁(例如,吊销许可证、没收营业执照等)则可以使法人失去某种继续违法的条件。民事制裁和行政制裁都可以针对法人采用,但刑罚一般不能把法人作为对象。对于直接责任者构成犯罪的,可以运用刑罚以加强法律的强制力,用强有力的手段维护社会正常的经济秩序。③ 对于同一种违法行为,可以采取三种制裁手段中的一种,也可以三种同时并用。

经济法规中如何使三种制裁方式衔接起来?我们认为,在经济立法中应该做到如下几点。

(1) 经济法规应规定刑事制裁。经济法规中是否可以规定刑事处罚的问题曾有过争议。有人认为,刑法是基本法,只有全国人民代表大会或者常务委员会才有权制定,经济法规不能规定刑事处罚的内容。我认为对这个问题不能一概而论。什么是犯罪、犯罪的构成要件、量刑幅度问题,这些经济法规无权规定,但是对于违反经济法规的行为,依照刑法规定已构成犯罪,经济法规可以规定刑事处罚。这个问题在实践中已经越来越重要。随着市场开放、经济搞活,经济领域中的违法犯罪行为也逐渐增多,需要运用刑罚手段予以制裁。而且,经济法规不规定刑事处罚,不能加强其强制力。比如《森林法》颁布以后,滥砍滥伐森林的现象反而越来越严重。这与法规没有对滥伐林木者规定刑事责任不无关系。刑法在这方面尽管作出了规定,但是比较原则,需要经济法规作出具体规定。但是我认为经济法规规定刑事处罚有两个条件:一是不能创立刑种;二是不能改变量刑幅度,否则就超越了刑法的规定。

（2）经济法规应对三种制裁的实施作出具体规定。① 应具体规定在什么情况下对个人实行制裁,在什么情况下对社会组织实行制裁,以及特定的免责条件及责任范围等。特别是一些重要的经济法规不能对制裁的规定过于原则、过于笼统。② 对作出制裁的主体应作出具体规定。对于某种制裁只能由哪些机关作出,否则就会造成混乱。比如对银行扣款的问题,现在因法规规定得不明确,引起了一些争议,这就需要在立法时予以注意。③ 三种制裁适用的先后次序也应明确。一般是先民事和行政制裁,再刑事制裁。

（3）应加强基本法对经济法规的指导作用。经济法规规定的制裁要适用基本法的一般原则。由于目前基本法的立法尚不够完善,对经济法规的制定和适用也产生了影响。比如,由于民法中没有对民事责任作出一般规定,因而经济法规中规定的民事责任就缺乏一般原则的指导。再如由于刑法对许多经济犯罪无明文规定,而经济法规又不宜创立刑种,所以只能采取类推和比照的方式。有些类推也比较牵强,如假冒专利比照假冒商标罪、违反食品卫生法比照贩卖假药罪等处理,就不太恰当。而且有些法规规定了"依法追究刑事责任"的条款,但因为刑法并未对该种犯罪作出规定,因而适用时仍然无法可依。这就需要加强基本法的废、立、改工作,以使经济立法完善和系统化。

（四）尽快颁行我国民法典,是充分发挥经济法规的综合调整作用的重要前提

我们已经指出了,经济法规不过是基本法的方法和原则在具体经济领域的延伸和发展,基本法的原则和方法对经济法规具有重要的指导意义。

民法部门,无论从传统意义上或是从现代意义上说,是与一定社会的商品关系紧密联系在一起的。罗马私法、法国民法、苏俄民法尽管在体系和内容上存在着巨大的差别,就其本质特征和主导方面来说,都是不同所有制所决定的特定历史时期的商品经济关系的反映。民法是为特定历史时期的商品经济服务的,也必然受特定历史时期的商品经济范围的制约。在我国现阶段,我国经济的性质是有计划的商品经济,商品关系在我国相当普遍地存在,所以,我国民法是适应我国经济生活需要产生的重要的基本法,其调整方法和基本制度在我国国民经济生活领域中的作用是相当广泛的。在当前大力加强经济立法的时期,尽快颁行我国民法典,对于充分发挥经济法规的综合调整作用,具有重要的意义。这表现在:

(1) 有单行经济法规,没有民法典的指导就会有目无纲,杂乱无章。单行经济法规只能是基本法规定的具体化。在基本法中不宜规定的,它可以作出灵活的、变通的规定,以发挥法的灵活性。但是脱离了民法总则的一般规定,单行经济法规就会因无基本原则的指导,而显得有目无纲。因为许多经济法规,比如经济合同法、专利法、商标法等本身是民法的组成部分,还有一些综合性的经济法规,比如环境保护法、食品卫生法等,需要大量适用民法的原则,如果没有民法典的规定,就不利于法规的系统化。特别是由于我国单行经济法规大多是各部门起草,这些部门如果不能彻底跳出本部门的圈子,而囿于本部门的利益,就会使部门起草的单行经济法规出现不协调,甚至矛盾的现象。所以,颁行民法典对于经济法规的系统化、统一化具有重要意义。

(2) 有单行经济法规,没有民法典的规定,就会挂一漏万,留下许多法律调整的空白。单行经济法规往往只能解决经济生活中的具体问题,而不可能照顾到普遍的社会关系。经济生活是纷繁复杂、变化万千的,单行经济法规规定得太多,也往往是顾此失彼,留下许多法律调整的空白。新中国成立以来颁行了成千上万个经济法规,但是在经济生活中仍然感到无法可依。如果把千千万万种经济关系的共性抽象化为一般的法律原则,并以此来指导我国的经济生活,明显改变这种状况,比如,经济合同法适用于十大类合同,但是它不适用于涉外合同关系、承包合同关系等。如果有民法的债和合同的基本原则的规定,就会使各种合同形式,甚至是一些"无名合同"都有所依循。再如《国营工业企业暂行条例》规定了国营企业的权利义务,但是由于没有法人制度的基本规定,使得国营企业以外的一些经济组织究竟具备何种权利义务,国家如何进行监督等就无所依循。特别是由于民法典中的代理、时效等等问题没有规定,在与外国人签订合同时往往就这些问题纠缠不清,一项合同的签订旷日持久,为了明确双方的权利义务,不得不把本来属于民法典中的基本内容也规定在合同条款之中,不仅使得条款繁琐,而且在某种意义上是把立法权让给了双方当事人。所以,颁行民法典对于完善我国经济立法具有重要意义。

(3) 有单行经济法规,没有民法典的规定,就会造成立法上的庞杂和重复,不利于立法的集约化。由于缺乏民法典的规定,许多经济法规都力求"小而全",造成条文的重复和繁琐。比如说现在许多法规都规定了时效问题等,既不统一,也不可能具体明确,如果有民法典的统一规定,无疑可以大大简化这些条文。这在立法技术上也是科学的。再如国务院颁布的农副产品购销合同条例和工矿产品购销合同条例中不得不对运输、结算、违约金等问题作出十分繁琐和重复的规定;如果有民法典的统一规定,必将使这些条文大大缩减。没有民法典的统一指导,经济法规的发展趋势只能是越来越多、越来越繁,使司法人员进入法律的"迷宫",法规也不可能得到很好的运用和遵循。总之,颁行民法典对于经济立法能起到条文简明、体系严谨、疏而不漏并充分发挥经济法规的应有作用。

颁行民法典,也是我国经济体制改革的客观需要。随着党的十一届三中全会以来经济体制改革的进行,推动了社会主义商品经济的发展。农村的改革在稳定和完善生产责任制的基础上,出现了多种经营方式,农村正由自给半自给经济向商品经济过渡。城市的改革也取得了初步的成效,在简政放权、政企分立中,国营企业普遍扩大了自主权,许多国营小型企业开始实行集体承包或个人承包、租赁经营或按集体企业的办法向国家缴纳税金。第二步利改税的推行进一步巩固了国营企业的商品生产者的地位。多层次经济结构的发展极大地活跃了我国经济,流通体制的改革开始繁荣了我国市场,经济特区和沿海城市的开放,迅速发展了涉外民事关系。总之,社会主义商品经济的迅速发展是经济体制改革给我国国民经济领域带来的重大变化。

十二届三中全会明确我国的经济性质为"在公有制基础上的有计划的商品经济",并且提出了发展社会主义商品经济的伟大任务。与此相适应,尽快完善对商品经济活动的法制，成为经济体制改革中发展商品经济的必然要求。没有一个直接调整商品关系的法律部门，没有一套完备的商品经济活动的准则，经济改革不可能顺利进行，商品经济不可能正常发展。我国民法就是调整在公有制基础上形成的有计划的商品关系的法律，我国《宪法》第62条中所指出的民事立法，是从广义的民法来说的，但是，必然要把调整我国社会主义商品关系的规范作为主要内容。

几乎整个民法的规范都遵循着商品生产和交换的平等和等价的原则。在积极的法律责任上，民法以概括的方式确认各个民事主体的独立地位，确认各个主体对财产的支配权，确认主体在交换中应享有相应的自主自愿的权利。法律关系可以由主体在法定的范围内，依自己的意志产生，也可以依自己的意志而变更和消灭。任何主体必须站在平等的地位，不允许一方限制他方权利，也不允许任何一方依据经济上的优势，向对方发号施令。在消极的法律责任上，民法的原则是任何主体不得非法给他人造成物质损失，一旦造成损害则必须用等量的财产给予补偿。这种为民法所特有的损害赔偿制度，实质上是价值规律的一种表现形式，任何主体侵犯他方的权利，任何主体无偿剥夺和占有他方的财产，皆为民法所禁止。形形色色的"一平二调"的歪风，平均主义和"吃大锅饭"的现象，一切漠视经济利益和不讲究经济效益的行为，都是民法所不允许的，都会受到民法相应的制裁。借助民法使平等和等价的规律法律化，也就是用法律手段保障价值规律的作用和鼓励商品关系的发展。

几乎整个民法的规范都担负着保障商品经济的正常秩序的任务。民法规范是无数的每日每时重复发生的商品经济活动在法律上的抽象，它是反映商品经济一般条件的法律。在对内搞活、发展商品经济中，需要有这样一个经济活动的准则；在对外开放、发展涉外民事关系中，同样需要民法这个重要的经济活动准则。因为我们要鼓励外国投资、开放沿海港口、发展对外贸易，都必然涉及到法律的适用。我们不能采纳过去帝国主义强加给殖民地国家的国际惯例，也不能接受不利于我方经济利益的外国法，我们要想维护我们的合法权益，就要有我们自己的民法。大家知道，由于缺乏法人、所有权等基本立法，已经是当前引进外资的一大障碍。此外，我国民法禁止当事人行使权利违背公共道德,禁止当事人滥用权利违背国家整体利益,反对种种个人主义、分散主义等无政府主义的倾向,这必将有助于防止商品经济可能出现的某些消极的作用。总之,民法规范是以基本法的形式,切实保障社会主义商品关系的正常发展。

彭真同志指出,民法是我国的重要基本法。在我国这样一个商品经济社会,确立民法的基本地位,并大力加强民事立法,是经济体制改革的客观需要,也是我国经济立法面向实际、面向世界、面向未来的重要标志。

三、在综合调整的基础上建立起来的学科经济法体系

体系,指客观存在的事物之间互相联系、互相作用而形成的整体。从唯物辩证法出发,世界上万事万物都处于相互联系的运动之中,因而都可以在这些运动中形成体系。所以,体系的概念运用得十分广泛。根据普遍系统论,体系这个概念要求具有形成体系的特征。部门法体系就是在部门法规范调整同类社会关系的基础上形成的一个统一整体。例如,民法就是在调整商品关系的基础上形成了主体制度、所有权制度、债和合同制度。它们具有严密结构和外在形式的统一。由于经济法规没有自己特定的调整对象,它所作用的对象不能脱离民法、行政法、劳动法的调整对象而独立存在,因而就经济法规总体而言,它不可能有自己独立的法律制度和在这些制度基础上形成的体系。

经济法规不具备部门法的体系特征,但并不是说经济法规就不可能成体系,也不意味着经济法规在其运动中无体系可言。既然任何事物都可以从各种相互影响的形式中形成体系,经济法规作为一种社会现象也必然具有自身的体系。那么,根据什么原则把经济法规组成体系?正如我们已经指出的,经济法规在调整经济关系中的运动形式就是运用各个基本法的手段和原则对经济关系进行综合调整。那么从经济法规在综合调整中相互影响和作用的特征来看,可以建立学科经济法的体系,即以经济法规为对象而建立起来的科学研究体系。

学科经济法体系具有不同于部门法体系的几个特征:

(1) 学科经济法体系是根据综合调整的原则而建立的一门知识体系。

它包括为立法设计合理的方案的综合调整体系、使现存的经济法规系统化的体系、以系统的经济法规为对象的经济法学体系。建立这门体系的目的在于为立法、司法和法学教育服务。

（2）学科经济法体系建立在对经济法规的科学分类的基础上。正如恩格斯所指出的，"科学分类。每一门科学都是分析某一个别的运动形式或一系列互相关联和互相转化的运动形式的，因此，科学分类就是……依据其内部所固有的次序的分类和排列……"学科经济法以经济法规为对象，它要根据不同的标准，从不同的角度对经济法规进行科学分类，从而确立学科经济法体系。

（3）学科经济法体系是灵活多样的。经济的变化发展总会提出新的法律调整的要求，并产生一系列经济法规，从而导致学科经济法体系的分化解组，这就使学科经济法体系灵活多变。同时，学科经济法体系可以由法学工作者根据不同的目的、从不同的标准和角度确立，因而学科经济法体系也是多样化的。

下面我们将分别分析学科经济法的体系内容。

（一）按综合调整原则建立起来的经济法规的立法体系

在我国经济立法建设刚刚步入正轨、经济建设需要大力加强法制的时期，立法应从实际需要出发，不应拘泥于体系。正如邓小平同志所指出的，"现在立法的工作量很大，人力很不够，因此法律条文开始可以粗一点，逐步完善。有的法规地方可以先试搞，然后经过总结提高，制定全国通行的法律。修改补充法律，成熟一条就修改补充一条，不要等'成套设备'。总之，有比没有好。"特别是我国正在进行经济管理体制改革，各种经济关系正处于迅速的变化和发展之中。例如，在分配政策上我们就采取了利润分成、以税代利的办法，并且实行了利改税第二步。这些措施都要通过法律形式固定下来。所以，随着体制改革的发展，各种经济现象日益复杂，经济法规彼此间也将发生新的组合。但是我们说经济立法不应拘泥于体系，并不是说经济立法不可能成体系。立法者可以按照自己的认识使经济法规系统化，法律工作者也可以根据实际需要对各个经济法规进行分类整理，找出其共同属性，把握立法体系的规律并为立法指出途径，这些都是可能的，而且是必要的。

如何建立我国的科学的经济立法体系？在这里，有多种方案、多种理论可供选择。但是我认为，从经济法规的特征和它与基本法的相互关系出发，按综合调整的原则建立起一个经济法规的立法体系，这对于充分发挥经济法规在法律调整中的作用，完善我国的经济法制建设，具有一定的意义。

我们已经分析了法律对经济关系的综合调整的作用，在具体的经济领域中，法律的调整也是成体系的。一系列经济法规对某个具体的经济领域的调整中，也形成了一个体系，借用控制论这一当代流行的方法论术语而言，就是形成一个系统，一个发展变化的、相互协调的系统。这种体系的运动能够消除法律调整的不协调、甚至矛盾的现象，挖掘法律调整的潜力。

经济法规在综合调整中形成的体系，表现在经济法规的互相作用、彼此依赖的关系上。① 适用某个法规要有一系列辅助性的法规发生作用。比如《经济合同法》的颁布就涉及一系列法律或法规的适用的问题。《经济合同法》明确规定了经济合同是法人之间的协议，法人制度就必须要有明确的法律规定。《经济合同法》明确规定了合同的计划原则，而计划法、价格法都必须发生作用；《经济合同法》明确了合同责任，为防止企业将其承担的赔偿责任摊入成本，就必须颁行成本法；《经济合同法》明确规定了合同管理制度，关于公证、仲裁法规也要适用。如果缺乏某一个法规，都将会影响经济合同法的作用。② 适用某个法规要有一系列监督性的法规发生作用。监督是行政性经济法规的主要功能，监督性的法规包括。行政监督（颁发许可证、企业登记等）、市场管理、职能监督（统计、会计、税收、信贷、工资、价格）、审计监督等方面的法规，这些法规对于所有的民事法规以及其他的法规都是适用的。还有一些法规本身都规定了行政监督管理的条款。这些起监督性作用的法规或法律规定都直接体现了国家行政权力的干预作用。③ 适用某个法规要有一系列计划管理方面的法规发生作用。我国实行计划经济，计划指标分为指令性、指导性两种形式，它们都具有程度不同的约束力。以计划法为主的各种计划管理方面的法规，对各个经济法规都将起指导作用。总之，各个经济法规在其综合调整中形成了相互联系，并组成为一个"法群"。各个"法群"本身组成为一个体系。

科学认识经济法规在综合调整中形成的体系,可以使经济法规系统化,并完善我国的经济法制建设。立法并不是目的,而是达到目的的一种手段。在全面开创社会主义现代化建设的新局面的时期,经济立法的目的就是要促进社会主义现代化建设的发展。在各个具体的经济领域中,法律也是达到不同目的的一种手段、一种工具。由于经济法规本身就具有较强的针对性,所以,有些法规颁布以后,能够直接解决某些一时一事的问题,尽管如此,这些法规也仍然要有其他法规配套。只有采取多种法律的方法和手段,才能在具体的经济领域中取得成效。我们试分析当前亟须加强法制建设的几个领域来予以说明。

1. 加强对国营工业企业责任制关系的法律调整

随着近几年来经济体制改革的深入发展,在国营工业企业管理方面,普遍推广了以责权利为中心的生产责任制,从而引起了一系列法律问题。具体表现为:① 加强劳动法对责任制关系的调整。推行生产责任制,克服了抱"铁饭碗"、吃"大锅饭"的平均主义,实行定额承包的职务工资和浮动工资以及评工记分、计时工资等办法,采取了定岗、定额的严格责任制,关于工资、奖金只要不突破国家核定的工资奖金限额,企业有权决定职工人数、减少工资奖金限额。根据行业特点和生产经营的需要,企业有权择优录用职工,采用长期工、轮换工、临时工、季节工等多种用工形式,逐步实行劳动合同制。国家对企业只规定工资(包括奖金)总额及与其上缴税利和物价指数相联系的增长幅度,超过部分,按规定征收累进税。企业也实行厂长(经理)负责制等等。这就需要在工资、奖金、岗位责任制、劳动合同制等方面都作出一系列的法律规定。② 加强民法对责任制关系的调整。在推行生产责任制中,国营企业在生产经营计划、产品销售、价格和物资选购等十个方面都扩大了自主权。国营小型企业的经营方式,根据情况推行集体承包和个人承包,租赁经营,也有的依照集体企业的办法向国家缴纳税金。随着利改税第二步的实施,国营企业都要实行独立经营、自负盈亏。企业的产供销活动要做到真正由企业自主决策,使企业成为一个相对独立的商品生产者和经营者。这样,需要确认企业的法律地位,保护企业在体制改革中获得的各种权益,并使企业的经济活动纳入法制的轨道。③ 加强行政法对责任制关系的法律调整。推行生产责任制,明确国家和企业的相互关系,在给予企业更多的自主权的同时,要克服某些脱离计划的现象,加强国家统一计划的管理和指导。对于企业的经济活动,国家并不直接干预,但要运用税收、价格、信贷、工资等调节手段影响企业的经济活动。特别是要完善利改税制度,使企业能够在大体相同的条件下开展竞争,把国家与企业的分配关系用法律的形式固定下来。而且,在给企业"松绑"、"放权"的同时,国家必须加强行政管理和行政监督的措施,实现国家对经济的宏观控制。这就必须大力完善各种行政性经济法规的立法。只有用多种法律手段和法律形式,才能使责任制关系固定化、秩序化。

2. 加强对流通领域的法律管理

随着流通体制由原有的按行政区划、行政层次统一收购和供应商品的办法,改为开放式的多渠道的流通体制,使流通领域日益活跃,各种关系得以迅速变化和发展,这就需要加强对流通领域的法制建设。① 以合同法建立正常的商品交换秩序。在搞活经济中,商品交换得到了大力发展,各类主体都以独立的商品生产者的地位进入了流通,各级批发机构合并成为独立核算、自主经营的专业批发公司,城市普遍建立了各种形式的贸易中心。农副产品有步骤地扩大自由购销的范围,进一步发展城市农贸市场,允许农民在保证完成国家收购计划的条件下,直接向城市大批量运销农副产品。生产资料也要真正作为商品进入流通,这就必须以合同制度使商品交换秩序化,并保护各个民事主体在商品交换中的合法权益。② 以行政手段疏通流通渠道,排除各种障碍,使商品的流转畅流不息。这就需要颁行一系列行政性经济法规,打通城乡交换关系,促使工业品下乡,打破条条和块块的封锁,扩大商品交换;规定合理的价格政策,解决当前农村中买粮、卖粮的困难等。③ 以行政法规加强国家对流通领域的控制。例如建立起国家对物资计划和对物质指挥调度权威,以保障国家的重点建设;确立国家物资主管部门在分配中的各种责、权关系;对于物资的采购、批发、零售、供应、储运等方面的程序和制度,都应作出一系列的法律规定。④ 建立和健全市场管理和监督方面的立法。防止企业将生产资料乱涨价,防止截留国家计划物资用于自销、防止倒卖紧俏商品等非法牟利及各种坑害消费者的行为。总之,通过采用各种法律手段,使流通领域真正做到"管而不死、活而不乱"。

3. 加强对产品质量的监督和管理

以法律手段促进企业努力提高产品质量,做到物美价廉,适销对路,以满足广大人民群众的需要。这就要求:① 运用合同的方法,在合同中明确规定产品的质量标准和违反质量标准的责任,保障当事人恪守合同,保证产品的质量,消除产品的瑕疵。② 采用标准化制度,通过强制推行标准化制度,促进企业提高设计和工艺水平以及各项管理工作,按标准组织生产,按标准进行检验,保证生产合格品、优质品,避免生产次品和废品,努力提高产品的质量。③ 实行生产许可证制度。通过发放生产许可证控制产品的质量,凡超过期限没有得到许可证的企业应一律停止生产。主管部门应严格检查、监督,对达不到质量要求的应吊销生产许可证。④ 制定行政监督制度。主管部门应定期检查产品质量,公布落后产品项目,以行政措施淘汰一些落后产品。产品质量出了问题,企业应负主要责任,主管部门也应该负责。⑤ 利用经济杠杆刺激企业提高产品质量。通过价格法、税法、财政法明确规定,对企业生产的产品优质优价、劣质低价,对于长期生产落后产品的企业,银行应不予贷款;对于一些物美价廉的产品可以通过减免税收予以扶持。总之,要通过各种手段促使企业努力提高产品的质量。

按综合调整原则建立起来的经济法规的立法体系,并不是以部门法划分的原则为出发点。

(1) 建立综合调整的体系,就是要从实际出发,用各种手段解决各个经济领域中迫切需要解决的法律问题。由于对具体的经济领域的划分和归类不同,因而体系的类别各不一样。比如生产责任制关系涉及不同的经济领域,可以划分为不同的层次,从而确定不同的经济立法体系。所以,这种体系因经济领域不同而各不一样。

(2) 建立综合调整体系并不是以部门法划分的原则和标准为出发点来探讨部门法的立法规律,而是从具体的经济领域中多种经济关系的相互联系出发,探讨经济法规的综合调整的规律。当然,建立这一体系,必须了解部门法划分的标准,明确各法律部门的不同分工和总体上的综合调整作用,同时要看到它们深入到具体经济领域中所表现出来的运动形式,从而确立这种体系。

(3) 建立综合调整体系并不是使任何经济法规都能够找到自己独立的位置,就像各种元素严格按照原子量在门捷列夫的元素周期表中那样找到自己的位置,这是不可能的。因为各个经济法规互相联系,彼此紧密交织在一起。某一法规在这个领域与一些法规组成一个体系,而在另一个领域与另一些法规组成另一个体系。在各个体系中,每个法规就像一根链条上的各个环节一样,是紧密衔接、不可缺损的,哪一个环节缺乏或脱节,都会影响经济法规对该经济领域调整的整体作用。

建立这样一个经济立法体系,也就是要作出一个经济立法的设计。它可以达到如下效果:① 认识现有的法规哪些不配套,还需要制定哪些法律;② 原有的法规是否适应经济发展的需要,哪些方面需要废除和修改;③ 立法怎样做到互相协调,颁行一个法规与另一些法规是否存在着矛盾和不一致的地方;④ 经济法规中同类问题的解决方法如已具有普遍意义,又形成一般规律时,就应该通过归纳整理输送到基本法中去,使它得到丰富和发展,又可以使经济法规进一步集约化;等等。

在认识这种按综合调整原则建立起来的体系时必须注意,并不是所有的社会关系都要通过法律调整。在某个经济领域中,法律的方法毕竟是有限的,而政治工作、组织工作以及道德的、心理的等方面的工作都将起到重要作用。法律的方法并不能代替其他方法发挥作用,这就需要我们不断地对现行的经济法规进行检查和分析,探索实施这些法规的经验和教训,总结它们在实际生活中产生的效果和影响,同时要从实际需要出发,找出经济法规的科学布局,以建立起科学的经济立法体系。

(二) 使经济法规系统化的法规汇编的体系

经济法规的系统化对于完善经济立法具有重要意义。使经济法规系统化的途径是多样的,而法规汇编则是使经济法规成系统的一项重要措施。法规汇编就是对现行规范性文件按一定的标准作出有系统的排列,汇编成册,以利于新法的制定和旧法的适用。

(1) 1954 年我国《宪法》公布以后,全国人大常委会和国务院曾对于法规进行过一次清理,后来也进行过对现行法规的编纂工作,但由于各种原因使这一工作一直停顿下来了。然而,经济法规却在逐年增加,日趋庞杂。据统计,从解放初期到20世纪80年代末,部一级颁发的交通法规就有1000多个。以1978年以来关于农业经济管理方面的法规也有424个,其中属于农牧渔业部颁发的约286个(据1984年初统计)。这些庞杂的经济法规存在着一些什么问题呢?一是立法中存在着相互矛盾的现象。例如关于工业锅炉生产许可证由谁颁发的问题,国务院1982年2月颁发的《锅炉压力容器安全监察暂行条例》确定,制造许可证由劳动总局颁发。1982年7月国家经委、计委、国家物资局拟定由国务院颁发的关于节约工业锅炉用煤指令规定,许可证由机械工业部和劳动人事部共同颁发。1983年1月国家经委、机械工业部联合颁发的机电产品生产许可证试行条例规定:"凡属机械工业部归口管理的机电产品需要实行生产许可证的,统由机械工业部逐步颁发。"三个法规的规定彼此矛盾。

(2) 新的法规颁布以后,不知哪些旧法规或旧法规中的哪些内容已经失效。比如国务院最近颁发的进一步扩大国营工业企业自主权的规定,在生产经营计划、产品销售、价格、物资选购、资金使用、资产处理、机构设置、人事劳动管理、工资奖金、联合经营等十个方面扩大了国营企业的自主权。这样,原有的一系列法规将自动失效,但究竟国务院和国务院各部委颁发的哪些法规失效了,却不清楚。再如,国家经委1963年颁布的《关于工矿产品订立合同基本条款暂行规定》第23条第2款规定:"如因运输部门的原因,经了解属实或有合法证件的,可以不按延期交货处理。"而国家经委1981年2月颁布的工矿产品合同试行条例中却没有这一条规定,按前法服从后法的原则,前面的规定应该失效,但在实践中却仍然适用。

(3) 某些法规如与搞活经济政策相矛盾,应该失效。例如吉林为改革清理道路,废除了61个过时的经济法规,但有些地方规定与搞活经济政策相抵触的法规无效时,十分笼统。例如武汉市委决定搞活经济,敞开武汉三镇大门,与搞活经济政策相抵触的法规一律无效。究竟哪些法规无效,却没有明确规定。

(4) "暂行"、"试行"法规适用多年,也不知是否还有效。例如《暂行海关法》从1951年颁布至今仍然适用,其中许多规定已经过时。再如《关于违反爆炸、易燃、危险物品管理规则的处罚暂行办法》行文期为1961年,"暂行"了23年。总之,由于法规的繁杂、紊乱直接影响了法律的适用,使法律工作者往往不知究竟适用哪个法律,反而形成无法可依的状态;由于法规的繁杂也对经济立法产生了影响。不知哪些法规应该废除、哪些应该修改,哪些应该新立。中央最近在抓清理和汇编法规的工作,这是完善我国经济法制建设的一项十分迫切的任务。

一般来说,对于时过境迁、客观情况已发生了变化以及法规在内容上失去指导意义,甚至完全是在极"左"路线指导下颁行的法规,应予废除;对于因新的法规的颁行已代替了原有的法规,或法规内容与现行政策相违背或抵触的法规,应宣布法规失效;对于内容正确、符合当前政策精神,并且在工作中具有指导意义的,应列为现行法继续适用;对于主要内容和部分内容可行、条款不完整或当前工作中亟须的,可以补充修改后列为现行法继续适用;对于那些内容重复、条文繁琐以及立法的体例程序不合适的法规,可以精减或合并起草,并依一定的程序颁行。

清理法规与法规汇编是同一项工作的两个过程。清理后的法规不能束之高阁,应该汇编成册,以利于公民通晓、执法人员有所依循。而法规的汇编作为使经济法规成体系的工作,首先必须要确立一种比较科学的经济法规的分类标准,依此标准将经济法规系统化,分门别类地汇编成册。

从国外的经验来看,法规分类的标准并不一样。例如,美国是按法规的性质和顺序来编的,共分为50项;英国成文法规则按字母顺序排列,进行分类;日本严格按照大陆法系的分类方法,将法规分为刑法、行政法、民法、商法等。这些分类方法对我们不无借鉴之处,但不能照搬,而应该从我国的实际情况出发,找出科学分类的标准。

经济法规的分类标准,可以从法规的经济内容和法规的形式两方面确立。从法规的经济内容来看,可以有六个分类标准:

(1)从再生产的过程确定分类标准,即按照经济法规所作用的再生产中的生产、分配、交换、消费的四个环节的不同的方面,将各个法规作出分类。因为这种分类中每个环节往往涉及几个部门法的内容,因此它是不同于部门法分类的一种新的分类方法。

(2) 从行业分工的特点确定分类标准,即按照经济法规对各个行业的规定进行分类。目前计划、统计部门将行业划分为工业、建筑、农林、水利、交通邮电、商业、城市公用事业、科学研究、文教卫生、金融、国家机关等。其中工业又分为冶金、电力、燃料、化工、机械、建材、森林、食品、纺织、造纸及文教用品、其他工业。税收部门的工商税标准将工业划分为 30 个行业,计有煤炭工业,石油工业,电力工业,采矿工业,冶金工业,机械工业,电讯器材工业,化学工业,制药工业,橡胶制品工业,建材工业,森林采伐工业,纺织印染工业,皮革皮毛工业,玻璃制品工业,陶瓷工业,搪瓷铝制品工业,造纸工业,印刷工业,文教用品工业,日用机械工业,日用化学工业,粮、烟、酒、油脂工业,制盐业,食品工业,鞭炮焰火,其他工业。在各个行业中都存在着一些经济法规,而且鉴于经济体制改革中将大力加强行业管理,国务院颁行的行政法规及国务院各部委颁行的行政措施和规章,今后将主要针对各个行业发生作用,因而依行业的分类而划分法规的方法,也不失为一种划分标准。

(3) 按国民经济部门的分类确定标准,即按照经济法规作用的不同的国民经济各部门将经济法规进行分类。目前,世界上国民经济部门分类有两个体系,一个是以美国、日本等发达资本主义国家为代表,或称西方分类体系;一个是苏联和东欧国家使用的"国民经济部门分类",或称东方分类体系。在东方分类体系中,将国民经济各部门分为物质生产部门和非物质生产部门两大类。我国现行的国民经济部门分类亦属东方分类体系,它包括十大部门,计有工业部门,建筑业和资源勘探部门,农、林、水利和气象部门,交通运输和邮电部门,商业、饮食业、服务业和物资供应部门,城市公用事业部门,科学研究部门,文教卫生和社会福利部门,金融部门,国家机关和人民团体。由于在这种分类方法中,有些界限也不十分清楚。例如农村社队办工业,从生产性质和生产条件上说,都是工业,但是社队工业一般都划在农业部门;再如工业与商业、工业与建筑业界限也难划分,这就必然影响法规的分类。但是,由于这种分类方法容易照顾到法规所作用的不同的经济领域的特点,因而是一种可行的分类方法。

(4) 从经济活动的性质和内容确定分类标准,也就是将经济活动划分为经济管理活动、物资协作活动、劳务服务活动、开发利用自然资源等活动,从而将各类活动所涉及的有关法规进行分类。由于法律规范在调整不同的社会关系时是通过直接作用于人们的活动表现出来的,所以依经济活动来分类,可以发现作用于不同经济活动的法规的特点。

（5）从经济活动的主体区别确定分类标准。即按照经济法规对国家机关、国营企业、集体企业、公民等作出的不同规定进行分类。经济活动的主体是多种多样的,以国营企业为例,可以分为工矿企业、建筑企业、交通运输企业、商业企业、农林企业、联合企业（公司）、物资部门、银行组织等。经济法规在明确不同的主体的权利义务关系时,也具有不同的内容,因而也可以从主体上对经济法规进行分类。

（6）按照法规制定和颁布的机关分类。可以分为法律、行政法规、行政措施和规章、地方性法规。在行政法规、行政措施和规章中,可以依照我国行政机关的设置进行分类。目前国务院各部委45个,直属局16个。其中属于工业、交通的部委(不含军工部门和综合部门)有煤炭、石油、水电、冶金、化工、机械、电子、纺织、轻工、林业、铁道、交通、邮电。直属局3个,有建材、医药、民航。各部委都先后颁行了大量法规,难以依颁布的机关不同对这些法规进行分类。但是,由于目前正在进行机构改革,随着政企分立,许多行政机构转变为经济组织,因而行政机构也将发生重大变化。

除以上各种分类方法以外,还有一种国务院公报式的分类方法,它照顾了法规的内容和特点以及法规在不同经济部门的数量。共分为民族、公安、民政、司法、农业、林业、水利、水产、工业、基本建设、城市建设、环境保护、能源、财政、税务、金融、对外贸易、外贸管理、商业、供销、粮食、工商管理、科学、文化、教育、卫生、体育、劳动人事、物资、物价、统计、标准、计量、测绘等部门,这种方法也有其存在的价值。

我们列举以上各种经济法规的分类方法,认为它们各有侧重,各有长处,在汇编法规时可以加以考虑。我个人认为,如从法学研究的角度出发,汇编法规似以采用法律部门划分的标准为宜。根据各个经济法规调整的各种不同的社会关系,分别划分为行政的、民事的、劳动的、财政的、土地的法规。因为采用这种划分的标准能够正确地揭示出各种法规内在的运动规律,既便于法律的运用,又有助于教学与研究的发展。所以,在庞大的经济法规群中，涉及财产所有权、企业的法律地位、买卖、供应、承揽、租赁、借贷、运送、保管、保险、结算以及票据、商标、专利等方面的法规，应属于民事法规；涉及国民经济管理体制问题及国家机关在管理、监督、调节、组织国民经济活动中的各项关系的问题，都属于行政性的法规；凡涉及货币和资金的分配、税收的征纳和减免等财政方面的问题，属于财政法规；凡涉及劳动安全、劳动保护、劳动报酬、劳动纪律、劳动保险等方面的问题，应作为劳动法规；凡涉及土地的管理与征用等方面的问题，属于土地法规。这样，使现有的经济法规系统化的结构，与我国法律体系的结构相一致，从而有利于我国法律体系的和谐一致、协调发展。

从目前我国经济立法的情况来看，民事法规较之于庞大的行政性经济法规，在数量上还不成比例。但是随着经济体制改革的发展，民事立法必将大力加强，从而使立法数量上的差别缩小。由于考虑到目前现行的行政性法规在数量上比较多，在整个经济法规中占有较大的比重，因此，可以参考上述各种分类方法，将行政性的法规再分门别类。但是在将行政性的法规作出分类时，应注意以下几个方面的问题：

第一，要考虑立法的数量和规模。如果某一经济领域中颁行的法规甚少，就可以和其他领域的法规合并。比如在标准化制度方面，我国现行国家标准3500个，部标准18000个，按照我国目前的情况，至少需要国家标准10000个左右，这就应该考虑把标准化制度作为一个类别，与其他类别的法规在数量上保持平衡。

第二，应考虑到法规的从属性，即法规之间的"母子"关系。比如关于市场管理的法规，由全国人大、国务院发布的有59个，国务院有关部局下发的有42个。再如经济合同法颁布以后，就有一批仲裁条例、管理条例问世。这些法规之间具有等级隶属性，这种区别自应考虑。

第三，应考虑到法规颁布的日期。也就是应注意按照法规颁行的先后顺序进行汇编。当然时间顺序只适用于同一类别的法规，不同类别的法规不宜考虑法规颁行的日期。

总之，对于庞大的经济法规实行系统化的任何方案都不可能是最完美的、一劳永逸的。法规的整理和汇编工作将是一项长期的任务。经济法规的数量总是在不断增加,这就需要进行经常的法规清理和汇编工作,从清理法规入手,更有助于新法规的起草工作。所以,探讨经济法规系统化的途径,也是摆在我们理论工作者面前的一项长期的任务。

(三)按综合调整原则建立起来的经济法学体系

经济法学是一门独立的学科。由于经济法规的内容实际上只是基本法的丰富和发展,长期以来,总是把它们肢解开来并分别纳入到相应的部门法中,作为部门法的内容来加以研究,这对于丰富部门法的内容、发展部门法的理论是正确的、必要的。但是,没有对经济法规的总体作系统化的研究,则是不正确的。胡耀邦同志在党的十二大报告中指出:"必须加强经济科学和管理科学的研究和应用,不断提高国民经济的计划、管理水平和企业事业的经营管理水平。"在经济法规对于经济建设的作用日益重要的情况下,努力发展经济法这门新兴的、应用性极强的学科,加强对经济法规的总体研究,是我们法学工作者肩负的一项重要任务。

经济法学的研究和方向是什么?应该建立怎样的科学体系,还需要我们不断努力探索。有的同志认为,经济法学是20世纪70年代在法学园地上破土而出的一株新苗,我同意这种看法。我们之所以要繁荣和发展这门学科,也就是因为它是一株新苗,具有旺盛的生命力。那么经济法学新在哪里呢?如果像西方学者那样把它作为统制经济法、经济行政法或社会法等学科加以研究,或像南斯拉夫学者把它作为商法研究,或苏联某些学者把它作为经济行政法来研究,或像国内有些同志把它作为民法学与部门经济管理学的结合加以研究,经济法学也就没有在原有的法律学科中脱颖而出,亦无新意可言。我个人认为,经济法学的新颖性,就在于它是以研究经济法规综合运用各个基本法的手段和方法而作用于具体的经济领域的规律为任务,从而决定了它具有独立于原有学科的特殊内容。

把经济法学的任务确定为研究综合调整的规律,并不意味着经济法学并不涉及到部门法的内容。这门学科要运用部门法的原理和原则,但主要是研究以作用于具体的经济领域中的各种社会关系的经济法规表现出来的。研究综合调整的规律,也并不是意味着这门学科不承担解释法律的任务。法学是一门技术性很强的学科,法学都必须解释现行法,但是这门学科并不需要、也不可能对经济法规逐一解释。政法院系的学生需要理解和掌握的并不是繁杂的条文,而是条文内在的规律性,是经济科学分析归纳并总结的法学知识。掌握了这些知识,学生就能够举一反三,准确地理解法规的内容和特征,理解法规的精神实质和作用,同时也便于应用和遵守。

确立了经济法学研究经济法规的综合调整的规律的任务,就明确了建立经济法学体系的前提和出发点。我们在前面已经阐明了依综合调整原则建立的立法体系,经济法学体系也是按这一原则建立起来的,但它已不仅仅局限于为经济立法服务,而要为法律的适用和法学教育和研究服务,为经济法规系统化服务。这就需要我们运用马克思主义的观点和方法,在全面的、相互联系的运动中对大量的经济法规作定性分析,然后根据它们作用于不同的经济领域的特点归纳,找出它们的质的规定性,抽象出一般的理论,从而建立起科学的经济法学体系。

从我国的经济立法和经济条件出发,我想就经济法学体系提出如下初步设想:

(1) 计划关系的法律调整。计划体制和计划管理,如何运用经济调节手段辅助计划方法,关于计划的制订、执行、监督、检查的程序,计划机构的职责以及违反计划的法律责任等。

(2) 经济组织的法律地位的确认。经济组织具备什么条件才能享有法人资格,法律对于各类经济组织的权利能力和行为能力的规定。如何采取行政法的监督措施,包括资产和负债监督、清产还债监督、企业登记监督、职能监督、货币监督、市场监督等保障国家对经济组织的微观活动的宏观控制。

(3) 经济组织的法定权限,即对于人财物、产供销的经营管理权限。法律对于企业享有的各类权限的规定,根据法律规定企业对国家应尽的义务。扩大企业自主权以后,如何既保证国家计划的指导,又能充分发挥企业的积极性和创造性。

(4) 经济组织之间的协作关系的法律调整。计划原则和合同自由原则对合同制度的指导,经济的计划性和市场性对合同的影响,合同如何成为落实计划、组织生产和销售的有效的法律形式。

（5）物价、结算、信贷的法律调整。物价管理体制的法律规定。价格形式和对物价的行政监督、合同监督措施。合同制度在结算、信贷关系中的作用，法律对于结算、信贷关系的规定，银行对于经济活动的货币监督以及票据和有价证券制度，商品流通的监督管理措施。

（6）基本建设关系的法律调整。基本建筑管理体制的法律规定。基本建设计划、基本建设程序、承揽合同、基本建设的国家监督的法律规定。建筑业实行投资包干和招标承包制、基本建设改财政拨款为银行贷款后引起的法律问题。

（7）流通领域的法律调整。流通体制的法律规定。产品流通中的采购、批发、零售、代理、居间行纪、仓储保管等法律规定。民法对交换关系的法律调整以及行政法在市场监督、管理方面的规定等。

（8）运输关系的法律调整。关于运输组织、运输计划、运输合同等规定。

（9）提高产品质量的法律规定。产品质量的归口管理。标准化制度、许可证制度、合同制度、价格制度、信贷制度、行政监督和检查制度在提高产品质量方面的应用以及它们的相互联系。

（10）资源能源的开发和利用的法律规定。法律对于属于国家和集体所有的自然资源的确认。各种法律方法对自然资源的保护以及对开发、利用自然资源中的各种关系的调整。

（11）个体经济的法律规定。法律对个体经济性质的认定。城乡个体工商业者享有的主体资格。民法对私有财产权的保护，行政管理制度对个体经济的指导、帮助和监督。

（12）发展科学技术的法律规定。科研管理体制的法律规定。发明权、发现权和合理化建议权的法律奖励和保护措施。科学技术成果有偿转让以及应用的法律保护。在发展科学技术方面的其他法律问题。

（13）涉外经济关系的法律调整。

（14）经济违法行为的法律制裁。经济违法行为的性质和种类、法律制裁的形式和条件、各种法律制裁的相互联系和衔接等。

（15）诉讼及仲裁程序。

以上所列各点,不过是试图说明现阶段经济法学的基本领域。事实上,经济法学所要研究的内容远不止于此。经济现象是纷纭复杂的,经济法规是丰富生动的,经济法学的领域也是十分广阔的。就法学体系而言,经济法学的课程应该是在民法、行政法、劳动法、财政法等基本法律课程讲授完以后再讲。如果是在法律系以外的系开设,不讲上述基本法律课程,就应该在讲经济法课程以前,先用一定时间讲授有关法律知识和有关基本法的内容,因为只有掌握了上述基本法的知识,才能进一步学好经济法学课程。

就经济法学课程而言,它不应该重复基本法律学科的内容。现在的一些经济法学教材的体例编排重复内容太多。有的同志指出这种体系的特征是,总论有滑向民法学的趋势,分论有滑向部门经济管理学的趋势。这就是说,在总论中把民法总论已经固定的概念、原理、制度、手段等,采取"戴帽"办法移植过来。例如,民事权利主体改为经济法主体,民事法律行为改为经济法律行为,法人制度改为经济法人制度,时效制度改为经济时效制度。甚至有人提出了经济所有权的概念。特别是关于合同制度的问题,民法全面地讲解了合同制度,经济法又要把经济合同重新讲一遍。这已经不是课程之间的交叉了,而是一种简单的重复。在分则中,由于阐述经济法规不够,使分则部分法味不浓,类似于部门经济管理学。这又和经济管理各系的课程发生矛盾。此外,在经济法课程中,把行政法、劳动法、财政法等内容都塞进来,与其他学科也发生矛盾。这对于教员和学生来说,都是一种时间和精力的浪费。它不仅使经济法学很难自成体系,而且在效果上,阻碍了这门学科的自身发展,也妨碍了其他学科的教学与研究,对于整个法学体系来说都是不利的。所以,我认为强调经济法学的教学与研究的重要性,必须在体系上另辟蹊径,开拓出一条新路来,才能真正建立起科学的、具有独立内容的经济法学体系。

(四)建立学科经济法体系,有助于完善经济法制建设,更好地为法学教育服务

建立学科经济法体系,目的是要探讨经济法规相互运动的规律,为我国经济法制建设和法学教育服务。正如列宁所指出的:"要真正的认识事物,就必须把握、研究它的一切方面、一切联系和'中介'。"建立经济法体系,必须要考察经济法规的总体,解剖单个的经济法规,并寻找它们相互运动的规律。由于经济法规调整的经济领域,包含有各类经济关系和多种经济规律的运动,同时,社会关系的互相交错也对经济法规的综合运动产生了影响,因此经济法规总是处于相互联系之中,这些互相影响、互相作用的经济法规,正是学科经济法体系建立的基础。恩格斯曾经预言,建立各个知识领域的互相间的正确联系,是自然科学发展的不可避免的现象。经济法体系和部门法体系彼此间也是互相联系的。我们在第二部分分析了经济法规与基本法的相互运动的形式,在这一部分我们着重指出了经济法规彼此间的联系形式,从中可以发现,部门法体系既是现存的经济法规系统化的体系,同时也是建立经济立法体系和经济法学体系的重要前提和基础。

法学是一门实践性很强的学科。它要正确解释法律从而使法律得到准确运用,建立部门法学体系就是要解释部门法的立法,为法律的适用服务;而学科经济法体系并不在于条文的释义,而在于使立法、现存的法规完善化、系统化,从而使经济法规得到正确的适用。建立这门体系,可以使司法人员得到系统的经济法规知识。司法过程本身是综合适用各个法律的过程,一个审判人员处理每一个案件可以不涉及各种类别的法律,但是对这些法律不能不懂。只有了解了"法律大全",才能够正确地处理好各种案件。一个行政管理人员也是如此。由于我国行政机关既是经济法规的立法者,也是经济法规的执法者,同时也是经济纠纷的调解者、仲裁者,这样行政管理人员必须要有系统的法律知识,才能够在执行行政职务时,遵循法律,准确地适用法律。

法学要为立法提供正确的、可行的方案。部门法学体系就是要从复杂的经济关系中抽象出一般的法律原则,并说明这些原则彼此间的逻辑联系,从而为立法服务。而经济法则是要研究这些原则在具体的经济领域中如何综合应用的规律,从而为经济立法提供可行的方案。它要求我们的经济立法首先要有总体的方案,同时在某一领域中要注意多种法律方法和手段的运用,考虑到各个法规之间的相互联系和影响,以避免法规之间的重复和矛盾。法学也是为法学教育服务的。部门法学体系将给学生提供调整同类社会关系的部门法知识,而经济法体系则要给学生提供综合调整各类社会关系的经济法规的总体知识,使学生能够触类旁通、举一反三,更好地领会经济法规的精神。

总之,经济法是一门原有的部门法学所无法包括的新型学科。建立这门学科,将为我国经济立法提供可行的方向,为我国司法提供服务的手段,为我国法学教育开辟广阔的前景。

运用法律手段管理经济是我国经济建设的迫切需要,也是我国经济体制改革发展的必然趋势。但是,完善我国经济法制建设,必须要有正确的经济法理论指导。从马克思主义观点出发,理论来源于实践,但是又指导和服务于实践。所以,某个理论的选择,必将影响立法、司法和法学教育的实践。鉴于我国"六五"计划的文本已将经济法理论列入其中,可见在当前大力加强经济法理论的研究,是时代赋予我国法学工作者的一项重要任务。

近几年来,我国法学界对经济法问题展开了热烈的讨论。这是十分必要的,它必将有助于我国经济立法的实践,并推动我国整个法学领域的发展。当然,就目前而言,经济法仍是一个尚待探索的领域,有许多问题需要我们去研究和认识。由于经济法是一片尚待开发的广阔原野,因而关于经济法理论的许多问题,并不是某种观点、某篇文章所能解决的。本文仅就在基本法原则指导下的经济法规的相互运动规律,作了初步的探讨。观点是耶非耶,尚待实践的检验。但是,即使是失败之作,也希望它是引玉之砖,对推动经济法理论的研究起到些微的作用。我相信,只要我们在四项基本原则的正确路线指导下,贯彻"双百"方针,坚持从实践出发,就一定能够开创我国经济法理论研究的新局面,建立起科学的、具有中国特色的经济法理论,为经济法制建设作出贡献。

第五讲　民事法律关系

一、民事法律关系的概述

民事法律关系在民法的各个部分都会涉及,民法各部分的内容都是从不同的角度或不同的表现形式上阐述民事法律关系的。

民事法律关系是一种社会关系。在社会的现实生活中,人们(包括公民和法人)之间随时都发生着大量的具体的社会关系。这些社会关系的某些部分如果被民法调整,应使这些关系具有民事法律关系的性质,从而上升为权利义务关系。所以恩格斯说:"为了取得法律的确认,经济事实在每一个别场合下都得采取法律关系的形式(见《费尔巴哈与德国古典哲学的终结》)。"任何产生法律关系的现象的事实,就是法律事实,如买卖合同的签订、损害赔偿的发生等等,法律事实的问题以下还要提到。因此,民事法律关系可以这样表述:基于法律事实而产生的民事权利义务关系就是民事法律关系。

从认识问题的方法看,民事法律关系是人与人之间的关系。某些旧的法律书籍常常认为:所有权就是人对物的支配权和管理权,这种提法是不正确的,它混淆了所有权作为一个法律制度的基本属性。所有权就是人与人之间因占有物而发生的法律关系。它是所有制在法律上的反映,因而体现的是人与人的关系,而不是人与物的关系。

民事法律关系是国家强制力保证其实施的社会关系,这容易理解。民事法律关系与一些道德关系是不同的,不能混淆。纯属道德规范的东西就不能用法律的强制方法保证其实现,这不仅不利于社会秩序的稳定,而且还有损于道德规范本身。如果当事人之间构成民事法律关系,义务人一方不履行义务,就会使对方在权益上受到侵害,这样,权利人就有权请求法院通过民事诉讼以强制力保证权利人的合法权利得以实现。也应看到社会主义法与道德是一致的,法律标准与道德标准并不矛盾,不过是性质不同,采取的手段不同罢了。我国社会主义的法应该反映社会主义道德的精神面貌,但本身并不是道德规范。

还须明确:民事法律关系实际上就是通过民法规范建立起来的社会法律秩序。这种法律秩序具有与其他法律秩序不同的地方,就是具有平等有偿、自愿、互利的性质,为什么会具有这种性质呢?就是因为民法的特点在于它有很多(但不是全部)任意性的规范。根据这些任意性规范,当事人就某种权利义务达成协议,这就可以使当事人充分讨论和协商,发挥当事人的主动性和积极性,因地制宜地把经济搞活。另外,还因为民事法律规范多为指导性规范,即指导当事人间如何建立这种民事法律关系,并通过这种关系达到某种目的。所以,通过加强民事立法,促进社会主义建设的发展,保证国家实现现代化建设是很有积极意义的。

综上所述,可以看出,民事法律并不是一个软弱无力的东西。有人认为,民法是一个可有可无的东西,没有什么威力。这种看法是极其错误的。在我看来,今后我国法律科学的发展,主要依靠民事法律科学的研究,它将对加强我国法制起到重要的作用。当然,这并不否认其他法律部门的作用。但我认为:民法是直接反映经济生活的,带有某种积极的因素。而其他法律则不能与民法有同等的属性。就刑法来说,刑法是禁止性的东西,而民法多为疏导性的东西,刑法多为强制性规范,而民法多为任意性规范,任意性规范往往就给当事人按正常的经济关系实现自己的自由意志,个人意志在法律上给予充分体现的机会,从而可以发挥自己的创造性。显然,刑法是没有这个属性的。因此,刑法是维护经济建设的,民法是促进经济建设的。所以,我们应该充分看到民法的积极性和主导性。当然,各个法律部门都有自己的作用,不能轻视其发展,民法也不能脱离其他法律而发展。但民法在国民经济中所起的重要作用是不可忽视的。可以预料,今后民法的研究和著述将会有个很大的增长,须要把更多的精力投入到民法的研究中去。

二、法律事实

法律事实,实际上就是指民事法律事实。我考虑为什么苏联教科书和西方国家的一些法学著作,都叫法律事实而不叫民事法律事实?我觉得这是因为在历史上民法比较重要的原因。许多法律术语就生于民法,由民法导生出来。后来随着法律部门的划分,又建立了其他的法律体系,但原来所采用的法律术语却延续了下来。如法律行为这个概念，也是这样，原来本指民事法律行为，后来，法律部门划分的结果，法的理论不断发展，法律行为的概念就扩展成为包括一切需负法律后果的行为。

法律事实就是指能在当事人间引起民事法律关系的那种客观现象。这种客观现象能引起民事法律关系的产生、变更和消灭。我们知道，只有法律规范并不能产生法律关系，法律规范不能在当事人间引起具体的、生动的现实的权利义务关系。这就需要法律事实。讲到这里，有两个概念需弄清楚，即客观权利和主观权利的问题。有人不同意所谓客观权利和主观权利之分。我认为有这个必要。为什么只有民事法律规范还不能引起当事人的权利义务关系？这是因为法律规范只是反映客观权利，显然不是当事人间直接享有的那种权利。这种直接享有的权利是主观权利，没有客观权利就无所谓主观权利。没有客观权利的规定，法律事实也就无从谈起；没有法律规范，法律事实也就产生不了。法律事实就是法律规范把某些事实同一定的法律后果联系起来的事实。只有既有法律规范又有法律事实，才能在当事人间建立起具体的民事权利义务关系。可见这两个概念要搞清楚。

关于主观上民事权利和客观上民事权利这两个名词，有区别的必要。当我们讲到法律事实时，我们可以看到确实有区别。

研究法律规范时，法律规范规定了某些权利，这些权利只是在规范上作出规定，只是说当事人有可能享有这种权利，并不是说这些权利在当事人身上已经直接、具体地享有了。从这一角度来考虑，就是客观权利。如果通过法律事实，当事人已经实际上拥有某些权利，我们就叫主观权利。这种权利从本质上、性质上与客观权利有某些区别。比如，主观权利可以抛弃，某人欠我的钱，我不要了，客观权利不具有这种属性；主观权利经过一段时间不去行使，它可能丧失掉，如我国民法可能规定诉讼时效，而客观权利就不具备这种属性。我们讲的法律事实主要是从主观权利角度来讲的。显然，主观权利可以作为诉讼标的，某人欠我的钱不还，侵犯了我的主观权利，通过诉讼，我可以告他，以满足我权利上的需要，客观权利就不具有这个属性。所以研究民事法律关系时，主观权利与客观权利确实代表了两个不同的东西。有时候，我们看法典上有著作权，可能是主观的，也可能是客观的，就要根据上下文,看具体情况而言。坚金·勃拉图西的著作里就有这两个名称。1978年俄文版民法书也有这两个词,有人不承认,主张翻译成一个权利,这是不对的。

　　法律事实引起民事法律关系产生、变更和消灭,有哪些法律后果呢?签订合同就是一个法律事实,合同一签订就会给当事人带来权利义务的法律后果。侵权行为也是法律事实,可能产生一个债务关系,加害人是债务人,受害人是债权人,这是典型的法律事实。法律事实可以引起民事法律关系变更,可以从主体上变更,如所有权转让,这个东西归张三,通过合同转让给李四,这是物的主体变化,法律事实还可以引起债权主体的变化,例如有价证券也可以转让,这是债权转让;法律事实还可以引起客体上变更,客体上的变更是指债的部分清偿,如我欠你150元钱,还了50元钱,客体就减少了,某种买卖合同不履行,就引起解除合同、赔偿损失的后果,这是由于某种事实一出现,原来的买卖合同是支付标的物的关系,变成了支付赔偿金的义务。法律事实还可以引起民事法律关系的消灭。消灭有绝对消灭和相对消灭。从绝对消灭看,例如债的清偿,债务关系由于债务人清偿而消灭。从物权角度看,某个物被消灭了,是绝对消灭,如物质资料被消耗掉了,它原有的所有权就绝对消灭了。相对消灭是一方当事人权利的消灭而引起他方权利的产生,这种情况实质上我们也可理解为主体的变更,也可以理解为民事法律关系的变更,这些例子,本身没有意义,目的是告诉我们法律事实一经产生就可能引起民事法律关系的产生、变更和消灭。法律事实产生能生成某种民事法律后果,这种后果表现形式多种多样。法律事实既然是引起种种法律后果的社会现象,那么这种社会现象是怎样表现的呢?这些现象是什么样的形式呢?我们把它分成两种类型,两种形式:

　　(1)事件。事件是与人的意志没有关系的客观现象或自然现象,这种客观现象如果由法律规范把它同某种民事后果联系起来,就成为法律事实,或者这个场合,或者那个场合,把它与法律后果联系起来,这就是法律事实。例如自然灾害的产生,可以引起赔偿保险金的义务的产生,火灾把船给烧了,风暴把船给吹翻了,根据保险合同的法律规定,在这种场合下,保险公司就要支付保险金。自然现象或自然灾害也可能引起这样的后果,如免除债务不履行的责任。债务不履行要承担不履行责任,但由于自然灾害的发生,导致债务人不可能及时地履行债务,在这样的场合下,合同法规定,这种债务不履行是由于不可抗力的自然灾害造成的,因此可以免除责任。这也是一种民事法律后果。又如时间的经过、推移,这也是不以人的意志为转移的,也会产生法律后果。如一个借贷合同规定到 5 月 1 日开始偿还,没有到 5 月 1 日,请求权就没有发生,虽然他是债权人,也无请求权。时间经过还可以引起民事法律关系的消灭。如人的死亡,也是自然现象,因人的死亡可以引起保险公司对人身保险的赔偿责任。在继承法中,人的死亡发生是遗产继承关系的开始。举这些例子是说明,自然现象、时间过程、自然灾害等等都是一种不依人们意志为转移的客观现象。这种客观现象与一定的法律后果相联系就是法律事件。法律事件是法律事实的一种。

(2)人的行为。除了自然现象,人的行为也可以作为法律事实的一种表现。人的行为分两种情况,一种是有意识的活动,如签订合同、立遗嘱都是一种有意识的人的行为,这是一种法律事实。还有没有积极意识的活动,用他的行为来产生法律后果,如侵权行为。前两种例子如订合同是为了取得某种财产,立遗嘱是为处理自己的财产,后一种情况,就没有这种意思,没有什么主观想法,但却是一种侵权行为,不加小心,疏忽大意,造成了他人财产、人身的损失,引起一定的民事法律后果。从产生法律后果的行为来看,还可以从积极行为和消极行为来加以区别:① 积极行为即作为,是指积极主动地去做这件事,如订合同、立遗嘱都是积极行为,甚至还包括无意识的积极行为,如侵权行为。② 消极行为是指不行为,他并不积极地行动,而是以一种沉默的姿态出现,这种消极行为,有时候也把它与某种民事法律后果联系起来,这种情况也是法律事实。例如,指定应该做的事情而不做,这也是引起赔偿责任的行为。还有,法律规定,如果接到通知却表示沉默,就视为同意了,接受了,这是消极行为构成的法律事实。

法律事实,可以分为事件和行为两大类,另外,研究我国民法,法院的判决也是法律事实。因为它也可以产生法律后果,这一点上不要忽视。一般行政行为也可能产生民事后果,行政行为在某种场合下可以产生所有权的转移,如无偿调拨,把一个企业的房子拨给另一个企业,这就可以产生所有权、管理权转移的问题,即权利主体变更了,行政行为可以是指示、命令、决议等等,在不同场合下可以引起民事法律后果来,以作为人的行为来研究法律事实是广泛的。

在社会实践生活中,法律事实往往是几个法律事实一起,共同引起一个法律后果,这种情况,我们称之为事实构成。最典型的是借贷关系。甲乙双方发生一个借贷关系,将产生一个实践合同,双方当事人在建立借贷关系之前,不仅仅是当事人双方达成协议,还要交付贷款,两个行为加在一起才能成立。一个民事法律关系如果双方达成协议,法律关系并没有成立,要成立,就必须交付贷款,从交付贷款开始,合同才成立。大量的民事法律关系的产生都是事实构成,如立遗嘱,是法律事实。但法律关系并没有发生,要发生就要等立遗嘱人死亡,立遗嘱人死了,遗嘱继承关系才成立,人死亡和立遗嘱的行为,都是不可缺少的。另外,再加上接受继承,如不接受,也不成立。因而研究法律事实,是从法律事实概念单个地说,分析说明法律事实是什么。当然一个法律事实也可以引起民事后果,但要知道生活往往是几个法律事实引起一个或一系列法律后果,我们就称为事实构成,这些法律事实就构成一个整体。

三、民事法律关系的要素

民事法律关系有三个方面,主体、客体、内容。所有民事法律关系,必须包括这三个方面,因此我们也把它称为民事法律关系三要素,缺一不可。如果其中一个发生变化,民事法律关系本身也就发生了变化。

(1)主体是民事法律关系的参加者,也是民事法律关系中权利和义务的承担者,一般表现为公民或法人,民事法律关系主体除公民与法人外,还有国家,国家也可作为民事法律关系的主体。西方法律学者们主张国家是法人的一种,我们不这样看,国家是一个特殊的主体。

在民事法律关系中,享有权利一方称为权利主体,承担义务一方称为义务主体。在某些情况下,权利主体和义务主体都是单方面的,权利主体不承担义务,义务主体不享有权利,在个别合同中是存在这种情况的。等价有偿是民法的特点,但权利和义务并不强求一致,这是民事法律关系中具体合同造成的,并不违背原理。例如,借贷合同,我借贷给张三,合同成立,我就是权利人,张三是义务人,这个借贷合同我只享有权利,而张三只承担义务,因为我把钱给他,不是作为义务出现的,而是作为合同成立的条件。合同成立了,我是权利主体一方,而张三是义务主体一方,甚至本利还清,都是他的义务。另一方面,主体中某一方既是权利的承担者,又是义务的承担者,最典型、最常见的,如买卖合同,双方当事人的每一方既是权利人又是义务人,出卖人有义务把东西给对方,有权利从对方收取价金,买受人有权从对方取得产权,有义务支付价金,这叫双务有偿合同。在这里,习惯上把出售一方叫义务人,把买受方叫权利人,这是从买卖合同、转移所有权的角度来观察问题的。

从民事法律关系权利主体和义务主体的数额上看,也有单数和多数之分。这不妨碍民事法律关系的存在。如果弟兄二人将共同财产卖给一个合伙组织的合伙人,这就是多数人买了多数人的东西。当事人的数量可能双方都是多数,可能双方都是单数,可能只有一方是单数或多数,这没有什么决定意定。从当事人这个角度来看,在某些场合情况下,义务主体是特定的人,像债权关系。在某些场合上,义务主体是不特定的人,如所有权关系。从这些角度来看民事主体有什么内容,这些东西不过是后面的所有权、债权许多特点在民事法律关系主体中的反映,这样就可以对主体有比较全面的了解。

(2) 内容是指主体之间的权利义务。权利义务是民事法律关系内容的要素,什么是权利,什么是义务,要不要在内容中指出来?有各种各样的观点。有人说这就是权利义务关系,这就是民事法律关系的内容。这是说它不是一般的关系,是法律关系。一方享有权利,另一方承担义务,或者双方既是权利一方又是义务一方。权利和义务的具体内容,由客体解决。有人认为内容是指权利义务,好像所有民事法律关系内容都一样了,没有区别了。民事法律关系的内容本身就是权利义务,那么内容变化又从何说起呢?内容有没有实质上的东西?或者说只是抽象地规定双方的权利义务这样一种链条把双方束缚在一起呢?如果是这样,所有民事法律关系的权利义务都一样了,那还有什么意思呢?对于这个问题还没有一个令人信服的回答。

我觉得对这些问题不能作简单回答,要说仅仅是权利义务关系束缚起来,我认为不仅仅是这样,也应有某种含义,如内容指的是租赁、买卖,要把这些具体的东西放进去。如买卖合同,买卖某个东西,那就应有买卖的权利义务,这不是一般的权利义务,而是买卖的权利义务。权利和义务不能仅仅抽象地谈。所谓权利义务关系,是由法律确认的国家强制力保护的权利义务关系。这就是把民事法律关系同一切非法律上的权利义务关系的区别。

内容是指主体之间特定的权利和义务。比如信贷和借贷的权利义务内容就有所不同,买卖和租赁也不相同,可以说都是具体的关系。

权利和义务是两个不同的范畴。权利是一个广泛的多义词。我不从词义来讲,仅从民事法律关系的角度来谈。我觉得可以这样来表述,权利是双方之中的一方存在着实现某种意图,即某种利益、某种要求的可能性。义务是为了实现对方意图,满足对方要求,进行某种活动的必要性。前面说的是可能性,有这种趋势,后面指的是必要性。当然法律关系的可能性也好,必要性也好,都受法律上强制力的保护,实现特殊的必要性,如果不这样,法律就要加以干预。

民法上的权利义务关系是互相依存、互相联系的,凭借着权利义务关系把人与人的社会关系用法律形式表现出来了,并以国家强制力来保证实现。这种权利义务关系区别于其他关系,特别是区别于道德关系。权利义务关系是我们建立健全正常的社会经济秩序所不可缺少的。

(3)民事法律关系的第三个要素是客体。客体就是指民事权利义务所指向的事物。前面谈到民事权利义务内容不过是实现某种意图的可能性和必要性。不具体说明权利义务,权利义务就失去了目标,就要落空。比如说,只笼统地谈权利义务,怎么能够区分买卖关系和租赁关系呢?在买卖关系中买的是什么,卖的是什么,都不明确。又怎么确定当事人之间的权利义务呢?客体不明确,权利义务本身就不能存在。所以,客体是民事法律关系中不可缺少的因素。

民事关系在什么人之间发生,这是主体问题。双方当事人有什么权利义务,这是内容问题。权利义务指向什么利益,这是客体问题。这样好像民事法律关系中的一切问题都解决了。不是的,还没有完全解决。民事法律关系客体究竟是指什么？有几种不同的看法：

（1）认为民事法律关系的客体是物。我认为这种说法是针对所有权关系的，如果稍加扩展，也包括著作权。这种意见是把目标集中在所有权关系上，不能解释运输、承揽等合同关系。如运输一箱子衣服或者书籍，承运人在某种意义上只关心体积、重量和里程，而托运人最感兴趣的则是如何把他的东西安全地运到目的地。根本目的何在呢？如果说客体是书籍或衣服，显然不符合运输合同的本质属性。又比如，我们同清洁管理所订立合同，请他们派人来除垃圾，这个合同的目的是什么呢？是清洁环境。如果说是垃圾，就十分荒唐，因为它说不明白服务关系的性质。

（2）认为民事法律关系的客体，一方面是物，一方面是行为，物和行为。这种观点，实际上指的是债，债就是要求特定的人为一定行为或不为一定行为，是把行为当做客体。苏联学者捷尼索夫就是这个主张。把物和行为都作为民事法律关系的客体，就等于在总体概念上给民事法律关系设立了两种客体，没有一个统一的综合的、高度抽象的概念。就可能在一种场合下说客体是物，而在另一种场合下又说客体是行为，以致造成矛盾，在概念上并不周延。

（3）认为只有行为才是民事法律关系的客体，民事法律关系的内容就是为一定行为或不为一定行为。这种主张把民事法律关系的客体移到内容上了，通过民事权利来表述。苏联学者坚金、勃拉图西和我国各法律院校的教科书就持这种观点。这种观点也不能完满地说明民事法律关系的实质。因为行为如果不与一定的利益相结合，这种行为就可能降为一般的、没有法律意义的行动，就显得空乏无物。

以上三种意见都有这样那样的缺点。我们既然研究民事法律关系，就应该概括地、系统地来加以说明。这就迫使我们去另找出路，来回答民事法律关系的客体问题。传统的观念把标的、客体和目标三者混为一谈。我们应当把标的和客体区别开来，标的和客体不是一回事。

民事法律关系的客体是体现为一定物质利益的行为。它和一定的行为结合起来，才能成为民事法律关系的客体。比如茶缸，是一个客观事物，不是客体，但它可以作为标的。标的要和某项义务的行为结合起来，才能成为客体。在买卖合同中,出卖人交付出卖物和买受人支付价金的行为是买卖关系的客体。如果不这么来理解民事法律关系的客体,把买卖的缸子作为客体,买卖合同签订了,主体有了,内容有了,但物未交付,权利不及于该物,就不能实现当事人的利益。我要求的是交付物,要达到目的,必须把该物交给我。没有这些是不行的。在买卖关系中,我们把履行带有某种经济利益或某种实际效益的,权利人要求的那样的行为作为民事法律关系的客体,就比较容易说明问题。运输合同的客体就是托运人要求安全正点运输标的物的行为,是运送标的物的服务。又如擦玻璃的客体就是擦玻璃的行为。假如没有标的,也不能构成民事法律关系的客体。这样来说明要周全一些。对所有权关系,也同样可以做出比较合乎逻辑的解释。所有权的客体不单纯是物,而是任何人不得实施侵权的行为,不得妨碍所有人权利的行使。必须把物质利益和行为结合起来。债的关系也可以这样解释。这些解释可以使我们客观地认识民事法律关系的本质属性,在理论上系统地加以说明,不是一种抽象的概念游戏。

(4) 民事权利的分类。权利和义务本来是结合的。没有权利,就谈不上义务;没有义务,权利也就没有意义。为什么必须从权利的角度说明问题? 这是从历史传统上来的,形成了一个传统观念,这是原因之一。《法国民法典》主张公民的权利,具有反封建的性质,它主张公民的权利,突出权利,这是原因之二。当然,突出权利,不是说没有义务。人们谈到民事权利,实际上就是讲权利与义务的关系。所有权就是说的所有人与非所有人的权利义务关系,债权、著作权、发明权是人身权利,也是这个意思。习惯上这么用,并不改变义务的内容。是否可以改变提法? 我个人认为没有必要。因为这样对我们说明民事法律关系有很多方便之处,权利与义务相比,权利表现为主动方面,义务是被动的,但不是说义务人在民事活动中处于被动地位。权利可以抛弃,如张三欠我50元钱,我可以不要。但义务却不能抛弃。因此从权利方面看就全面了,从权利的角度出发可以更全面、更完满地反映民事法律关系。

民事权利包括民事义务,讨论民事权利的种类可以进一步深入了解民事法律关系的本质特征。

财产权和人身权。先说财产权,财产权是具有一定物质内容的直接体现某种经济利益的权利。这跟民法调整对象和社会法律关系的本质属性相一致,财产权又分为所有权和债权。

所有权是指主体占有、使用、处分物质财富的权利。这种权利很可能受到他人的侵犯,侵犯的人是多方面的,侵犯的方式是不同的。比如说非法强占、抢劫、放火、欠债不还、妨碍行使权利等。不过民法是从商品关系方面来规定的,是从正常的经营活动和协作方面来规定的,刑法则是强制的方法。民法调整的对象,是人与人之间的关系,它要求义务人不进行干预,义务的特点在于消极的不作为、不干预。债权和所有权有明显的不同,债权要求义务人履行一定的行为(包括不作为),以满足某种规定的利益。所有权的权利主体是特定的,义务主体是不特定的,因为任何人都可能侵犯。侵犯债权人的利益,只可能是债务人,但在特定的情况下也可能由第三人加以侵犯,但总的说来其他人是不可能侵犯的。这亦不能改变债务人特定化的本质属性。另外债权人如果实现债权,必须依靠债务人的积极行动,作为或不作为来满足债权人的要求。这一点就与所有权不同,所有权要求任何人不得干预,自己去实现。因此,一般概括为:所有权为物权,又叫对世权;债权是相对权,又叫对人权。这个用法并不科学,但过去的法学书籍都用这个术语。我们也可以用,不过要在特定的意义上用。西方国家的民法就是把物权与债权严格区别开来的。民法毕竟是一门业务课,是一门科学,必须保留自己的用语,它有它特殊的含义。有了共同的语言,就便于讨论。如说无行为能力人的行为能力问题,从字面看好像是毫无道理的,但在民法上它就有特定的含义。

人身权是与主体人身不能分离的没有财产内容的民事权利。如果细分,人身权还可以分为:人格权和身份权。人格权和身份权有些区别。人格权主要是指生命、健康、自由、肖像、姓名这一类权利。自然人一生下来法律就赋予人格权。但与此相对应的身份权不是人一生下来就有的,它只是因一定的身份而产生,由一定事件或行为造成的某种法律事实促成的。仅有出生的事实还不够,还要有某种行为。比如著作权就属于身份权,人刚生下来不能著作,待他有了创作活动、有了某种精神上的财富,就有了著作权。

发明权也是这样。

人格权和身份权共同的特点在于：第一，与人身不可分离，不能转让。如著作权就是这样，作者的名字不能继承、转让，转让了也是无效的。在有些西方国家，不分人格权和身份权，人身权利可以转让。如张三写了一部很好的作品，但他没有社会地位，不好发表，没有条件去出版，而李四有社会地位，他就可以买去，其著作权与姓名权都同时转让给李四。在我国不承认这种转让的有效性，人身权利的本质属性就是不能转让，自己抛弃也不行，法律也不承认其有效性。第二，没有财产内容。这种权利不能用货币来衡量，没有直接的价值，是人类共同的精神财富。出版商给作者以一定的报酬、奖励，作者对报酬的取得，是基于劳动关系，不能完全用商品关系来衡量，其价值的大小不能用等价物来体现。

苏联民法科学对我国有很大的影响。很多人知道苏联把人身权称为人身非财产权或与财产相联系的人身权。他们一直承认财产关系是人与人之间的关系，不是人与物的关系；人身关系当然是人与人之间的关系了。一切民事法律关系都是人与人的关系，对人身关系如果不加一个"人身非财产权"，就会与前者相混淆。这个提法好不好是另一回事，但其来源就是这样的。

（5）民事权利的保护。民事权利和其他法律所确认的权利一样，都要受到国家法律的保护。民事权利的保护归根到底是通过民事诉讼程序来实现的，这是对民事权利最可靠的保护。在我国实行生产资料公有制，使各种权利义务关系基本上一致，当事人双方没有对抗性的矛盾。在通常情况下，民事权利义务关系发生矛盾时，双方就按照法律的规定或合同的约定，自己来解决，不需要通过诉讼程序。特别是在今天法律观念普遍增强，绝大多数的纠纷可以在当事人之间自觉自愿的解决。我们每时每刻都在发生着民事法律关系，民法调整这些关系一般不通过诉讼程序。但不能说发生了矛盾都要当事人自己解决，有些民事法律关系发生争执，双方当事人相持不下，权利人认为有损其权利，就可以通过诉讼的办法，通过法院和仲裁机构加以解决，用司法执行的办法满足当事人的要求。

说点题外的话。民法不同于刑法，民事纠纷不需要事事通过法院，事事通过诉讼。因为民法是指导性的规范,调整正常的社会关系。刑法在很多情况下是调整不正常的社会关系,不能私下和解,私了人命是不行的。工业、农业的管理者如厂长、经理、银行信贷、交通运输以及社会上许多与经济有关系的人都要了解民法的指导性规定,广大群众也要明确这方面的东西。一个人可以一辈子不涉及刑事法律规范,而一个人一生必然反复多次地涉及民事法律规范。所以研究民法很重要,它有广泛的基础,法哲学、法学原理都从民法中得到发展。

当民事权利受到侵犯时,可以向法院起诉,请求国家保护,这叫做诉权。诉权是民事主体一项根本的权利,任何人不得侵犯,不能剥夺,一个人生下来就有的,即使自己抛弃也是无效的。在"文革"期间,有些法院往往要当事人到生产队写介绍信才能起诉,否则不受理,这是侵犯当事人基本权利的。只要当事人提出诉讼就应该受理,至于胜诉败诉那是另外一回事。这是保护民事权利的出发点。民事权利受侵犯的方式是多种多样的,民事权利可能会受到多种形式的侵犯,所以当事人向法院起诉的目的和要求也是不同的。当事人向法院提起诉讼可分几个类型,这就是诉讼的种类:

第一种,给付之诉。给付之诉就是请求法院判处对方履行某种行为的诉讼。这种行为包括给付财物、支付金额、排除妨碍。排除妨碍不是给付,但给付之诉包括这个意思。给付之诉在诉讼中是广泛的,大量的,占绝大多数。

第二种,确认之诉。确认之诉是请求法院确认某种权利是否存在的诉讼。根据当事人所提供的事实,确认他和对方谁有这种权利。如两人争一间房子,就要确认房子的产权归谁所有。对财产权是这样,对人身权也是这样。比如甲乙两人之间的收养关系是否存在,可以确认。某一合同是否有效,也可以确认。

第三种,形成之诉。形成之诉就是请求法院通过判决使现有的某种权利和义务形成一种新的权利义务关系的诉讼。也就是变更、消灭某种权利义务关系。这种诉讼不同于确认之诉。比如某个合同已经签订,但当事人一方指出合同有重大缺陷,是受了诈欺或胁迫签订的,外观上合法,但本质上违背合同原理,就可以请求法院依法撤销这种合同。在房屋租赁关系中,若承租人不按合同规定使用房屋,用住房开工厂,房主就可以请求法院废止租赁合同。买卖合同因失去存在的价值,受害人一方可以请求法院判决解除合同。与人身有联系的关系,如失踪宣告,死亡宣告的撤销,也属于形成之诉的范围。

这三种诉讼不是孤立存在的,而是有联系的,内容交叉,但它们是独立存在的。不妨碍我们分别研究这三种民事权利的保护方法,通过诉讼程序保护各种各样的民事权利。这里提一个问题,希望大家去考虑。往往有人认为好像民事权利的保护与法院的组成有某种联系,这是不对的。法院有铁路法院、水上法院、军事法院、森林法院,法院内部设刑庭、民庭、经济庭,都是法院内部的分工。从民事诉讼的范围看,它们都可以受理民事诉讼案件。不能把民事权利的保护同法院的内部分工看成是一码事。民法是任意性的法律规范,民事权利义务发生不发生,权利行使不行使,抛弃不抛弃都可以自己决定,法律不加以干涉。如果抛弃权利就可以不起诉,当事人在一定范围内自己决定,对此法院不主动去审理这类案件,因为放弃自己的权利并不侵犯别人的利益,这一般指我国个人之间的财产关系。但要看到我国是社会主义国家,许多民事纠纷往往涉及社会的利益,即便我国不承认有公法和私法,但涉及国家利益的状况,特别是社会主义组织间带有强烈的公法性质的状况,是不能随意放弃的。我们主张检察机关和其他人都可以干预。应该把这一制度完善起来。

另外,财产权和人身权不仅受民法的保护,也受其他法律保护,如刑法、行政法、财政法的保护。不过保护的性质和手段不一样,各法按自己的方法来保护。民事法律关系是一个高度抽象的问题,要讨论它,排除它的内部矛盾,用它来指导我们的行动。

第六讲　公　　民

公民与民事法律关系是平行的标题。公民一词,在民法中,是指自然人。自然人这个字眼是相对于法人提出的,是指基于自然规律而出生的人,即享有民事权利主体资格的人。公民就是按自然规律而出生、享有主体资格的人。这个概念比较完整。我国民法中提到的公民就属于自然人。学者先提到自然人,后来基于民事主体集团的出现,就提出了法人的概念。我们说自然人,是从有没有权利主体的资格来谈的。因此,自然人不包括奴隶,自然人这个概念的本质属性是指权利主体。过去我们在教学过程中对它有所忽视,使得一些同学产生了错误的认识。笔者认为,自然人的正确概念是基于自然规律出生的、享有权利主体资格的人,不是泛指有鼻有眼的人。我们在民法中用的公民这个概念,公民就包括在自然人的范围内。他享有民事权利,享有中华人民共和国的国籍。自然人这个字眼在我国还是有用的,我国除了公民之外,主体还包括外国公民,也包括无国籍人。当然,我们这里的公民,是从民法角度来讲的,从另外的角度看,公民还可以是别的权利主体。一个公民还可以在政治上享有权利主体的资格,有选举权和被选举权,但这不是我们民法所要研究的。外国公民和无国籍人,不享有许多的政治权利,但不失其为民事权利主体的资格。不同法律规范所调整的结果,它的主体资格也不同。一个普遍公民,既是民事权利主体,也是政治权利主体,劳动权利主体,行政权利主体等等。民法不解决这些问题。民法只研究公民在民事法律关系上的权利能力和行为能力,对法人也是这样。

一、公民的民事权利能力

公民之所以是民事权利主体,是因为法律赋予他民事权利能力。什么是民事权利能力?民事权利能力不是民事权利本身,是享有民事权利的前提,指的是能够享有民事权利,承担民事义务的资格。也可以这么说,民事权利能力是民事法律上的人格。过去在讨论时,有人提出民事权利能力也是权利。讨论的结果是,大家认为权利能力和权利仍然要区别。如果说民事权利能力是一种权利,那么它就是享有民事权利的权利。民事权利能力不是民事权利,它们的区别在哪里呢?如果一个人享有民事权利能力,那么除法律特别规定外,法律在民事上所规定的一切权利,它都当然享有,不必一一说明。谁是公民,民法上所规定的公民权利,他都当然享有。民事权利指的是具体事物、具体权利,这是公民主观上的权利。而民事权利能力是客观上的权利。公民在权利能力上是相同的、平等的,但是公民的权利是不同的。而且有民事权利的人,不仅仅依现行有效的法律规定享有权利,就是今后或将来颁布的有关权利他也拥有,从这一点上,我们也可以看出权利能力和权利是有区别的。

自然人享有民事权利的资格,不是天赋的,也不像自然法所说的,人基于自然属性就应该享有权利。我们认为权利能力也是一定经济基础之上的上层建筑,也是法律给予的。在不同的社会制度下,人们的权利能力是不同的。譬如在奴隶社会,奴隶主享有一切权利,而奴隶却被看做物品,不属于权利主体,属于权利客体。在封建社会里,农奴和农奴主有人身依附关系,农民的权利能力也不同于地主阶级,农民的民事主体资格是不完备的。从家庭关系上看,在奴隶社会和封建社会,家父才享有充分的民事主体资格,妻子、子女都没有自己真正独立的财产,当然就没有独立的民事权利。我们这里所提的"家父"字眼,在罗马法里是家长的意思,长辈、尊亲属享有家长的权利。在资本主义社会里,是否公民都有全部的、平等的民事权利呢?西方国家虽然宣扬法律面前人人平等,但是如果生产资料掌握在少数人手里。那么这种所谓平等,是否可能是实质意义上的平等?还是像马克思主义揭露的形式上的平等?这个问题值得研究。

根据我国社会制度的性质,公民的权利能力有以下特点:

(1)按照我国宪法和有关法律、法令规定,我国公民的民事权利不分性别、年龄、职业,甚至也不分文化程度、健康程度,一律平等。换言之,我国公民都有平等地享有民事权利、承担民事义务的资格,也就是平等地享有民事主体的资格。

(2)民事义务也是平等的。民事权利能力也是民事义务能力,这二者是一致的。我们国家赋予人民广泛的民事权利,也要求他们平等地承担民事义务;在赋予公民民事权利时,也要求他们尊重他人的权利,不得侵犯国家的财产,不得破坏国家的计划。所以我国公民的权利能力是平等的,不是虚伪的,权利、义务是一致的。

(3)公民的权利能力是不能抛弃的。在我国,民事权利能力是民事法律上的人格,是人身上的基本权利,具有人身权的同样属性,不能剥夺,也不能转让。

二、权利能力的开始和终止

公民的权利能力始于出生,终于死亡,终身享有。公民一出生,他的权利能力就有了,出生的时候就是他的权利能力的起点。一个人有了权利能力,在法律上是重大问题,什么时候才有权利能力,法律应该加以明确规定。外国民法学者,在权利能力开始问题上进行过理论探讨,有各种主张。权利能力始于出生,什么时候才算出生呢?有"初声说"、"断带说"、"阵痛说"等等。一个人享有权利能力与继承权有很大的关系,我国在民法起草工作中讨论过这个问题,在草稿上也作出过一些说明。在立法上我认为应该以婴儿活着和离开母体为准,也就是说活着而离开母体的时候,就是公民权利能力开始的时候。如果没有出生,还在母亲肚子里,是否根本不予承认民事权利呢?这是现实生活中存在的问题。如果胎儿的父亲死了,继承的遗产有没有胎儿的一份呢?现实生活中提出了这个问题,法学工作者也要研究这个问题,我国在立法上和司法实践中对此也作出了某些规定。具体说来,是把胎儿在理论上作为将来的民事主体,不是现存的民事主体。从民法上说,只有处理遗产或分割家庭财产时,预先给他留下一份,这是从他是将来的民事主体出发的。他的母亲是当然的代理人,如果胎儿生下来以后还活着,这份遗产就属于婴儿,如果没有生下来或生下来是死的,这份遗产就加入原来的遗产,平均分配。我个人认为,胎儿尚不具有民事主体的资格,在特别情况下,做出某些特别规定,预示着他将来是民事主体,以保护其利益。

公民的权利能力,一般说来,与公民年龄无关。譬如所有权享有问题,债权债务承担问题,以及发明、著作权的享有都是与年龄无关的。但是劳动权、婚姻权等等,都与年龄有关。这些本来不属于民法,讲它是为了进行比较,阐述公民的权利能力。法律规定公民都可以结婚,但什么时候可以结婚,有年龄限制。我国现在规定的是男22周岁,女20周岁。过去规定是男20周岁,女18周岁。有人说结婚年龄的限制是行为能力的问题,而权利能力是有的。我认为不能这么看,结婚年龄限制不是行为能力,而是权利能力,不到一定的年龄就不具备这方面的权利能力,只有到了法定年龄,才享有这方面的权利能力。如果认为公民不到一定的结婚年龄,也有结婚的权利能力,从理论上就会推导出一个荒谬的结论,就是可以请人代理他结婚,这显然是不行的。因为他没有权利能力,所以他也不能请人代理。劳动权也是这样,不给幼年人劳动的权利,也就使他不承担劳动的义务,从而保护幼年人的身体健康。因此,一些特殊的权利能力,并不是一生下来就有的,而是到了一定年龄才有,这丝毫不损害公民的尊严和他的法律地位。

公民的权利能力终于死亡。一个公民的自然死亡是其权利能力终止的时候。一个公民没有权利能力,他的财产、婚姻家庭关系就会发生质的变化。这个问题是很重要的。一个人的死亡比一个人的出生,从某种程度上讲具有更重要的意义。两个人死亡,如果先后不同,在继承份额上就有很大变化。那么,什么时候算死亡呢?我们认为应以医学上公认的死亡到来的时间为死亡时间,死亡的时间应载入死亡证,注销户籍。社会上有些人看待死亡和出生仅凭出生证和死亡证,这是不对的,载入死亡证或出生证的时间应该根据民事法律的规定,而法律又必须根据医学上公认的出生和死亡的时间。公民的死亡,作为法律事实,将引起法律后果,公民的出生也是同样。那么公民的死亡会引起什么法律后果呢?譬如说会引起继承开始、婚姻的消灭,以及代理权的终止等等。

三、关于失踪宣告、死亡宣告问题

我国在起草民法典时考虑过这个问题,但我们现在还没有民法典。民诉法上反映了这个问题,民事诉讼法从程序法方面对之做出了一些规定。但是失踪宣告、死亡宣告从宣告上说是程序法问题,而实质都是实体法的问题。实体法决定一个人的权利存在不存在,有没有权利。我们这里谈失踪宣告、死亡宣告,是从实体法的角度来说的。公民因宣告失踪或宣告死亡都会引起民事法律后果,故各国民法中都有相应的规定。公民失踪很长时间,就会造成某些民事法律关系久久悬而不决。因此法律必须对之做出决断,以稳定社会经济生活,保护失踪人的合法权益,同时也保护相对人和利害关系人的合法权益,这是十分必要的。如果不做出决断,财产处于无人管理的状态,一些权利义务应该实现的也实现不了,于社会不利。对于这种状态,各国的法律都把它分成宣告失踪和因失踪而宣告死亡这两个阶段来解决。

第一个阶段,失踪宣告。假如某一个公民离开住所,没有任何消息,达到法律规定的一定年限,比如说1年,就可以经利害关系人(包括父母、配偶或债权人等)申请,依法宣告其失踪。所谓没有任何消息,即该公民下落不明,几经查找,仍无音讯,这种情况到法定的年限,其个人财产、银行存款,或饲养的家禽、家畜就需要处理,其欠别人的债务也需要清偿。为使经济生活得以正常进行,就需要通过失踪宣告来解决。那么,向谁申请?由谁宣告呢?有的是向法院申请,有的是向户籍机关或公安机关申请,由法院、户籍机关、公安机关宣告(1991年《民事诉讼法》第166条规定:"公民下落不明满二年,利害关系人申请宣告其失踪的,向下落不明人住所地基层人民法院提出。")。失踪人的财产经失踪宣告以后,由其配偶、父亲或其他近亲属,或由宣告机关指定代理人代为管理。这种代管就是一种代理关系。有了代理权,代理人就可以管理、经营其财产,清偿失踪人的债务,支付抚养费用。管理、经营失踪人财产的费用,当然在失踪人的财产项下支出。法律上应满足代理人的某些要求,由失踪人承担某些经济上的责任。这样的规定,有许多好处。

第二个阶段,宣告死亡。如果公民失踪的年限更长,就要进一步对其权利能力做出更为重要的决断或法律上的处理,这就是死亡宣告的问题。死亡宣告就是公民(包括已经宣告失踪的人和没有经过失踪宣告的人)离开住所,没有任何消息,满一定年限,比如说3年(各国规定不一,有的规定为5年,我国可考虑为3年),经利害关系人申请,由法院公告查找后,仍无消息,便可进行死亡宣告。宣告死亡,无论哪一个国家都只能由法院进行,而失踪宣告可以由法院、户籍、公安机关进行。我国拟定民法草案时,也是这么考虑的。法院进行死亡宣告,可用判决的方法,也可以用裁定的方法做出决断。

可见,失踪宣告和死亡宣告的程序和年限是不同的。另外,死亡宣告还有各种复杂的情况,在此也向大家作些介绍。关于死亡宣告的年限问题,各国对不同的情况有不同的规定。一般规定为 3 年,而对特殊情况的年限就短一些。比方说,因危险事故而失踪的,有的国家规定为 1 年。如船舶遇难沉没,明知某人在某年某月某日乘坐该船,而获救人中没有他,尸体也找不着,在这种情况下,一般规定为 1 年,1 年后即可做出死亡宣告。这种规定的立法理由有两点:① 这种情况表明公民有极大的可能性是死了,不必机械地规定为 3 年;② 尽管有极大可能性死了,但涉及一个公民的权利能力问题,不能轻易、草率地认定他已经死了,为保护其利益起见,也保留一定的期限。还有因军事行动而失踪的人,包括军事人员和非军事人员,这些人因战事可能被俘,也可能重伤后在别处养伤,也可能跑到别的地方去了。对这类问题一般规定的年限为 2 年。还有一些更为特殊的情况,如有的国家规定,因危险事故发生并且又有比较可靠的推断理由,也可以将期限缩短为 6 个月。总之,死亡宣告的期限问题较为复杂、细致,我国在立法时,对这方面的问题,也应参考国外的有关规定,联系我国的实践做出适合我国国情的规定来。另外,还有对死亡的先后推定问题。在一个危险事故当中,两个人同时失踪,又需要判定哪个人先死哪个人后死的问题时,有的规定,老年人先于壮年人死亡,妇女先于成年男子死亡等,这种规定关系着决定继承权的问题,如儿子先于父亲死亡,就引起孙子女的继承问题,父亲先于儿子死亡,其遗产的处理又是另一种情况。这种规定是符合实际需要的。但是这种推定不是绝对的,是可能被推翻的。如果没有其他反证的理由,它就成立。如果有确凿的反证,就可能被推翻,这同那些不可推翻的推定是不同的,如我们推定 3 岁的婴儿没有行为能力,在法律上就是绝对的,不可能推翻的。

从我国现行的民事诉讼法来看,把失踪宣告和死亡宣告视为两个阶段。民事诉讼法规定,宣告失踪人死亡案件,须由利害关系人申请,由法院受理后,发出寻找失踪人的公告,公告期为 1 年。公告期届满,法院根据调查的事实状况,做出终止审理或死亡宣告的裁定或判决。如事实理由不充分确实,叫终止审理。如确系无消息,可以做出死亡判决,然后向户籍机关登记,便发生公民死亡的法律后果。我国诉讼法这样规定,看起来并没有规定失踪宣告的问题,但并非我国不承认失踪宣告。因为失踪宣告和死亡宣告是民法的问题,诉讼法是根据实体法的制度来对其加以实施和保护的。现实中,我国仍存在失踪宣告的问题,也承认失踪宣告的阶段。失踪宣告,不过是找一个代理人对失踪人的财产暂时代管,仍然保留该公民的其他许多基本的民事权利,并未涉及其权利能力的取消问题。因而对失踪宣告无须按诉讼程序在法院审理。所以诉讼法也不具体规定失踪宣告的程序问题。如果失踪人达一定年限,须向法院提出死亡宣告时,才按诉讼法的有关程序进行。同时失踪人原来虽未经过失踪宣告,但已达到一定年限,利害关系人也可以直接向法院申请死亡宣告。就是说,失踪宣告不是死亡宣告的必要程序。

下面谈谈死亡宣告的法律后果。

死亡宣告的日期就是被宣告死亡的公民的权利能力终止的日期,死亡宣告后,就会引起同自然死亡一样的法律后果,例如,遗产的继承、婚姻关系的终止、代理关系的消灭等等。但是还要看到,死亡宣告也是可以被推翻的,因为它是法律上的一个推定,也可能本人实际上并未死亡。对此,法律也有所反映。如果被宣告死亡的人有了消息或者回来了,经本人和利害关系人的申请,法院就应该撤销其死亡宣告,这个事实就推翻了原来的推定。有的国家规定被宣告死亡的人回来后,对其进行死亡宣告当然无效,或死亡宣告的判决自然无效。

死亡宣告的撤销也产生一定的法律后果,原属被宣告死亡人之财产,应归还其本人。但从稳定经济生活起见,法律规定退还的部分仅限于被宣告死亡人归来时的现存部分,其他财产被合法取得人消耗掉了则不再返还。如银行的存款花光了,家具变卖所得的钱也用完了,则不再返还了。法律之所以要这样规定,一是要稳定经济生活,二是为了保护合法取得者的合法利益。根据这两条,权衡利弊,适当处理,同时也要维护原来死亡宣告的法律上的尊严,如果被宣告死亡人一回来,一切都要恢复原状,就会扰乱正常的经济生活秩序,所以只能在现存的部分内予以返还,其他部分则不必偿还。至于其配偶与别人再婚,被宣告死亡的人回来后,原来的婚姻关系是否恢复?根据婚姻法,不能恢复原来的婚姻关系,原配偶与他人结婚是依法登记的,受法律保护的。另外,还有无主财产的问题,被宣告死亡的人的财产成了无主财产,在城市,归国家所有,将其财产变卖,所得价金上缴国库。在农村,则归集体所有。当被宣告死亡人回来后,则应予以全部返还,无论是否消耗掉,都要返还。比如被宣告死亡的人留有一头牛归集体所有或者变卖了,或牛病死了,这时集体因取得被宣告死亡人的牛而受益了,则应全部返还。国家也这样。因为这样做可以最大限度地保护公民的利益,对国家集体的利益来说可能无关宏旨,也不会因此而发生经济秩序的混乱,但对公民个人则非同小可,这不同于公民取得财产的情况。这样区别开来,是符合我国社会主义原则的。

四、公民的行为能力

公民的行为能力就是公民仅凭自己的行为就能取得民事权利和承担民事义务的资格。这里加上"仅凭"两个字,是说他无需别人的协助和代理,根据自己的意志和行为,就能产生民事权利、义务的后果。行为能力不仅指公民为合法行为的能力,也包括公民对所为的违法行为承担民事责任的能力。无论是权利还是义务,合法或违法的都要承担。

为什么要规定公民的行为能力呢?确认一个人有无行为能力的立法依据,出发点是公民能否正常地判断事物,理解自己的行为和后果,或者说能否理智地、审慎地处理民事活动。这是从其人身的属性出发,客观上也是为了稳定社会经济秩序,保护未成年人的合法权益。小孩签订合同,他不能完全理解自己行为的后果,是无效的。无正常判断能力的人签订合同,也会扰乱经济秩序,造成经济上的损失。

怎样才能判断一个人是否具有行为能力呢?这涉及一个人的素质问题,往往是因人而异的。有的年长些,但智力不够发达,有的虽年轻些,但智力比较发达,已经达到审慎地处理自己事务的水平了。这涉及人的素质、教育的问题,要制定出一个统一的标准,是不可能的。因此,各国民法只好把公民达到一定年龄,作为判断有无行为能力的标准。古罗马法中规定为 25 岁,现在各国,如奥地利规定为 24 岁,荷兰规定为 23 岁,英国、美国、西德、意大利、比利时、葡萄牙等规定为 21 岁,日本、瑞士、旧中国国民党政权规定为20岁,苏联、东德、捷克、匈牙利规定为18岁,土耳其规定为16岁,伊朗规定为15岁。还要看到,有的国家把婚姻年龄和成年年龄规定为一样,也有的国家把两者分别作出规定,例如我们很可能把成年年龄规定为18岁,而结婚年龄规定为男22岁、女20岁。有的把处分财产的民事权利能力规定得较高,而结婚年龄却较低,如伊朗。还有的国家规定结婚后就有了行为能力。我介绍这些,是为了说明判断行为能力的标准只能是年龄,是说明各国的具体情况不同,年龄大小的规定也不一致。至于为什么不同,可以另外探讨,在此就不多说了。

有无行为能力的问题原则上是根据年龄,但也有例外。比如有的国家规定,虽然未达到成年年龄,但其已经结婚,就视为已成年,享有行为能力。有的国家规定,虽未达到成年年龄,但其父母已同意他从事某种业务活动,在这种情况下,法律承认他在经营活动范围内具有行为能力。还有的国家规定,准许未成年人的父母向法院申请宣告其未成年子女有行为能力,例如父母要远离家乡,留下的铺子,需要其未成年的子女经营,则可以向法院申请其未成年子女为有行为能力。这些规定是为适应社会经济生活之需要而设立的。当然这些未成年人不得离成年人的年龄相差太远,只差半年、一年是可以的。

我国对这个问题也有规定,我国《宪法》规定年满18周岁的公民享有选举权和被选举权,既然18周岁就可以享有政治上的权利,他当然也应该享有民事上的行为能力。我国规定的成年年龄较低:① 因为归私人所有的财产,主要是生活资料,而且数量也不多,对社会经济生活影响不大;② 为了使更多的人能以自己的意志参加经济活动和正常的生活活动。而西方国家则规定得较高,是因为私人拥有大量的财产,各人财产的处分关系重大。总之,我们应按我国人民的生活水平、社会制度作出相当的规定,不应高于18周岁。在我国民事立法中,多数人也主张为18周岁,新中国成立以来的司法实践实际上也是按这个年龄办的。

那么,是不是没有达到成年年龄的人,就没有一点行为能力呢?各国的立法倒也不是这样。各国规定,公民虽未达到成年年龄,但已达到一定年龄,法律规定为限制行为能力人,就是说,把他们的行为能力限制在一定的范围之内。也可以说,他们有部分行为能力,或者说,他们有不完全的行为能力。一般都规定限制行为能力的人有进行日常生活所必须的那种民事行为能力。这只是抽象地说,而现实生活则是具体的、复杂的。要求我们司法人员正确地解释法律、运用法律,来解决实际问题。限制行为能力的人,对重要的民事法律行为必须征得其法定代理人或监护人的同意,这就是说限制行为能力的人也可以为重要的法律行为,但是应经过法定代理人或监护人同意,或者事后经法定代理人或监护人追认。限制行为能力人的被限制,就表现在这里。如果他做了,也不能说当然无效,但必须得到法定监护人的事后追认。不予追认,才算无效。譬如一个17周岁的孩子与他人签订了一个合同,他的父母或法院可以宣布合同无效,而对方则不能以其是未成年人为理由而宣布合同无效。也就是说,他所为的民事行为不是绝对无效,如其父母事后追认,则民事行为有效;若其父母事后不追认,即使对方承认有效,也是无效的。这是为了保护未成年人的利益。所以,从一般原理上来讲,在法律的运用、解释上,民法保护公民合法权益的原则,就直接、间接地体现出来了。

有的国家规定,限制行为能力的人有权签订获得利益的合同。获得利益是指单方获得利益。譬如别人赠与未成年人的东西,他接受赠与被认为是有效的。法律上做出这样的规定,是为了法律的周延起见。法律既要反映经济生活,又要在它内部排除矛盾。未成年人签订这样的重大合同,如别人赠与他一笔财产,他是有权利接受的。我国目前没有这样的规定,从保护公民的合法权益看,也可以在立法上加以考虑。对于这样的问题,根据我国法律意识,假若赠与人是别有用心的话,监护人有权否认这种赠与。

有的国家,如匈牙利明确规定已满14周岁的人,可以独立地处理个人的劳动收入。捷克规定未成年人能够实施性质上与未成年人智力、道德成熟程度相称和年龄相当的法律行为。这是一种抽象的说明,如何理解这个问题,则要依靠司法人员、审判人员来做出判断。这种法律上的规定给了审判人员一个判断的依据。

在我国民事立法起草过程中,考虑把限制行为能力的人限定在年满6周岁至未满18周岁的人,这个问题的最终确定,当然要看法典公布。限制行为能力的人只能进行与其年龄相适应的行为。如超出这个范围,应该由监护人代他进行,或他所为的行为经监护人同意或事后追认。

各国都把未达到一定年龄的人,如未达到6周岁或7周岁的未成年人,规定为无行为能力的人,其民事行为由监护人或法定代理人代他进行。在民法理论上,所谓无行为能力不是绝对无行为能力,也不是什么事也不能做。严格地说,也有一定的行为能力,只是对这种人的行为能力的限制程度更大一些。未成年人,大致是学龄前儿童,对显然属于自己生活范围内的一些事情都应该视为有行为能力。如购买文具、糖果,一些必要的生活资料等活动。对这个问题我们不能够教条地看待,我们不仅要弄清法律条文的精神,而且要从法权意识上去看。无行为能力的人在其生活范围内还是有行为能力的,可以作适合于他的合法的、有效的活动。对于其行为能力加以限制,是为了稳定经济生活,保护未成年人的合法利益。同时,又不得妨碍他们的日常生活活动,能正常地在其范围内进行。

以上是从原则上以年龄大小来判断有无行为能力,或行为能力限制在什么程度。但是,事实上,不能单从年龄来判断。有些人虽达到成年年龄,但由于某种原因,不能理智地、审慎地处理自己的事务。如精神病患者、精神失常者、智力发育不完全的人就属于这种情况。按其成年年龄,应是有行为能力的人,但从立法理由上,从根本上,就存在着缺陷。光凭年龄是不行的。从立法上看,为了稳定经济生活,保护这类人的合法权益,就应采取法律措施。对这样的人,我国或其他国家也由利害关系人申请,由法院宣告其为无行为能力的人。经宣告为无行为能力人,他的民事行为,则由其法定代理人或监护人代其行使。这在民事诉讼法里有规定,就是经利害关系人申请,人民法院查明事实后,可以宣告某人为无行为能力的人,并为他设置监护人。法院必须查明事实,不得随便剥夺他人的根本权利。

宣告为无行为能力的人,如果被宣告的原因解除(如精神病治愈),经本人或利害关系人向法院申请,可以撤销无行为能力的宣告。

不论是宣告其为无行为能力,还是撤销无行为能力的宣告,都应以公开的形式进行。在理论上、原则上应该这样,使众所周知,因为这涉及第三人的权利义务关系。

五、监护制度

无行为能力的人、限制行为能力的人,他们的民事活动都要由监护人来代他们进行,这就产生了监护法律制度。

监护制度,在许多国家规定的方式是不同的,有的规定在民法典里,有的不在民法典里。苏联在1922年颁布民法典的同时,又颁布了婚姻家庭及监护制度法典(现已有变化)。有的国家还成立了监护机构和组织。在我国,对精神病患者,就像对待残废人一样,他们的民事权利受到特别保护,在立法上给予人道主义的重视。对监护制度要予以重视,没有完善的监护制度,在司法上也是难以处理的。

为无行为能力的人设置监护人,以保护他们的合法利益,是监护制度的内容之一。在古罗马时期已有监护制度,以后各国的法律上都有这样的规定。我国婚姻法已提出了监护人这个名词,因而民法对这个问题要好好研究。我国民法对监护制度还缺乏详细的规定,没有形成直接通行的制度。各地不一样,执行起来很不方便。将来这个制度是规定在民法典中还是补充于婚姻法中,我看都有可能。现就从我国对监护制度的要求和参考各国立法经验,就保护无行为能力的人或限制行为能力的人的权利方面来谈监护制度。

(一)关于监护人的职责

监护人在法律上对被监护人尽哪些职责,有哪些义务呢?综合起来,可以从三方面理解。① 保护其身体,即保护被监护人的身体健康,其内容还包括关心他的智力发展、品德修养。② 管理其财产,对被监护人的财产要进行经营管理。如需要进行登记上税,监护人就要代他去做,使他的财产不致减少,并按财产的性质予认管理,使之不受损失。③ 代其为法律行为,即做他的代理人,与第三人发生经济上的往来等。

观察各国立法,根据我国的具体情况,我们考虑监护人对被监护人应从这三方面来尽到责任。

亲权与监护权不同。亲权是指父母对子女的权利义务关系,其权利义务的范围要比监护权大。如有的国家规定,享有亲权的可将子女财产的收益权归自己所有,当然财产在理论上是分开的,父母的归父母,子女的归子女。但是子女财产的收益父母可以享有。父母可以限制子女的某些活动,可以行使这种带有半强制性的"亲权"。亲权不但范围大于监护权,而且其产生的原因也不一样。亲权是由于出生或通过收养的事实产生的,而监护权并不一定产生于出生或收养的事实,这可能是外力加以设置的,是人为的。即没有父子关系也可以成为监护人。监护人与被监护人不一定要有亲属关系,第三者也可以被设定为监护人。亲权这个概念不完全是监护人的权利义务和职责。在我国是否建立亲权这个概念,大家可以研究。

法定代理权与监护权也不一样,法定代理权不过是代理关系的一种,而且代理权的目的仅限于民事行为。法定代理人可能是被代理人的父母,也可以是符合法律规定的具有其他身份的人。当我们提到法定代理权的概念时,没有包含亲权的概念,也不在监护权的内容里。监护权和亲权包括了法定代理权的内容,法定代理权的范围比监护权和亲权的范围更小。监护权有三方面的职权,而法定代理权只有监护权的职权中第三个方面的职权。法定代理权并不一定是监护权,法定代理权并不包括对被代理人身体健康状况的保护。

保护人、保佐人。保护人、保佐人主要是用来区别保护对象的。如果监护权主要是对无行为能力的人设定,那么,保护人、保佐人这两个名词有时是相同的,它主要是为限制行为能力的人设置的。1922年苏俄婚姻家庭监护法典认为,保佐人主要是针对限制行为能力的人而设制的。因而保佐人的权利没有亲权、监护权那么大,它主要是对限制行为能力人行使权利表示同意、不同意或者追认的权利。

从以上分析可知,监护人的职权范围没有亲权广泛,但比法定代理人、保佐人的职权要大,要广泛。

设立监护人的目的是为了保护无行为能力人的利益。然而在我国,监护人没有更准确、明确的概念,它也可能包括保护限制行为能力人的利益。正因为设立监护人的目的是为了保护被监护人的利益,因而法律对监护人的权限一般作出了这样的规定。即一方面规定监护人不得与被监护人为法律行为,如签订赠与合同;另一方面监护人不得代被监护人与自己的近亲属为法律行为。各国立法都有这样的规定。我认为我国民法也应有这方面的规定,即或没有这样的规定,我们从法权意识上也要得出这样的结论。这些规定显然是从设立监护人的目的、监护人的身份、职责中当然得出的结论,当然可以推而广之,凡是显然给被监护人造成不利影响的行为都不能为法律所承认。

监护人对在其监护下的被监护人损害了他人利益的行为,应负民事赔偿责任。赔偿的财产可以从被监护人的财产里拿出。

"被监护人在监护人的监护下"这句话包含哪些内容呢?它是指在监护人的直接控制下。如果在法律上是在监护人的监护下,但被监护人是在保育院、在学校上学,那算不算在监护人监护之下呢?这个问题有争论。在理论上是在他的监护之下,但被监护人在保育院或学校,不在他的直接控制之下,若造成了对他人的损害,实践中是让监护人承担一定的责任,学校承担一定的责任。这个问题在理论上要进一步探讨。

婚姻法中规定未成年人对国家、集体、个人的财产造成损失时,父母有赔偿责任。但如果孩子不在父母直接控制之下,这个责任怎样承担呢?处理这个问题要具体分析,如果学校显然有重要责任,学校就要多承担责任。如果学校是在正常的管理下无法防止这种损害的发生,父母就要多承担责任了。如果孩子在学校上体育课,在老师直接控制之下,由于设备不足或老师控制不好,没有管束,而发生了对他人的损害,学校应负主要责任。

(二) 监护人的产生

(1) 在法律规定下产生。《婚姻法》第 17 条规定:"父母有管教和保护未成年子女的权利和义务。"根据这一规定,可以断定父母对未成年子女处于监护人的地位。这是由法律直接规定的。

(2) 由法院指定。在没有父母或有父母而不能行使监护权的时候,无行为能力人的监护人由法院指定。指定监护人,从我国的司法惯例来看,首先是从有抚养关系的近亲属中选择。如婚姻法中规定在某种情况下,弟兄姐妹间有抚养关系,祖父母与孙子女间有抚养关系。从这些有抚养关系的近亲属中选择合适的人来承担监护责任。如果没有这些人或这些人不适合做监护人,必要时可指定一定的组织或其他公民为监护人。如被监护人能表达自己的意愿,也应征求他的意见。当然征求他的意见并不是说对谁做他的监护人必须遵从他的意见,而仅仅是从谁更合适的角度出发的。法院选择监护人是从被监护人的全面利益的维护这个角度来考虑的。征求意见是选择更合适的监护人的调查过程。如果被监护人的意见不正确,法院就不一定采纳,决断权不在被监护人而在法院。如果被选定的监护人互相推诿,谁也不愿意承担责任时,法院代表国家,可以作出判决或裁决。在理论上,所有的公民,甚至国家机关都应该遵从。如不服,可以上诉。法院依法指定监护人,监护人没有客观理由或被法院认定为确有理由不能负担监护责任,法院可以根据自己的选择确定监护人,对方则无权拒绝。对这种裁决判决不服可以上诉,最后还是由法院确定。这个问题关系到无行为能力人,未成年人的人身权利的根本利益,法律上不能不作交代。因为无行为能力人、未成年人在我国受法律严格保护、关心,他们由谁来管,在法律上必须有个最后的决断。

单纯从监护人的身份来说,他没有义务负担经济责任。单纯的监护人,如指定第三人担任监护人,第三人对被监护人没有在经济上抚养的责任。只是在被监护人的财产项下来管理他的生活,这一点必须弄清楚。

(3) 由父母遗嘱指定。父母用遗嘱指定监护人是指他们用遗嘱方式来说明在他们死后,请谁来做他们孩子的监护人。显然这个遗嘱在他们死后会发生效力,发生效力的结果,被指定的人就产生了监护权。监护权是基于被监护人父母遗嘱的单方法律行为产生的。被指定为监护人的人也和被遗嘱指定为财产继承人一样,有权利用单方行为来拒绝,这是被指定人的权利。这个权利一定要给被指定人。当然,被指定人一般是父母生前考虑好了的,很周全的,一定能为被指定人接受。如果父母对指定自己身后的孩子的监护人不负责任,乱指定,那么被指定人是可以拒绝的。

另外,父母的委任也是可以的,写个书面文件,委托他人监护自己的孩子。如父母要出国,长期不在国内,或者其他情况,不能亲自监护自己孩子的生活,委托于可靠而愿意接受的人,做他孩子的监护人,这是可以的。

监护关系消灭,监护权就丧失了。如未成年人已成年,被监护人是精神病患者已治愈的,法院撤销无行为能力的宣告,都可以导致监护权的消灭。

第七讲 法　　人

一、法人的概念

法人是一种除自然人以外的权利主体,或相对于自然人的权利主体。如果将来我国民法典明确规定国家可以是特殊的民事权利主体,而国家又不是法人的同义语,那么,在这种情况下,我们说法人是除自然人、国家以外的权利主体。

法人的定义:凡具有独立财产,能以自己的名义享有民事权利、承担民事义务的社会组织就是法人。这三个方面是法人的本质特征,从这三方面可以判断哪些社会组织是法人,哪些社会组织不是法人。

(1) 法人是社会组织。它不同于自然人,它是一个组织体。如何理解呢? 它有一定的组织机关,这个机关包括议事机关,即产生法人意识的机关。如法人的社员大会,或叫股东大会,或是组成法人的成员的大会,或常务委员会、执行委员会等都是法人机关。同时,这个机关包括法人的执行机关,如董事会、理事会等。执行机关叫法不一,但其本质属性都是执行机关。例如,厂长就是个别的执行机关。法人除有意识机关、执行机关外,有的法人还设监察机关,来监察法人机关的活动是否符合法律、章程。法人是组织体,有机构,有活动,这是一个方面。另一方面,它有章程。章程是一个总的概念,它包括法人活动的宗旨、建立的目的、法人的名称、活动的根据等。如董事、理事的任免、成员大会的活动、成员的资格,不论是企业还是事业,都给它一个宗旨,或一个任务,这个任务就是它活动的根据。

说法人是个组织体,是从它有组织机构和活动有章程这两个方面出发的。这就使法人与自然人不同,它是社会组织体,具有稳定性和独立性的特点。所谓稳定性,是指它不因参加法人的自然人的变动影响法人本身的存在。例如,参加法人的自然人死亡或退出,并不影响法人的存在,因为它是组织体。而作为主体的自然人则不同,自然人死了,主体资格就消灭了。这就是法人的稳定性。法人的独立性,是说法人虽是由许多自然人组成,但它的活动本身是一个整体来对外的,而不是以哪个自然人的名义来对外,不是哪一个自然人个人的活动。我们要看到法人的这两个特点。

（2）法人享有独立的财产。设立法人的目的，主要是为了参加社会经济活动。因此，它就必须有能够自由支配的财产。所谓独立的财产包括两部分：① 归组织所有的财产，即有所有权归组织的财产。② 虽不属组织所有，但由组织享有独立的经营管理权的财产。这种财产就所有权而言，不属于这个组织，但根据法律规定它有独立的经营管理权。不管是有所有权也好，有经营管理权也好，这些财产都是能够独立支配的财产。我们给独立财产下定义，是指法人能够支配的财产，包括所有权和拥有管理权。拥有管理权，表现为国营企事业单位、国家机关或者是独立核算的单位，或者是独立预算的单位拥有的管理权。例如，事业单位，国家给予拨款，在国家授权范围内，它可以独立使用预算拨款。

在国家所有权与企业经营管理权的关系中，所谓独立财产，对于国营企业、事业单位来说，就是指的独立核算和独立预算。这种独立的财产权跟我国强调的企事业单位在经营管理上有独立自主权是一致的。自主权当然包括财产支配的内容。自主权有多大，财产独立权就有多大。对国家企事业单位在经营管理过程中的经济活动给予自主权，其意是在财产经营管理上一定范围内给予独立支配的权利。任何机关、任何单位，不依法律不得侵犯企业、事业单位财产，不得摊派非法款项，不得非法抽调企事业的物资、劳力，不得干涉其经营活动。但并不是说国营企事业单位可以凭借独立经营管理的财产与国家搞独立，是不能得出这样的结论的。南斯拉夫实行"社会所有制"，在那里，企业财产不属于国家所有，也不属于企业。特点在于它不剥削他人，这种财产经营管理过程中的利润分成，由管理者来直接分配。他们说这是劳动人民直接管理掌握生产资料的结果。这种所谓"社会所有制"，不符合我国的实际情况，在理论上也说不通。企业财产属于国家所有，国家对全民所有制企业财产享有所有权，这表现为国家代表全民拥有对全民财产的所有权。因此，它能够根据国家需要，对企业行使关、停、并、转的权利，这说明国家并没有丧失对国营企事业财产的最后决定权。既然是国家授权给企事业单位，那么国家也有撤销这种授权的权利。国营企事业单位对国家财产的经营管理权，是以国家的命令或法令的形式授予的。

这是国家所有权与企事业单位的经营管理权之间的关系。任何全民所有制单位都不能与国家分享所有权。从行政管理系统来看，国家企事业单位是国家各级行政管理机关的下属，它应服从国家的行政命令，它不是所有权的主体，是经营管理权的主体。管理权是民事权利的一种，因而，它是民事权利主体。

在探讨全民所有制企业财产的性质时，把企业财产独立出来有很多好处。别的不谈，只谈一下在对外经营过程中的问题。在对外经营中，企业是一个独立的主体，享有独立的经营管理权。在理论上，只就其在经营管理过程中享有支配权的范围内承担责任。这样做的好处，可以避免过去那样的做法。如在与外商订立合同时，因为是国家所有，因而责任是无限的。在发生赔偿等问题时，我们就承担无限责任而对方只承担有限责任，对方破产还债了事，而我们却无限地赔偿。这当然是不公平、不合理的。

外国企业在与我国国营企业订立合同时，他们考虑到我国国营企业的性质，即企业对企业财产并不拥有所有权。因此，他们认为我国企业责任范围是不清楚的。而现时中国这个问题也确实不清楚。譬如，固定资产在什么程度上作为还债的财产？厂房设备可以作为还债的财产吗？还债财产是否仅限于产品、半成品、流动资金这个范围？有的国家虽然作出了某些具体规定，但也是不全面的。我国没有民法典，没有法人制度。因此，在我国企业与外国企业来往时，他们认为我国企业的财产范围是不清楚的。而且国家对企业有关停并转之权，一旦国家发布命令，那就会影响合同的执行，造成企业的经济损失。我希望同志们关心这样一件事。我国已开展了保险业务，保险公司有一种"政治风险"的保险范围，是否可以通过这种方式来得到解决？如外国企业不放心，可以投保"政治风险"。如果国家下达行政命令而改变企业的经营范围或经营权限，以致给对方造成经济损失，由保险公司赔偿，这是否是个补救办法？

法人独立财产与组成法人的个人财产是分开的，这是针对合作社、生产队这样的法人而言的，合作社是大家集资，合作社成员一旦参加合作社把财产交给合作社，就变成合作社集体所有，一个人就丧失了所有权，只拥有股权。所有权、处分权、占有权由合作社机关行使，个人不得动用合作社财产。

生产队也是这样,是由社员投入的,成为生产队财产之后,社员财产与生产队财产就被分开了。社员个人不能作为生产队财产的主体,而只是社员个人财产的主体。

独立财产还意味着这样一个意思,即企业在经营管理过程中,所承担的一切经济责任由自己承担,不能由国库负责。这就是说,企业财产与国库财产是分开的,特别在债务关系上是分开的,在经营管理上是分开的,而所有权并不分开,还意味着,与其他法人的财产也是分开的。独立财产就是这样解释。

(3) 法人能以自己的名义享有民事权利和承担民事义务,即法人能以自己的名义参加民事活动,这意味着法人的民事权利主体地位是由国家承认的。如果不是这样,尽管有一定组织机关和独立财产,也不能以自己的名义参加民事活动。作为民事权利主体的法人,必须依据我国法律认可、批准才能成立。

有的教科书把国家承认这点当做法人特征的一个条件。我认为,法人依法获得批准,依法得到承认是法人成立的要件,不是法人的本质特征。这两个问题,不能混在一起。有的教科书不仅仅扯到这个问题,而且还提到能够起诉应诉的问题。加上这点未尝不可,因为任何民事主体都有诉讼权利。法人作为民事主体,能够参加民事活动,当然也能够起诉应诉。既然具有实体权利的主体资格,那么诉讼权利主体的资格也就当然具备了。所以这个条件也不必加上去,写上去是重复的。我们对事物下一个定义应该是事物特征的总和,它要求不重复。

从法人概念来看,以上三个特征必须同时具备,缺一不可。如果缺乏其中一个,就不成其为法人了。

有的团体,有自己的资金,也有活动,也有章程,但它没有民事权利主体资格。如一个教研室,它也有资金、章程、活动办法,但它不能成为法人,不能独立对外。这就是非法人团体。非法人团体在诉讼法中要详细谈。非法人团体主要是从诉讼角度提出来的。它是一个团体,在某种情况下,也有诉讼权利,但它不是法人。比如说"债权团",可以成为非法人团体,如一个企业机关关、停、并、转了,在财产上要清理,在业务上要清理,债务关系也要清理,在清理中它与许多债权人发生联系。于是,依法律程序,把所有债权人集中起来,成立一个债权团,共同推举一个代表,把他们自己的债务关系提出来,代表所有债权人作为诉讼主体参加,这是临时成立的。非法人团体也可能出现在筹备组织,如要成立一个公司,没有经批准登记,还在筹建过程中,也就以筹备会的名义参加必要的民事活动,但筹备会不是法人。在这种情况下,为诉讼方便,我们也承认它是非法人团体,有诉讼资格,但它不具备法人的基本特征,也不完全享有法人的权利,只是在筹备这个范围内做些临时性的活动,为便利起见,承认它有某种权利主体资格,以解决诉讼纠纷上的一些困难,就好像事实婚姻一样,是在法律上给予的补救。

二、法人的分类

为了对法人制度进一步研究,有必要从不同角度对法人进行分类。

(1) 从所有制来分。我国是公有制国家,所有制有两种形式。从所有制来划分,可分为国家法人和集体法人。前者是国营企业、事业、机关,是全民所有制的企事业单位。后者指集体所有制企业,如农业、手工业、合作社、商业运输事业中的合作组织、服务业中的合作组织等。

(2) 从法人的活动目的来分。从活动目的来分,可以分为企业法人与事业法人。企业法人是以从事经济经营活动、扩大积累、创造财富为目的的法人,有各种各样的企业法人,如工业企业、农业企业、商业企业等。事业法人是指从事经营活动以外的,即非经济经营活动的组织。如以从事科学、教育、体育、卫生为活动目的的组织,也拥有财产,也参加民事活动,也还是法人,但它的宗旨目的不是以创造财富为直接目的,一些国家机关、社会团体都包括在内。当然企业法人、事业法人也可能是全民所有制事业,也可能是集体所有制事业。

(3) 从创立时有没有组织成员来划分。从有无成员来划分,可分为财团法人、社团法人。这是传统民法上的分类概念,在我国运用,也未尝不可。社团法人是由个人组成的社会组织,如合作社、社会团体等,它有一定的组织成员,有一定的财产。财团法人指没有组织成员,只有一定的财产,如某某基金会,有一定的捐献财产,这就是财团法人。基金会的目的是为了发展科学、教育或文学艺术事业,没有组织成员,但它是一个组织。参加活动的人,不是该组织的权力机关,即意志机关。财团法人的意志,就是捐献财产的人的原来意图。如某人捐献1万元,成立一个基金会,发展教育事业,就是捐献人的意志。基金会的成员,不是这个组织本身的成员,而是它的职能机关,成立一个理事会来管理这笔财产,按照原来的宗旨实现它的意图,归根到底,就是根据捐献人的宗旨来活动。因而它是职能机关,不是权力机关。参加基金会的人,可以从基金中得到工资,但不是该组织的成员。财团法人有机关、有章程,也有那些人来实现这个章程,是以一个组织体出现的。

捐献财产,不论是以遗嘱方法,或是其他方法,只要通过捐献活动而成立了法人,那么捐献人的财产便与这个法人的财产截然分开了。捐献人再也无权来改变法人的目的。因为法人已成为一个独立的组织,它有生命力,捐献人不能发号施令,再也不能随便动用财团法人的财产。财团法人也具备独立性、稳定性。有关财团法人的法律规范,我国没有统一的立法,各地执行不一,而且有一些根本性质的问题不明确,这些都有待于认真解决。

(4)从法人的国籍上分。可以分成本国法人和外国法人。本国法人是指在我国主管机关核准申请成立的法人,是根据我国法律、法令向主管机关申请成立的法人。除此之外,经我国批准登记的外国人的组织为外国法人。

以上是我国法人的分类。研究分类的目的,不仅是对法人进行科学的划分,而且是为了对不同类型的法人适用不同的法律。因而这种分类是有法律意义的。比如说法人登记,事业法人不需要登记,成立一所学校,就不要求登记,但它是法人;如果是由国家行政命令批准成立的企业法人,不但要经过国家批准,而且还要到工商管理部门去登记,如不登记,法人资格仍然不能得到。所以法人分类有着重要的意义。

三、法人制度的沿革和我国建立法人制度的意义

(1)从历史发展来看,承认某个社会组织有民事权利主体资格,从这个事实现象来说,是由来已久的。外国资料上记载有关法人的内容,可以断定是从罗马时代开始的,罗马法就承认某种社会团体具有权利主体资格,这种事实就被法律承认。例如它承认"国库",这是城市公社组织以自己的名义

与其他主体订立合同的反映。这一点充分证明,一定的社会组织作为民事权利主体可以参加民事活动的资格,在罗马法中已有,这有法律文献记载。在讲罗马法时,也有法人一章,这并不是说,罗马法时代就有法人这个完整的概念,而只是讲法人的历史沿革。从我国文献看,在封建社会里,以家族祠堂的名义来进行房产、地产诉讼的情况也是有的。祠堂财产与每个家族、家庭财产是分离的,祠堂财产具有独立性。尽管家庭、家族成员不断变化,一代一代传下来,祠堂财产总是独立存在的,如红楼梦中秦可卿对凤姐说:你应该把家学办好,把祠堂办好,给他们多置点地,以后如果抄家,那个财产是不动的,可以保证贾氏子孙到那里读书,使他们的祖坟祭祀不断烟火。很显然,祠堂的财产是与贾府的财产分开的,法律上不负其他责任,家族的财产被抄,祠堂的财产则被保留下来。在民国初年大理院的判例中,也有很多这样的记载,但是当时没有法人制度,只是有这种以组织出现的权利主体的事实。由于社会经济生活带有浓厚的自然经济性质,不管是罗马法时代,还是中国封建社会,这些组织的活动不起显著的作用,主要的社会经济生活不是由他们进行的,都是以个人的姿态进行活动的。另外,把财产集中起来使用,这种现象也不多见。李宜琛写了一本书名为《日耳曼法》,里面对法人制度的发展作了详细论述。开始是几个人合伙经营,以个人的姿态对外发生关系,回来后马上分开。从松散的组织逐渐发展成巩固的组织,统一对外,这里有一个发展过程。

总之,在封建社会,以某种团体作为权利主体这种客观经济条件并不成熟,所以以某种组织作为权利主体的思想,在实践上有所反映,但没有形成一个完全的法人制度。到1804年的《法国民法典》,按照当时的经济条件,法人制度已经成熟,但由于法国革命带有比较彻底的反封建性质,它们在立法中害怕确立法人制度使封建寺院制度得以恢复,害怕封建行会制度通过法人制度来复辟他们的势力,所以当时没有制定法人制度。1806年《法国商法典》才用股份有限公司的形式和概念来确认资本主义企业具有独立的法律地位,具有民事权利主体的资格。《法国商法典》虽然没有"法人"的概念,但从组织形式到法律意义,基本上已形成法人制度。经过了上百年,《德国民法典》用专章规定了法人制度,它总结了《法国民法典》以来欧洲的经济实践,逐渐地把"法人"法律化、制度化了,在法律上有了明确规定。完整的法人制度是从《德国民法典》开始的。

从经济发展来看,法人制度是随着股份有限公司的出现而逐渐完善的,股份有限公司的出现,是因为某些生产部门的开创,个人手中没有大量的资金,满足不了新的生产部门的需要。如办铁路、办商船队,个人资本不可能承担,就需要把社会上个人手中的资金集中起来,以股份有限公司的形式开展经营活动。总之,法人制度是随着经济的发展而发展的。

西方法学家关于法人制度的论述,对我们是有启发的。他们认为,法人存在的意义在于它的参加者只负担有限责任。这句话反映了统治阶级的意志和资本主义生产的要求。法人制度的存在不依赖它的参加者的个人身份,具有相对的稳定性。这样,就与自然人不相同了,自然人参加民事活动负无限责任,法人则负有限责任。这是一个带有很大特殊属性的新东西。

另外,有人认为,早在中世纪,商人就想借助于合伙契约来造成一种神秘体,即建立一种抽象的人格,能跟人一样参加民事活动。这个思想是模糊的,其目的不外乎想把自己经营的财产与家庭财产分开,把少数人的财产组成一个大的股本,与其他的企业抗衡,防止别人吞并,进而吞并别人,既想少担风险,又要扩大自己的财产和范围。这是一种商人思想,而现在法人制度的成立,使这个幻想变成了现实,这种变化反映了当时统治阶级的意志。另一些西方国家法学家认为,法人制度的建立,使资金积累扩大,经营范围扩大,生产力不断发展,因而它是新时代的伟大发明,甚至比蒸汽机、电动机的发明更伟大。这些观点虽然是唯心的,但客观上反映了经济生活的要求。出现了法人制度,并不是发明创造,而是法律对经济生活的必然反映。正如马克思所说的,任何法学家的立法,并不是发明创造,而是描述、反映经济规律。在资本主义社会里,法人制度对资本的集中起了重要作用,许多大规模的企业借助法人制度来实现自己的目的,没有法人制度,大规模的资本主义企业就不可能存在。

(2)我国建立健全法人制度的意义。从我国社会实践来看,建立健全法人制度对社会主义建设有很大好处。新中国成立以来,虽然没有建立法人制度,甚至很少利用这个概念,但新中国成立以来颁布了许多法律规范。

我认为许多企业单位实际上具备了法人特征，不管理论上是否承认，我们可以用法人特征来衡量。

我们许多企业虽然在法律上承认独立核算，但上级机关对它们还是一平二调，实际上没有独立，界限不清。客观经济生活要求我们在法律上明确规定，而立法却没有跟上，法学研究也不够。我认为应该根据我国经济条件的特点，给法人规定一套明确的制度，反映经济上的要求，反映出我国的国情和民族特点来。

从经济体系改革的情况来看，无论是全民所有制，还是集体所有制的企业，都应该享有自己独立的财产，给予一定的自主权或者享有自己的所有权，或者享有管辖权。我们的企业都是在国家统一领导下，按部门分工负责，逐级管理的，因而建立法人制度，是符合我国经济管理体制，符合我国所有制具体情况的。应该承认各个企业具有法人资格，享有民事权利，承担民事义务，这样，才能把权、责、利紧密结合起来，才能发挥企业的主动性、创造性，也便于国家对他们进行管理和监督，使企业从以往那种过多的、不适当的行政干预上摆脱出来，成为有生命力的经济细胞，促进经济建设的发展。事实证明，企业在扩大自主权后得到了多少好处，我们健全法人制度就有多大意义。

四、法人的设立

法人的设立必须经过法定程序，因为法人是以行政命令来实现各自目的的社会组织，参加民事活动的组织。参加民事活动就要对外承担责任，这个问题需要明确。这样，才能使法人设立的目的符合社会主义的利益和原则，符合我国经济建设的要求。法人的设立，要由国家有关机关进行审查，要看它对国家有没有利益，符不符合社会主义原则。经过国家认可，认为是有利的，才给予确认，给予登记。法人的成立不是小事，它参与国民经济生活，它的宗旨、目的、活动就要由国家审定。在西方国家，对法人的成立不进行审查，采取放任主义。如摩洛哥的法人就不少，在欧洲，某个国家法人成立困难时，就到摩洛哥去，登记后挂个牌子、交税就行了。但现在许多西方国家不采取放任主义了，我国更不能采取放任主义的态度，必须经过审查等必要的法定程序。法定程序有以下几种：

（1）依法律本身或依行政命令而成立法人。这是法人成立的一种程序，如根据宪法的规定，有许多组织能够独立预算，具有民事权利主体的资格，它们就是法人。有的是依据组织法而成立，也具有主体的资格。不论是宪法，或是组织法，都是国家意志的表现，只要是根据其中任何一个法律成立的，都表示国家的批准。依国家法律、行政命令和组织法而成立的单位，都属于国家机关或国家事业单位，只要一经成立，它们就当然具有法人资格。但是，从事经营活动的企业，除国家批准以外，即以行政系统批准以外，还需要当地工商行政管理部门审查批准。这是因为，这些法人的设立，涉及当地经济活动的一些重大问题，而上级行政部门对该地区的经济状况并不了解，没有企业管理知识，成立一个企业，水源够不够，原料足不足，是不是重复建厂，这些问题工商局是熟悉的。所以，从事经济活动的单位，不仅要有上级的行政命令，还必须由当地工商局审核批准，以保证国民经济有计划，按比例地发展。

（2）经国家核准登记。由公民自愿结合的团体（包括财团法人、社团法人），不是经济经营活动的组织，必须经国家主管部门审核批准，予以登记，才能取得法人资格。因为这些组织不是依国家意图直接产生的，而是由公民自愿结合产生的。在进行登记时，需要呈报组织单，如组织合作社，或学术团体都要呈报组织单。其中组织章程是一个项目，组织章程要记载组织名称、发起人姓名、活动宗旨、活动程序、社员条件、资产数额、企业住所，还要报送主管部门所要求的资料、文件等。这些都要提供主管部门审核。如果从事经济活动，还必须到工商行政管理部门登记。若是成立一个制药合作社这种特殊的组织，还要向卫生部门登记。如成立一个宗教团体，应向宗教事务管理局申请登记。根据团体的目的和性质，分别呈报各级主管行政机关批准，否则，不能取得法人资格。经过审核批准，是有很大好处的，如在工商业布局、交通运输条件等方面可以得到具体指导，对企业的发展，对国民经济的安排，都是有利的。

（3）依照国家法律规定的标准成立。国家以法律形式规定某些标准，如过去我国关于"农业生产合作社示范章程"、"社团团体示范章程"、《手工业合作社示范章程》都是标准。如果某团体按标准成立,国家就不个别去审查,审查它呈报的组织章程是否符合国家既定的标准原则,如符合,就批准。这与上面核准程序不同的地方是:如果国家核准登记没有批准,是国家认为不需要,没有必要成立;而依国家标准成立的,如不批准,则是由于不合格,如合格,不批准,你就可以抗诉,可以告他。因为任何机关的行为都在法律规定的轨道上行使,所以这种情况又是一种类型。今后,国家为了广泛推广某种组织,如特别合作社,或消费、生产合作社,就用单行法的形式,制定出组织章程,让它们按章程来成立,便于国家审查,这是一个好办法。

五、法人的权利能力和行为能力

1. 法人的权利能力

法人的权利能力是指作为民事权利主体,能够参与民事活动,享有民事权利和承担民事义务的一种资格。附带说明,法人在实现其专业职能方面所发生的关于组织、指挥、计划,上下级之间的行政领导和业务指导方面的权利义务关系,分别由其他的法律部门调整,属于其他法律部门的调整对象和范围,不是民法讨论的问题。许多同学在谈到法人这个概念时,认识不是很清楚,往往以为一个组织一成为法人,法律什么权利都给了它。不是这样的。法人往往兼有其他的性质。例如,学校为执行专业职能,它的组织领导关系和招生计划,就要服从它的行政领导,由行政法调整。又如学校的工人或老师的工资关系,则属劳动法领域。而从法人的角度讲,它就必须具备这样一个资格:在民事活动中造成损失要赔偿,订立合同要履行,发生了纠纷可以告状。

法人的权利能力自法人成立时产生,法人消灭时消灭。怎么成立,前已提到,怎么消灭,后面详述。法人权利能力并不是完全一样的,法人权利能力的状况是:其权利能力的范围取决于成立法人的法律、命令及其章程所规定的具体目的或宗旨。从本质属性看,由于社会分工不同,各个法人的职能也就不同,因而权利能力也就不同。例如,某法人是工业性法人,它就不能以其资金、设备从事大规模的商业和运输活动,不能改变其业务性质。反过来,搞商业的也不能搞工业。国家预算机关(事业法人)只有权办理与其活动直接有关的民事法律行为,或是为实现其职能、任务的必须的法律行为。就教育单位来说,它本无从事商业活动的任务,但要买教具或生活用煤,就得进行某些民事活动,这正是我们承认它是法人的目的所在,但它不能以其教育经费搞大规模的商业活动或贷款业务。至于纯营利的民事活动,对于预算单位来讲,那就在禁止之列。反过来,信用合作社是搞金融活动的,若开铺子,卖东西,就不允许了。从民事角度来说,它没有这个权利。凡是超越职能范围进行违反法人宗旨的法律行为,都是不合法的、无效的。为什么法人制度要作这样的规定?因为它事关国民经济计划、事关整个工业、商业、教育事业等各个方面的布局问题,所以,我们确认法人制度,是国家对企业、事业单位进行有计划的监督、管理的重要手段。

此外,法人还享有某些与它的人身有关的权利,这些权利表现在:

(1)姓名权,法人应有自己的名称或字号,确定自己的称谓。法人名称是使法人特定化的标志,是甲法人区别于乙法人的标志。每个法人都是独立主体,应有自己不同于别人的名称或字号,按有关法律规定,法人名称应表示其活动对象和隶属关系,如学校要叫学校,工厂要叫工厂,商店要叫商店。隶属关系是指属何系统,如北京政法学院(现为中国政法大学),某省某某工厂,某某市某某公司。这种称谓在其成立时就应确立。

(2)法人也享有国家授予的荣誉的权利。如"红旗单位"、"信得过单位"。各地都有具体做法,当然这些称号可以给企业带来荣誉,也可以给它带来很大的物质利益,在签订合同时,就比较有利。所以这是一种权利,若其名称或荣誉遭受侵犯,有权依诉讼程序,请求中止这种侵犯行为。冒名行为是一种侵权行为,因此造成损失,受害的法人有权请求赔偿。

(3)法人有使用生产标记的权利。所谓生产标记,就是每个生产品都应该贴上一个标志,标志包括企业的名称、产品规格、产品特点、性能、质量及保修期限等。这是权利也是义务。当然,也不是说所有的产品一概这样,但有些产品必须这样。如"一机部"(现已改制)或相应的其他部门对某些企业的生产就有行政上的指示,要求他们生产的产品都要附上生产标记。这是义务。比如一个电动机,就有生产标记,上面注明是多少马力,哪个厂的产品,什么时候出厂的。将来这个产品出了问题,人家就可以找它。但是，有些简单的产品不要求有生产标记，工厂也可以不搞，生产标记有商标的性质，可以扩大企业的荣誉。

（4）法人也有使用商标的权利。同学们往往认为商标是生产单位专用，其实，经营单位也可以用。什么是商标呢？商标就是由文字和图形、名称、颜色组成的标记。凡是使用商标的企业，必须把自己的商标向国家的主管机关，主要是工商行政管理局进行注册，经国家注册的商标取得了专用权。专用权只能由本企业享有，但也可以转让，如果别人认为这个商标对自己有好处的话。受让人就应该根据《商标法》来使用商标，不能粗制滥造。商标专用权和商标转让权都受国家法律的保护。

我国的《商标法》已经公布，我们在民法中应该有专章来讨论这个问题，现在经济法管这个东西，也可以。但是，民法领域要包括这个内容。有了商标法，同志们可以把商标问题补到法人制度里，单作一节，叫做"商标"。过去，我们在这个问题上管得还比较多，最近没来得及补充。比如说，商标应该用什么样的名称，制作商标应该服从哪些规则，图形应根据什么原则来设计，批准的手续如何规定，不经申请可不可以运用商标，未经批准和经过批准的商标有什么不同，等等。这些问题都可研究并写在讲义里。

2. 法人的行为能力

法人的行为能力是指法人以自己的意识进行民事活动，取得权利、义务的资格。法人的行为能力与法人的权利能力同时产生。而公民的行为能力必须达到一定的年龄才能产生，在这一点上，两者是不同的。

法人行为能力的范围，不超出法人权利能力的范围。这意味着什么呢？就是每个法人的权利能力都有其特殊性。两个公民可以做相同的事情，你可以做，我也可以做，但法人就不行了。法人在这一方面有行为能力，可以签订有效的合同，而在另一方面就没有行为能力，若签订合同就是无效的。法人有权从事实现法人宗旨的所必须的一切法律行为，但是，如果超出或违反法人的宗旨，就会导致行为无效的后果，在某种情况下，法人的负责机构还可能承担行政上或刑事上的责任。

那么，法人的行为能力是由谁来实现的呢？是由法人的机关来行使的。法人的机关就是根据法律、命令、条例、章程，由委派或由选举而产生的。法人的机关代表法人进行民事行为。法人的机关可能是个人,如企业单位的厂长,经理、主任等,事业单位的行政首长。也可能是集体,如管理委员会、理事会、社员代表大会等等。为什么他们是法人的机关？因为他们是法人的意思机关,是创造意志的机关,他们的活动就是法人的活动,他们的行为就是法人的行为。

法人机关和法人不是两个独立的主体,他们之间不产生法律关系,他们是一个东西。当然,任何企事业单位都不可能事必躬亲,自己去为民事行为的。法人可以委托不具有法人机关身份的职工去为民事行为,或者委任任何其他人。自然人和法人都可以以法人的名义进行民事活动。在这种活动中,法人与它所委托的人之间的关系是代理关系,而不是代表关系。一个企业的厂长或经理参加民事活动,他是以厂长的名义,然后证明自己的身份就够了。这样所进行的民事活动就是代表关系,是有效的。如果他派采购员或供销科长或任何与企业无关的自然人、法人去为民事活动,这就是代理关系。所以,要弄清楚具体的行为人是代表关系,还是代理关系,并且这些关系都要有一定的证明。代理关系要有授权证明书,其形式是多种多样的。

法人对他的机关与第三者所为的一切合法的法律行为,都要负责任,而不问这种行为给企业带来了好处还是损失,也不管法人机关的活动是不是法人的意图,只要他的行为是合法的,法人都要承担责任。反过来,法人在哪些情况下对于它的机关与第三人所为的民事行为,可以不承担责任呢？当法人机关与他人签订违法的合同时,如签订倒卖禁止流通物的合同,法人不承担责任。如果法人机关与他人签订的合同超越了自己的行为能力,而这种情况又是为第三人所已知或应知,也不对法人产生权利义务关系,法人也不负责任。如果对方不知情,那么法人就应该承担责任。法人机关因为此种行为而给法人造成的不良后果,要由法人承担。另外,法人的机关或它的职工在执行职务的时候,造成他人人身或财产上的损失,应由法人承担责任。如果损害是由于机关或职工个人的过错而造成的,法人在承担责任以后,可以要求职工适当补给。比如,汽车驾驶员违反交通规则,造成了损害,企业先赔,而司机则向企业负责。但是,我对这个问题有些看法,我们社会主义国家,应该考虑这样一个问题,即应该广泛地设立保险制度。为什呢？我们在调查中，向交通大队和法院了解，处理这类问题的做法很不一致，受害人吵得厉害就多给钱，吵得不厉害就少给钱，实际上95%以上都是国家把钱掏了。这不合理。我们为什么不建立社会保险制度呢？医疗事故保险、交通事故保险，以及其他有关的保险，投保人缴纳一定的保险金，一旦出了事故，就由保险公司赔偿，这样省去了许多麻烦，而且也很统一。

六、法人的变更和消灭

1. 法人的变更

法人的变更，实质上就是法人的改组，即法人在组织上分立、合并，以及在活动宗旨和活动范围上的变化。一个变两个，两个合一个，以及生产方向、活动目的变化等。根据法律、命令而成立的法人，若要变更，也必须依照法律、命令来进行，而不能自己变更。公民自愿组成的法人，如合作社和社会团体，需要变更，则要依据章程的规定或社员大会决议，并且凡是经过主管部门批准而设立的，在变更时也必须同样履行手续，经过申请、批准和登记才有效。这就是说，产生和变更的程序是一样的。

2. 法人的消灭

法人的消灭，是指从法律上消灭法人的资格。法人可因下列几种情况而消灭：

（1）国家命令。根据国民经济调整计划，根据关、停、并、转的命令，需要撤销的都可使法人归于消灭。

（2）法人设立的目的已经达到。设立法人的目的实现之后，法人存在的意义也就没有了。如为勘探石油而成立的法人，在勘探任务完成之后，就不需要其继续存在了。

（3）法人章程中规定的期限届满。如我国与外国公司成立的合营企业，规定合营期限是3年或5年，期限一到，法人就消灭了，若需继续合营，则应重新组织。

（4）因违法活动而被勒令撤销。如法人进行违法活动，危害人民和社会，国家就要强制撤销。

（5）资不抵债，这是资本主义国家通行的原则。在我国实际生活中，也有类似的情况,当企业出现资不抵债的情况时,应对其资产进行清算,并按一定比例对债权人清偿债务,这样,法人也就不复存在。资本主义国家把这种原则叫破产。虽然我国法律并未规定破产〔我国于1986年颁布《中华人民共和国企业破产法》(试行),2006年颁布《中华人民共和国企业破产法》〕,但实际上存在这种情况。这个问题可以在理论上加以研究。

以上是法人消灭的几种根据。无论是依行政命令,还是因社员大会决议消灭的法人,都必须进行两项活动,一是业务清理,二是财务清算。业务清理,如履行未尽的义务。财务清算,即计算自己的财产,向债权人清偿债务。这两项活动是法人消灭时必须做的善后工作。进行这项工作时,要由主管部门组织清算委员会,或者由法院指定清算人对法人的债权、债务关系及其他财产依法进行清理。往往企业一撤销,就要引起民事纠纷,为正确解决这些问题,法院派人监督清算活动是必要的,这对法院将来审理案件也有好处,可以取得一些事实材料。

现在,有一些部门下马,不重视这些善后工作,使许多财产遭到重大损失,与人们对法人消灭的制度认识不清、法律制度不完备有着直接的关系,当然,也还有别的原因。我们要建立健全法人制度,对于法人撤销方面的立法也应当加强。

在清算财务时,也就是还债时,除了依法不得强制执行的财产不能用来抵债以外,其他的物资都可以作为企业财产来偿还债务。依法不得强制执行的财产在我们社会主义国家里是有的,如厂房、重要的设备等。因为我们社会主义国家企业有这个特征。但是,依法不得强制执行的财产的范围究竟有多大,没有一个全国性的、统一的规定。应进一步明确。除此之外,其余的财产是可以还债的。还债的程序是:① 职工工资,要在剩余财产中优先偿付;② 国家税收,在偿付工资后,要缴纳国家税收;③ 银行贷款;④ 清偿其他债务。我认为:贷款是计划范围内的,将来讲结算时再讲。至于那些超定额的或者其他一些贷款,是不是要优先于普通债权清偿呢?我希望同志们进行讨论研究。我们说:银行在某些业务范围内,具有行政管理的属性(如计划贷款),也有企业的属性,其他债权人也有国营企业,银行为什么必须优先于其他企业受偿?特别是我们社会主义国家把经济看做一个整体,合理、合法的集体企业的债权为什么要后于银行贷款？如果这样，在企业垮台时，其他合法债权人的债权也就得不到保障了。这个制度是否合理？我们应该从社会主义国家的性质，从整个经济体制及商品流转的关系方面来重新考虑。

法人的消灭，需要进行撤销登记的，要进行撤销登记。因为法人成立和消灭的程序也是一致的。法人消灭后，还需要登出公告，做到众所周知。

从民法科学的建设来说，从民法讲义的编写要求来说，我认为还应该把这些内容写进去。应该按照法人的分类，把不同种类的法人，它的机关、组织章程等等有特点的东西分别列入有关的章节中。现在，由于我们的经济体制正在改革，体制上还没有最后定下来，这方面我们调查、研究得也还不够，所以一直没有把这一章按照规格健全起来。我希望同志们将来编教材时，应当注意这一点。另外，商标问题在编写教材时放在哪里最合适？如果民法里有工业产权这一章，我们可以把它放在工业产权这一章里，要按照商标法的内容，把它写出来。值得注意的是商标法有许多内容属于行政法范畴。但只要与我们有关的，都要写进去。

七、发展商品经济亟须建立健全公司立法

1. 公司法所调整的公司制度是商品经济高度发达的产物

法制史表明，最早期的民事权利主体仅限于自然人，没有法人（公司）这一概念。在罗马时代，在少数情况下社会团体也能参加一些民事活动，如寺院。中国古代、近代的祠堂也是如此。他们一般都拥有一定的财产，可以承担一定的责任，但是，他们作为民事主体的客观经济条件是不具备的，因而和近、现代公司制度有质的差异。公司制度是随着资本主义商品经济的发展和壮大而诞生和兴起的。伴随着资本主义生产力和大工业的发展，各种经济组织应运而生，它们广泛筹措社会资金，兴办大型事业，如开矿山、筑铁路。筹资方法主要是发行股票，吸收大众投资，让其享受利益、分担风险，这样就涌现出了大批股份公司。股份公司的出现，使法人制度产生和完备起来，法人制度是股份公司高度抽象的法律反映。由此可见，商品经济是公司制度的经济条件，公司制度是法人产生和发展的物质基础。在我国传统

经济模式下,不存在商品经济,也自然产生不完备的公司制度和法人制度,只有到了改革、开放的新时代,适应商品经济发展的需要,公司立法才能被提上议事日程,因为公司制度已经在中国的经济生活中深深地植下了根。

2. 公司法在我国商品经济条件下的基本机制

无论在大陆法系国家,还是在英美法系国家,公司法对社会经济的调整作用都是巨大的,可以说,公司法是资本主义企业发展和经济繁荣的助推器。商品经济的许多内容是共同的,因而,我国虽然以公有制为基础,但对我国社会主义商品经济的调整仍然需要一套完备的公司法律制度。

(1) 公司法确认了财产所有权和经营权的规范化和明晰化。根据公司法原理,无论是股份有限公司,还是有限公司,其财产所有权都不属于股东个人,股东不能直接占有、使用和支配,只能依法行使以投票权、收益权为核心的股东权。资本总额的所有权只能归公司法人(在我国,全民所有制公司的所有权归国家)。而经营权也不属于向公司投资的各个股东,而由公司委托董事会或总经理行使。因此,从这个意义上说,不但股东个人财产是与公司资本分离的,而且除全民所有制公司外,公司所享有的所有权和经营权也是合一的。这样,就将利益机制、责任机制、权力机制有机地统一起来,从而有助于公司经营管理高效化、最优化。

(2) 公司法有效地保障了资本的积聚和股份的流通。这主要体现在股份有限公司上。在股份公司内,公司资本由单位股份组成,股份公开发行,上市流通,这样就可以把分布在社会各个领域的分散资金集中起来。由于股份可以上市流通,一方面便于股东自由决定投资流向,另一方面又迫使企业搞好生产经营。因为一旦经营亏损,股份就会纷纷外流,如果经营成功,则股份资金又会源源不断流入。

(3) 公司法为股东承担名副其实的有限责任提供了有力的保证。无论是有限公司,还是股份有限公司,其股东均以投入公司的特定股份承担责任,除此之外,即使公司亏损过巨,资不抵债,股东也不再承担任何责任。有限责任的结果,既吸引了大量的投资者,从而更广泛地开辟了资金来源,又加强了公司负责人的责任心,同时还强化了工商部门对公司的监督管理,促使债权人尽可能全面地了解和查阅公司的资信情况和偿债能力,因为有限责任固然有利于公司股东,但却不利于债权人。

(4) 公司法保障了经营决策的程序化和民主化。在独资企业和合伙企业中,经营决策权主要依赖于企业主个人,而在公司企业中,经营决策采取委员会制。比如在有限公司和股份有限公司中,需设立股东大会,作为公司的最高权力机关;设立董事会,作为公司的经营管理机关;设立监事会,作为公司经营和财务的监督机关,三机关彼此协作,互相制约。一切活动均需严格遵循公司法、公司章程和股东会的决议,这样,公司经营管理就程序化、民主化了。

3. 公司法与民商法的关系

民法就其本质属性来说,是一定社会商品经济关系的产物,是为一定社会商品经济服务的。民法是公司法的基本法,可以说,没有民法,就不会有公司法。民法中的权利主体制度、物权制度、债权制度在公司法中都有具体的运用。如果说民法是调整商品经济关系的一般法,那么公司法就是调整商品经济关系中的某些具体过程,是民法调整机制的具体化、深层化。公司法与商品经济的关系,实质上就是民法与商品经济的关系。

在传统的法律术语中,一直存在商法这个概念。公司法、票据法、保险法、海商法在大陆法系都属于商法的范畴。在历史上,商法存在了一个很长的时期。商法产生于欧洲中世纪,它与"十字军"东征结有不解之缘。"十字军"东征时期,商人与封建领主互相利用,商人取得了某些特殊权利,保护商人的特殊法律也随之出现,商法理论也逐渐形成。如果没有这些特殊的历史条件,民法会缓慢独立发展起来,而不会出现商法。民商分立以后,西欧许多国家便制定了商法典,但从内容上看,商法的理论不过就是民法的理论。到了近现代,出现了民法商法化、商法民法化的趋势,特别是由于商人的范围、商人的特殊利益已日益模糊,故民商合一或互相渗透的现象也许是不可避免的。因而,公司法不论属于商法,还是民法,其实质都是为商品经济服务的,都要符合民商法的一般原则。我国由于已颁布施行《民法通则》,而没有独立的商法典,公司立法更应以《民法通则》的一般原则为指导。

4. 建立健全公司立法需探讨的若干理论问题

我国公司立法迄今尚未能出台（作者讲演时——编者），这一方面说明在我国公有制条件下制定一部公司法的难度，另一方面也说明有许多理论问题未能很好地解决。为了尽快完成公司立法工作，我认为以下主要问题须做进一步探讨：① 公司的种类问题。有限公司、股份有限公司、无限公司、两合公司是全要还是部分要。② 公司立法的形式。是制定一部统一的公司法，还是分别制定条例？③ 公司的所有制性质和所有权问题如何规定？④ 公司法的调整范围。是否包括全民所有制企业、三资企业、金融企业？⑤ 章程的内容。⑥ 公司的联营、兼并。⑦ 股票、债券的种类与流通转让问题。⑧ 法人代表问题。是董事长还是总经理？⑨ 破产和清算。⑩ 国家对公司的监督、管理。⑪ 外国公司在中国的法律地位问题。⑫ 公司违法的民事、刑事责任和法院受案问题，等等。

第八讲 物

一、物的概述

在这里,我们不仅要讲物的概念,而且要讲物的意义。因此,标题就叫物的概述。

按照一般的常理来说,物是在自然界里占有一定空间的东西,从这个方面来讲,它是许多学科部门研究的对象。物理、化学、生物等学科,都要对物进行研究。我们是从民法学这个角度,研究它在法律上的意义,而不是研究它在物理、生物、化学上的意义。

在自然界里占有一定空间的物,它在法律上,特别是在民法科学上,究竟有什么样的地位呢?

我们说,物是权利客体的组成部分。于是有的民事理论就认为,物就是民事权利客体。当然,我们也并不是说他就不对。根据我对民事权利客体的理解,物是民事权利客体的组成部分。在这一意义上,我是把它当做标的来看待的,它是体现权利主体物质利益的东西。我们知道民法调整的是财产关系,是以物质资料的占有、交换为基础的社会关系。正因为是这样一种社会关系,所以,绝大部分的民事权利、民事行为,民事法律关系都要涉及物,也就是物质对象。可见,物在民法中的意义是很大的。既然如此,我们在研究时,就应该把它的共同属性抽象出来,放在前面作法律上的、科学上的分析。

既然物的属性在民法科学上有它特定的含义,那么,自然界一切占有空间的东西就不一定都是物。首先,人是自然界占有一定空间的东西,但人却不是民法学中的物。我们给物下的定义是:物是人身以外的构成民事权利客体组成部分的物质对象。这样,就把人与物区别开来了。也许,有的同志会提出,尸体即人体的组成部分,算不算物?这个问题在法学界历来都有争论。这个问题不单纯是个物质对象、物质利益的问题,而是涉及伦理观念和意识形态的问题,我个人认为,人的尸体原则上不能当做物来对待,但是在个别情况下、个别场合下,在不违背社会道德的原则时,也可能是物。如刑侦教研室把人的骨架经过处理以后做成标本,或者进行科学研究,或者拿去卖钱,这时尸体的组成部分——骨架就是物了。这个问题不能单纯地从它的自然属性来考虑,而要从经济上、政治上、伦理上,从各方面加以综合分析研究。当然,民法科学有义务来回答这个问题,并不等于完全是繁琐的东西。我把它提出来,供大家研究。

除人体以外,也不是任何自然界的东西都可以作为权利客体的组成部分,如有一些无法控制的东西,虽然它是占有一部分空间的客观物质对象,而且是可以利用的,但也不能成为权利客体的组成部分。比如太阳,对人确有很大的好处,但不能说它是民事权利的客体。而有些东西,过去不被人们控制,以后确被人们控制了,那就是物了。比如,南极洲,过去没人去,也没人管,说它不是物。而现在科学发达了,人们在那里纷纷建立基地,我主张归我,他主张归他,联合国有人主张建立共管。这说明人的智慧、控制力量达到了,人们对它感兴趣了,它就逐渐向权利客体方面转化。世界、宇宙中各种东西都可以这样看,你管不了控制不了的东西,有意义也好,无意义也好,都不能作为权利客体。

相同的物在社会制度不同的国家里,它的法律地位也不尽相同。如枪支弹药,在美国可以公开经营,而在我们国家就禁止买卖。又如铁路、矿山,在我国属于国家专有,在资本主义国家就允许私人经营。总之,不能单纯从物的本身来理解,而必须考虑人类对自然界的控制和支配能力,考虑物在经济上和物理性能上的作用,考虑一定社会统治阶级的意志,只有把这些结合起来考察,才能明确我们这个社会制度中,为什么对这种物给予这样的法律属性,对那种物又给予那样的法律属性,不同国家的物为什么又有不同的对待等等。

二、物的分类

在我们的社会主义国家里,为了巩固经济秩序,有必要对物进行分类,分别用法律规定它们的地位,通过分类,规定物的流通范围有多大,国家对它的控制强度如何,哪些东西允许卖,哪些东西不允许卖,哪些东西在什么领域中买卖,哪些东西归国家所有,或者哪些人可以持有,哪些人不可以持有,分别加以规定,才可以促进国民经济有计划按比例发展,维护社会治安,保证人民身体、生命安全等等。为了这些目的,分别用法律规范规定它的法律地位。下面根据我国的有关政策,对物的分类一一加以说明。

(一) 生产资料和生活资料

将物分为生产资料和生活资料,不仅是政治经济学的分类,长期以来也一直是我国法学的分类,特别是民法上也要做出这样的法律分类。这种分类一度关系到国家制度和社会性质的问题,它规定哪些物由谁来占有,谁不能占有。

长期以来,我国《宪法》规定,主要生产资料和生产工具归国家和集体所有,如《宪法》第 5 条就有这样的规定,国家拥有国家专有的财产,如矿藏、水流、森林、荒地、水陆资源等。在这方面,我国历届宪法都作了规定。集体可以占有国家专有以外的不允许别的主体享有的一切生产资料。

总之,将物分为生产资料和生活资料,在政治上和法律上都有着重要的意义。我们在研究民法,在研究所有权、债权时必须明确哪些财产归国家所有,哪些归集体所有,哪些归个人所有,而且还必须依据行政命令把它们区别开来,才能正确处理民事法律关系。今后随着经济体制改革的深入,可能有一些变化,要随时加以注意。

(二) 不限制流通物与限制流通物

有的书上,写的是流通物和不流通物,融通物与不融通物。

1. 不限制流通物,即流通物,可以任意买卖。这是国家允许在主体间自由流通的东西。这类物资的流通,可以满足企事业单位和公民个人生产和生活上的需要。不限制流通物种类繁多,不一一列举。这些东西都是企、事业单位和公民个人所必须的。这些物都是可以买卖、借贷或者赠与的。这是原则,但也有例外,讲到具体问题时再谈。

2. 限制流通物,是我们的研究重点。国家对于这种物的流通给予禁止,或加以不同程度的限制。它包括禁止流通物和特别限制物。分几点来讲:

(1) 国家专有物,是只许国家所有,不许个人所有的物。如矿藏、水流、国有的森林、荒地和其他海陆资源。这些东西都是禁止流通的物,不能买卖、租赁。还有,依法规定由国家专门经营、专门管理的那些财产,也不能流通。如铁路、航空(包括其设备、器材)、大小水利工程等,这些关系着国家经济命脉的财产,永远属于国家所有,不得转让。

另外,虽然不属于国家经济命脉,但为了保证国家安全,维护社会秩序,法律规定由特定的组织持有和使用,如武器、弹药及其他军用物资等,不得参加民事流转,不得由其他组织和个人占有或使用。总之,凡属以上国家所专有的物资,都由国家委派专门的国家机关、国营企业来经营管理。这些物资在国家企、事业单位之间,只能依行政程序和特别的法律、法令,在指定的组织之间移转。也许是有偿的,也许是无偿的。但是,不准按照一般的民事程序,移转给其他社会组织和个人。

我们讲物的分类时,必须给以明确的法律地位。有些物资由一些单行的法律来规定。例如,国家《文物保护法》就规定:国家机关、部队、全民所有制企、事业组织收藏的文物属国家所有。其实,国家所有这个概念,我们可以理解为国家所专有。从立法解释上,从含义上,就是国家所专有的意思。就是说,这些财产,非依特定的法律和法令,不得卖给外国人。

(2) 非国家所专有的物资。这个意思就是虽然并不是国家所专有,但它也是限制流通物。为了保障国民经济有计划的发展,稳定国家金融,保障公民的健康,有必要把国家非专有的物资在流通上给以限制,或者是给以禁止。属于这类物资的有:

第一,土地。我国是实行土地公有制的国家。国有土地,农村劳动人民集体所有的土地。根据宪法规定,都是禁止买卖和变相买卖的。虽然土地并非国家所专用,集体也可以拥有土地。但是它不允许买卖。那么,土地征用、土地占有、使用权等等,都必须由土地管理部门审核批准,单有特别法令来解决这个问题。我们国家已经制定了土地管理、使用办法。当然还有土地法、土地改革法。总之,这方面属于土地法调整的范围,它不进入民法流通领域,属于限制流通物。

第二,固定资产。财政部规定:使用在一年以上,价值为一定数额以上的物资为固定资产。固定资产有它的特殊属性。国家机关、企业经营管理的主要的固定资产,它的种类、数量,原则上是根据国家给它的任务确定的。当然,现在扩大企业自主权,这个权限也在不断扩大。但是,扩大也不是无边的。固定资产,必须按照国家意志,规定一定的范围,在数量上要有一定的限度。因为国家是有计划的生产,这些东西的多和少,都和国家的计划有关,不能无限度地扩大。对于主要的固定资产,企业无权擅自增减。当然,扩大企业的自主权,可能有增减,但增减到什么程度,通过什么程序,将来也会有法律规定。并不是国家不过问就可以自己处理。除了法律有特别规定的以外,固定资产只能根据行政命令,按一定程序在全民所有制企业之间进行无偿调拨,这是我们国家处理固定资产的基本原则。我认为这个基本原则不会因为实行扩大自主权和实行以税代利而引起重大变化。重大的固定资产不准在企业之间有偿的买卖、借贷、租赁等等,它只能依行政命令,按一定的程序,在全民所有制之间无偿地调拨,这是属于依行政程序直接对物质资料的分配、再分配的问题。

第三,金银。依照我国的金银管理条例,虽然不禁止个人所有,但是一直到现在,仍然禁止私自倒卖。现在有一个金银饰品管理办法,比过去限制得少了一些,公民可以到国营商店买到金银饰品。如果我在国营商店买了一个金戒指,现在没钱用了,就按原价,交出发货票,卖给别人,那是可以的。因为这不属于倒卖,没有从中牟取暴利。现在,公民要是有金银,也不应该在私人中买卖,应当按国家牌价,卖给国家银行。

第四,麻醉品、麻醉剂、毒品。为了保障人民的生命安全,国家依法控制这类东西,是十分必要的。如鸦片、吗啡以及剧毒农药等,只能按一定程序,供给有关单位,按正常用途来使用。或者因为什么具体任务,具体的建设事业需要,也可以拥有某种剧毒的东西。

(三) 种类物与特定物

种类物是指可以用品种、牌号、数量、长短、容积、重量等抽象单位来确定的东西。比如什么牌号的水泥、什么型号的钢材、石油等。用途相同、数量相同的种类物可以互相代替。特定物是相对种类物的物,本身具有单独的特征。典型的例子是一张古画,一辆旧车,一件旧衣服。另外一种情况是,可以由当事人的意志决定,是说一般人认为可以被代替,而当事人认为不能代替,如在日常交易中,经过当事人选择后的种类物,就变成了特定物。如某音乐家到乐器店买小提琴,选定一把后回家拿钱,这把小提琴仍放在那里,究竟他为什么选这一把,别人无权干涉。音乐家选小提琴不完全在于物的本质属性,带有主观性,他认为这把小提琴好,就选出来,别人不能换,换了他就不买。这把小提琴的买卖,就应按特定物买卖的原则来处理。可见,特定物有两种属性:① 不可代替性;② 由当事人的意志决定。与划分种类物和特定物有关的还有可代替物与不可代替物。这两种物,纯粹是从物的本身不能被代替这个物质属性来划分的,不以人的主观意志为转移。种类物是可代替物,特定物是不可代替物。

从概念上将物分为种类物和特定物,它的法律意义何在?我想可以从这几个方面来讲:

(1) 租赁和使用借贷合同的标的物,只能是特定物。如我借你一辆自行车,骑完了我只能还你原来的这辆车子。消费借贷的标的物,只能是种类物,不能是特定物。消费借贷的目的是消费,借来的钱花完了,借来的粮食吃光了,将来还你的就不是原来的钱和粮。

(2) 以交付特定物为标的的债务关系,履行债务前,标的物灭失,没有了,可以免除交付标的物的责任;如果交付标的物是种类物的债,履行债务前,标的物灭失,不能免除其交付标的物的义务。

(3) 在民事流转中,物的所有权(包括管理权)转移的时间,因标的物不同而有所不同。民事流转中种类物和特定物所有权(包括管理权)的转移时间,各国民法规定不相同,有的国家不作区别,如 1964 年的《苏俄民法典》就没有区别(原来规定有区别)。我国民法一、二稿草案也没有区别。这个问题在学术上有两种意见:第一种意见认为,不管种类物、特定物,以标的物交付时间为所有权转移时间;第二种意见认为应该有区别,特定物不管交付未交付,合同成立时所有权转移,种类物应以交付时间为所有权转移的时间。我认为第二种意见较合理、可取。理由是:① 从标的物是特定物的买卖合同来看,特定物具有不可代替性,它是以转移特定物所有权为目的的,而买卖合同是诺成合同,双方达成协议后,一经签订,即告成立。因此,这时应该视为特定物所有权已经转移。这样既合理,又可能。因为标的物是明确的,不含糊的。② 合同成立时转移所有权是必要的。如果不让所有权转移,虽然合同已经成立,但所有权仍在出卖人手中。从理论上讲,他还享有占有使用和处分的权能,还可以将该物卖给别人,这与签订买卖合同的根本目的是矛盾的。所以,出卖的东西是特定物,合同一经成立,所有权就随之转移。东西在出卖人手里,只不过是一种保管关系。否则,会造成法律逻辑上的混乱。还有一个问题,标的物的意外灭失(如洪水、地震等自然灾害所造成的标的物意外灭失)责任由谁承担的问题,所有权属于谁,这个损失就应由谁承担。这比较合理。

种类物和特定物分类的法律意义就在于,明确所有权的转移时间和意外灭失的责任。这些问题都是民事法律关系中的重要问题,请同志们好好研究。

(四) 可分物和不可分物

凡是在进行实物分割时,并不损害其经济用途和价值(使用价值,交换价值),而且分割后每一份都在相当份额上保留原有价值的物,称为可分物。如一匹布分为几份衣料,一桶汽油可分成若干份,这就是可分物。凡经实物分割后,不符合其经济用途,降低其使用效果和价值的物,就是不可分物。比如一台完整的机器、一辆汽车、一头耕牛、一件大衣,都是不可分物。这种分类的法律意义是:① 在分割共有物时,就要看它可分物或不可分物,法律上才允许进行实物分割,如几个人共同继承一匹布,大家可以分开。若是不可分物,一方主张实物分割,一方不主张实物分割,发生诉讼,法院应该依法不准分割,采用补偿的办法处理,支持主张不分割之意见,驳斥主张分割的意见。这种立法的理由,显然是为了保护社会财富。再如,哥俩分家,要将房屋中间的大梁锯断进行分割,这样,就会损害大梁的使用价值,所以就不能支持分割,应该进行估价,按折价补偿的办法处理。② 在同一个多数人的债中,若债的标的物是不可分物,就产生了连带之债。如夫妻二人出租一间房子给两个人,这样就出现了连带债务和连带债权,在租金支付问题上,共同承租人对共同出租人负连带债务,出租人有权向两个承租人中的任何一个人要求支付租金。若房屋漏了,承租人则有权向两个出租人中的任何一个人要求修缮房屋。

（五）主物与从物

凡可以单独存在但须共同使用,从中可以看出主从关系,其中起主要作用的就是主物,起从属作用的就叫从物。比如,保险柜和保险柜的钥匙,可以单独存在但须共同使用。这种分类的法律意义在于:如果法律和合同没有特别的规定(如法律与合同有特别的规定,应该按法律和合同办),在一般情况下,出卖主物时,从物也应同时出卖。比如拖拉机出卖了,工具箱也随机出卖,如出卖人想把配件抽出不卖,就不允许。因为从物要随主物转移。各国法律对这一点都确认无疑。如果没有相反的证明,主物所有人即认为是从物所有人。这是一般法律原理,是多年经济实践和司法实践的总结。一百多年前就有这些规定,今天仍有重要现实意义。

（六）动产和不动产

我们把动产理解为是可以移动的物,绝大多数物都属于这一类。不动产是不能移动的物,如土地。如果说一点不能搬动,也很难说,一间房子可以搬,只是搬了就损害经济价值。因此,把土地房屋都叫不动产。房屋周围的定着物,如树林也是不动产。动产和不动产在法律上分类有何意义呢?动产除有特别规定外,一般动产的买卖合同,不需要登记,如船舶、车辆。不动产原则上都要登记过户,如房屋的买卖。

三、货币和有价证券

（一）货币就其性质来说应属种类物

因为货币的价值是通过票面、数额来计算的。在支付某人货币的过程中,5元1张的货币与5张1元的货币并没有区别,它是可以代替的。人们关心的是票面的数额,不关心张数或哪张货币,只要数额够就行了,货币与一般种类物不同,经济上的作用不同,在法律上的要求也不同。货币与一般种类物不同,是因为它是计算劳动量、消费量的尺度,具有一般等价物的属性,是联系多种经济部门的工具,是支付和储蓄的手段。所以,货币与一般种类物相比,它比其他种类物更富有代表性,种类物在内部有代表性,这一桶石油可代替另一桶石油。签订合同时,心里想的是这一桶石油,到时不能给,可用另一桶石油代替。种类物有代表性,但比起货币来讲,其代表性就微乎其微了。货币与一般种类物相比,更富有代表性,它与许许多多民事法律关系都有联系。比方说,买卖合同,一方交付标的物,他方支付价金,要不支付价金的话,就不叫买卖合同了,买卖合同必须有货币。承揽、借贷、运输、保险合同等都是。在这些合同里,货币是法定的支付手段,支付价金、支付报酬、支付租金、支付运价、支付保险费用、支付保险赔偿金都可以用,它与许许多多民事法律关系发生联系。

(二)本来可以不用货币的合同,如果发生困难,也可以用货币来补救

哪些合同原则上不用货币呢?如互易合同,以物易物,不用货币,损害赔偿按民法原理讲是恢复原状,如财物损坏,要恢复原状,能恢复就恢复,不能恢复就修理好,这是损害赔偿的最原始的要求。如果说,在互易合同中发生此状况,价值不等时,你的东西比我的贵,不好交换,怎么办?吃亏的一方就可以得到对方货币的补偿,用货币补偿差额的办法来解决问题。损害赔偿也是如此,如果说本来应该恢复原状但恢复原状有困难,或勉强恢复,势必造成经济上之巨大损失,那么,就只能用货币来补偿。

(三)货币在我国表现为人民币

国家规定,人民币才是我国的法定支付手段,其他的外币和金银不允许作为支付手段,在我国都是禁止流通的。

以上是货币不同于一般种类物的特点,另外我们还需要了解,它具有以下的法律意义:

货币的持有量对公民没有限制。你掌握三万五万也没有人管。但是对于法人来说就不同了,国家依法限制它的货币持有量,法人拥有多少现金,法律是有规定的。根据我国货币管理办法,社会主义组织的货币,除了保留日常零用的开支数额外,其余的货币都必须在当天存入人民银行,一切支付,都通过银行用划拨结算,不准直接用货币支付。我们必须懂得货币在法律上的这种特殊意义。

1. 有价证券

有价证券在我国并不像资本主义国家那样发达。当然,我们也有,在国际贸易上我们也用,今后在什么程度上运用它,我们还拿不准。人民银行结算过程中也使用,但是有许多概念在我国都还不成熟。我们讲物这一章,应该讲有价证券的一般原理,如果学生不知道有哪些有价证券,有价证券有哪些分类,那就是一个缺陷。现在虽没有充分的立法根据,但为了全面理解我国民法的原理,这方面的知识也需要介绍。

有价证券是设定并证明某项财产权利的文书。从这个概念来看,有价证券具有下列特征:

(1) 证券的持有人,只能向特定人主张票面权利。它与货币不一样,货币可向不特定的许许多多的人主张权利,你拿着货币,不论去哪家商店,都可以买到东西。

(2) 只有提出证券的人才能主张权利。它是认票不认人的。谁拿着这种证券,他就能够主张权利,也就是说票面的权利与证券本身是不可分离的,这个特点与一般的借据不同。借据不一定要提出借据才能主张权利,用其他方法也行。借据烧了、丢了,如果能够用其他方法证明的话,仍然可以主张权利。有价证券就不行,即使大家都知道它是被烧掉了,也不行。有价证券是在资本主义社会发展起来的。这个原理是不可动摇的。这点与货币相似,货币被烧掉后,你上银行去要求补发,那是不行的。

(3) 有价证券的义务人是单方履行义务,在其履行义务时无权要求对方对价。这与一般合同不一样。合同一般都讲究对价,你给我什么义务,我也相应的给你义务。而有价证券的义务人则是无条件地承担义务。另外也不问证券的来源或原因。这是为了交易的方便,交易的安全,法律上给予证券的特点。从法律术语上讲叫"无因行为",所以在这里证券表现的债权债务关系与一般合同表现的债权债务关系又有区别。

由于其具有以上属性,所以我们说有价证券是物的特殊表现形式。

有价证券基本上表现为三种形式:

① 票据:票据是发行人签名于文书之上,依文书的记载数额,由票据的义务人支付一定金额的证券。从总体讲,所有的票据都具有这个属性。票

据可分为三种形式：

第一种是汇票，是指发票人委托付款人对于受款人于到期日凭票无条件支付一定金额的证券。汇票在习惯上被称为汇款单。汇票制度在中世纪贸易发达的时候就已经产生了。比如，某乙向某甲借1000元，某乙根据借据应在1个月后偿还。接着，某甲向某丙买了1000元的东西，某甲便对某丙说我不能马上给你钱，1月后我才能付款。如果某丙同意的话，某甲就可以写1张汇票，发票人某甲指定在1月后，由持票人某丙向某乙无条件地支取1000元，这样一种周转关系在贸易往来上是需要的，能够满足各方面的要求。这就是汇票产生的原因，这种方法可以适用于多种环境，两地之间可以用，邮局、银行也都适用。其原理都是由发票人委托付款人到期无条件对受款人支付金额。

第二种是本票，是指发票人在到期日，向持票人无条件支付一定金额的证券，发票人发的票由本人承担支付，好像是一种有期限的借贷关系。比如，某甲向某乙购买一批货物，不能马上付款，而某乙又急需出卖，两人商定1月后付钱，甲便开1张本票，1个月后，由某乙凭票向本人（或公司）主张票面价额，这就是本票。有人要问，为什么叫"本票"，来个借据不好吗？资本主义社会有个特点，如果我很有信誉，发出的本票到时候准能付款，社会上很相信我，请求我给本票的人就可以拿着它去流通，在市场上当货币支付。如果银行信任这种本票，本票持有人也可以用本票在银行兑换现金。银行则把本票作为抵押，到期在发出本票人的项目下扣除。在商业经济高度发达时，社会上就会出现这种东西。虽然我国现在不需要这个，但在国际贸易上却是需要的，我们学习民法，应该要懂得一些这方面的知识，不能在票据方面做一个纯粹的外行人。

第三种是支票，它是发票人与第三人约定（第三人往往是银行）凭票支付一定金额的证券。在资本主义国家，发票人可以开出空头支票，但我国是不允许的。支票超过存款数额时，要受罚，而在资本主义社会却有超支付款的协定。

票据法在国际上很重要，直到现在，国际上也有票据协定。经各国签字后，票据的往来都根据协议的条款处理，很复杂。有什么项式、程序、保障、拒付等等。在新中国成立前,票据法属商法,根据民商合一的理论,实际上也是按民法原理来处理的。对票据法方面的一些基本东西,应该懂得。

② 股票、公债券、提单,也是有价证券。股票、公债券问题都由一定的法律来解决。提单也是可以转让的。比如我买了一批货物,存放在仓库里,如果我不要了,就可以将提单转让给他人,他人也可以用提单去提货。公债在我国不能流通或计价转让,但过去我国公债可以作抵押,可以作债的保证。这样做我看也不好,如果能抵押就可能起到货币的作用。究竟能否抵押,这个问题还值得研究。这些要根据当时具体的单行条例处理。

③ 火车票、船票、飞机票,也是有价证券。比如买票后,只要没到期,可以退票,换回货币,也可以转让。

粮票、布票没有价值,它不过是实现统购统销政策的一种手段,一种工具,是不允许计价转让的。有的同志问到外汇券的问题,外汇券具有两种属性:具有人民币的属性,可以在国内流通;有外汇的属性,持有它可以出境,在国内则把它当人民币看,搞经济工作的同志也提到了这样做在实践中有些困难。将来外汇券怎样办,还得进一步研究,总结经验。

第九讲　法律行为

一、法律行为的概念

法律行为是指主体基于意思表示,旨在产生预期民事法律后果的合法行为。法律行为是最广泛、最重要的法律事实,它是人们有意识地组织生产、进行消费中大量采用的法律形式,经济活动基本上采取这种形式,可以说绝大多数民事法律关系的产生、变更、消灭是通过法律行为这种形式来实现的。所以,我们研究法律行为,有着重要的意义。

法律行为在法律事实的分类中是很小的一部分,但就其本身的属性说,民事法律关系的绝大部分都是通过它来产生的。如果不理解法律行为,就很难理解我国大量、正常的民事活动的性质。其他的法律事实,例如,不当得利、损害赔偿等与法律行为相比是微不足道的,我们应当有这样一个清醒的认识。当然从科学体系上看我们并不否认,每一种法律事实都具有独立的地位,但它们不能与法律行为相提并论。在讲课时,要引起同学们对法律行为的高度重视,在民法学里,把它作为一个独立的章节来讲是有科学依据和实践意义的。但不一定要在法典里有规定。不规定,我们可以在理论上抽出来。若是规定,当然也是需要的。

法律行为在法律事实中同其他行为的关系,可以用这样一个图表来说明。

```
              ┌ 事件
              │        ┌ 表意行为 ┌ 合法行为(适法)──→法律行为
法律事实 ┤        │              └ 不合法 ┌ 无效的法律行为
              │ 行为 ┤                        └ 得撤销的法律行为
              └        └ 非表意行为 ┌ 合法的(适法)──→拾得物,无因管理
                                      └ 不合法──→侵犯行为
```

我认为在我们社会主义国家有必要从民法理论上来确认一种标准的、典型的、符合生产要求的法律行为。关于法律行为的定义有争议,有各种各样的表述方法,我过去有其他表述法,现在我觉得按上面的表述更科学些。为什么要给法律行为下这样的定义呢?这有其历史的原因,也有现实的原

因。从历史原因看,《十二铜表法》就有关于法律行为意思的规定:"一切关于财产所为的遗嘱处分、皆为法律",从其含义来看,这种遗嘱处分实际是一种单方的法律行为,它一开始就被当做合法行为而提出来的。在中国古文里,有"质、剂、契、券"等字,实际上是书面的法律行为,这也是从合法的角度提出来的。它是具有法律效力的。是给人们制定一种行为规则。1804年的《法国民法典》里,有"因合意而发生的债",也是关于法律行为的规定,也是从合法的角度提出问题的。1805年,德国法学家贺古在研究罗马法时,为了让它适合资本主义法律要求,便创造了"法律行为"一词。当时的"法律行为"就是指合法的行为,不带有不合法的性质。从中国人的习惯用语来说,道德行为就是指符合德道的行为;法律行为当然是符合法律的行为,绝不应该将其理解为违法行为。所以,从历史发展,从现实需要,都应肯定它是合法的行为。当然这里有矛盾,矛盾的关键在于无效的法律行为是否叫法律行为?法律行为本质上是合法的,应该是有效的,无效法律行为这个名词本身就有矛盾。我认为,应该把无效的法律行为当做一个单独的名词看,它不是法律行为。得撤销的法律行为,也应当作单独的名词看,也不是法律行为,它虽具有法律行为的外表,但其本质属性不再是法律行为。我们不能因词害意,因为这些东西不好处理就创造新的名词,而将法律行为的概念赋予别的含义。这样它既不符合历史的要求,也不符合当前的要求。所有的西方国家的法学著作,以及苏联传统的教科书,都认为法律行为的本质属性是合法的。许多法律上的原理原则,法的哲学、法的逻辑,往往是从古罗马法、古代正常的经济活动的法律规范中抽出来的。法律行为原来就是为了解决正常的财产关系而提出的,世界各国都知道它是合法的。

法律行为应该是我们国家所确认的,从而是人与人之间的、符合民法规范的一种行为准则。因此它有以下特征:

(1) 法律行为必须是以意思表示为构成条件。意思表示的概念在西方国家法学里比较复杂,民法总则里有几十页谈这个问题。什么是意思表示呢?我们认为,意思表示包含着两个互相联系的方面。一方面,它是指主体具有追求某种民事法律后果的内在意思,也就是说存在内心的目的,这是一切法律行为的出发点,也是它的归宿;另一方面,如果行为人的目的只停留在内心活动阶段,是没有法律意义的,还必须通过一定的方式,将内在意思表示出来,达到让人知道、理解的程度,这样才有引起民事法律后果的可能。如果做不到这点,就不是意思表示,也就不能产生法律后果。因为法律行为必须是受行为人意志支配的、有目的的自觉行为。从而可以说任何法律行为都是以意思表示为其构成要素的。没有意思表示就没有法律行为。意思表示归纳起来是:足以被他人推断而知的,欲产生一定法律后果的,真实内心意志的(不是强加的)外部表现。但意思表示不等于法律行为。因为在许多情况下,仅有行为人的意思表示还并不能产生预期的法律后果,在这种情况下,意思表示就不是法律行为,不能等同于法律行为。比如说,行为人向特定人提出签订合同的提议(要约),按意思表示来看,是符合的,但它还不构成一个法律行为,因为如对方不予承诺,就不能产生预期的法律后果。在这种情况下,要约虽然不能产生预期的法律后果,但它是有法律意义的行为。也有一些意思表示,就构成一个法律行为,也能达到预期的法律后果。如追认的行为,监护人、保佐人对限制行为能力人签订的合同予以追认,这个单方的行为就产生法律后果,使合同有效。抛弃遗嘱、抛弃继承这个单方的法律行为就能够把已经存在的法律关系予以否认,从这个意义上讲,它又是一个法律行为。但意思表示从总体上讲,并不等于法律行为。

(2) 法律行为必须能够引起行为人预期的法律后果,如果不具备这个特征就不是法律行为。这是判断某一行为是否构成法律行为的又一特征。在人们的活动中,不产生民事后果的行为,当然不是法律行为。有的行为有预期的目的,也并不产生法律后果,比如,未附承诺的要约。有的行为产生了法律后果,但后果并非行为人预期的目的,如致人以损害,这种侵权行为也不是法律行为。总之,法律行为并不是泛指一切引起法律后果的行为,而是指后果必须符合行为人目的要求的那些行为。

(3) 法律行为应该是合法的行为,不合法的行为就不是法律行为。所谓行为的合法是说其内容合法。内容包括它的目的、动机,比如我要买一匹马,我的动机是想要买回来搞生产,这种动机是适法的。反过来,我想要买马搞投机倒把(1997年《刑法》取消了投机倒把罪),剥削他人,那就是非法的了。也就是说,法律行为的动机是法律上确认的,至少是法律不禁止的。

法律行为合法也包括法律行为的方式合法,比如我有5间房子,我想把它卖掉,根据宪法、民法,都是合法的。但我不以书面形式签订合同,或不办过户登记,不按规定的方式来履行,这种法律行为也不能够达到预期的法律后果。还有法律要求公证,而不进行公证,也是违法的。所以,法律行为包括内容合法和形式合法两个方面。对于法律行为给予这样严格的要求,目的是想要用它来反映我国社会主义社会正常生活的要求。西方国家用法律行为的概念保护他们的经济秩序,而我们用这个概念也是为了发展现存的经济关系。

二、法律行为的分类

对法律行为的本质属性用分类的方法加以类比,有利于我们深入地了解法律行为的特征。不仅在理论上,而且在实践上,有着重要的意义。

1. 单方法律行为和双方法律行为

单方法律行为是根据一方当事人的意思表示,而可成立的法律行为。它的特点是不需要对方的同意,即可产生法律效力。就是说不管对方是否同意,它的效力就在客观上发生了。如继承权的抛弃、委任代理的撤销、无权代理的追认,都是单方面的法律行为。单方法律行为,只要根据法律的规定和程序,作出意思表示,就能达到行为人所要达到的法律后果。

双方的法律行为,则必须是双方的意思表示一致,即达成协议后才能成立的法律行为。这种行为也称为合同行为,合同行为分为两种类型:

(1) 双方的意志是一个方向,一个目标。双方当事人追求的法律后果,具体目标是相同的。例如合伙行为,合资经营行为,联合经营行为,两个生产队共同经营一个水电站,或某一项水利工程,他们的目标是完全一致的。

(2) 双方的意思是交叉的,他们所追求的具体目标则不相同。什么是交叉的意思呢?比如在买卖合同中,出卖人要求得到的是货币,买受人要求得到的是出卖的标的物。双方的目标不一致,是互相交叉的。这种合同在现实生活中占有很大的比重,其意义也大于别的法律行为。

2. 无偿的法律行为和有偿的法律行为

这是从经济利益角度来划分的。无偿是一方给对方某种利益,而对方接受这种利益时并不支付报酬。在这种合同中没有对价,表现为赠与合同、使用借贷合同、无偿的消费借贷合同等。这种合同的性质是无偿,因而与民法的调整方法有出入,不是等价有偿,那么如何理解呢?在民法里这是极少数的,没有代表性。民法调整这种关系,是看成公民对个人财产的一个处分权。个人对自己的劳动成果,能按自己意志自由处分,并不损害社会利益和他人利益。他可以把自己的财产当做商品有偿出卖,也可以当做消费品消费掉,还可以无偿地送给别人,这是直接从所有权导致出来的结果。商品所有者,可以有偿地出卖,而成为买卖合同;也可以无偿地转让而成为赠与合同。但赠与合同仅仅适用于公民之间。无偿行为的存在并不影响民法的基本原则,因为它是所有权的直接体现,而且它在民法中不占很大的比例。

有偿行为是一方向他方让渡某种利益,他方应支付相当对价的行为。如买卖、承揽等等。应看到在双方法律行为中,才会存在有偿行为。在单方法律行为中,只存在无偿法律行为,例如立遗嘱,将遗产转移给继承人,继承人作出声明放弃继承。这些法律行为都是无条件的、无偿的,从法律关系性质来看,仅仅以自己的意愿来达到想要达到的后果,并不损害别人的利益。

另外,有些法律行为,就其性质来说,只能是有偿的,不能是无偿的。而另一些法律行为,就其性质来说,只能是无偿的,不能是有偿的。如果改变了这个规则,那么行为的性质就改变了。例如买卖合同、租赁合同只能是有偿的法律行为,如果把有偿的性质去掉,把对价因素去掉,就变成了赠与合同了。赠与合同和买卖合同都是把所有权转移给对方,但一个是不要钱,一个是要钱。同样,在租赁合同中,若把租金去掉了,就变成使用借贷了。出租房子是把房子的使用、占有权移交给别人,以取得代价——租金,如果把房子的使用、占有权无偿给别人,就不再是租赁关系了。

有些法律行为既可以是无偿的,也可以是有偿的,如保管合同,私人保管往往是无偿的,而把某产品交给某单位的仓库保管,这就是有偿的了,因为仓库是个企业,以保管为它的经营范围。可见,保管合同既可以无偿,也可以有偿,并不改变保管合同的性质,不像上面讲的合同那样,若改变了它的有偿性或无偿性,就改变了合同的性质。委任合同、借用合同、借贷合同,都是这样。公民之间的借贷、借用合同往往是无偿的,银行借贷则是有偿的,个体户之间可以采取有偿借贷,也可以采取无偿借贷。在这类合同中是否有偿,必须在合同中加以明确规定。如果合同中没有规定利息,那就推定为无偿的。要进行有偿借贷,则必须在合同中写清楚利息多少,不能用口头形式来证明。

3. 诺成性法律行为和实践性法律行为

诺成性法律行为是一方的意思表示为对方所承认、接受,达成协议后即告成立的法律行为。在原则上,这类法律行为只要双方当事人就合同的基本条款,法律行为的基本内容达成协议,权利义务关系就成立了。大多数双方法律行为都是诺成性法律行为。

与上面法律行为不同的是,除双方意思表示一致以外,还需要交付实物才能成立的法律行为,叫实践性法律行为。这类法律行为,若只有双方意思表示一致,而没有交付实物,权利义务关系就不能发生,法律上不予承认。如消费借贷合同、保管合同、运输合同等,都属于实践性的法律行为。赠与合同也是实践性合同,各国立法都有这样的规定。某甲想把某物送给某乙,某甲表示了送的意思,某乙表示同意接受,这时双方意思表示一致,但合同还没有生效。某甲必须把这个东西交给某乙,这个赠与合同才能成立。必须有这个实践性行为,才是有效的,所有权才发生转移。原因不外乎是无偿的,把东西送给别人是他的思想活动,只要东西还没有交出去,他就可以反悔,随时撤回自己的意思表示。这种合同只是一方承担义务,而对方只享有权利,没有任何代价;所以,在它付诸实施以前,法律随时给他撤销合同的权利,这是允许的,而且是应当的。借贷合同也是这种性质的合同,如消费性借贷,不论借货币、借粮食,都有必然的实践属性。某乙向某甲借钱,是为了满足自己支付的需要,某乙显然处于无钱的状态,某甲是明知的,某乙能否偿还,是将来的事情。若贸然借出去,某甲就要担很大的风险。因而,法律就给某甲一种权利,只要钱没有交付,他就可以反悔,合同不算成立。于是借用人就要以信用作为保证,将来偿还,这时某甲将标的物交付了,合同才成立,这也是由合同的信用性质而决定的。保管合同、运输合同也必须是实践合同。保管合同规定,保管人的义务是保管物资,运输合同的承运人的义务是把标的物运往指定地点,如果双方只是口头上、书面上达成协议,而没有交付保管物、托运物，那么保管人、承运人就无法履行合同的义务。所以，从合同本身的内容规定来看，也必须是实践性合同。所以这类合同必须在交付保管物、托运物后才能成立。诺成合同、实践合同的特点，是由这种行为的经济关系所决定的。

4. 单务的法律行为和双务的法律行为

双务是指在合同中，双方都有权利，也都有义务。如买卖行为，出卖人有权要求支付价金，有义务交付出卖物；而买受人则有义务支付价金，有权取得出卖物。每一方都有自己的权利和义务。另外一种合同，是单方面承担义务，合同一成立，一方只享有权利，一方只承担义务。这种合同如借贷合同，借贷关系一经成立，出借人只享有权利，到期收回本金和利息；借用人只有义务，到期之日偿还本金与利息。使用借贷也是这一种性质，出借人将货币交给借用人，并不是他的义务，而是合同成立的条件，东西交给了对方，合同一经成立，不论有偿、无偿，它们都是单务的，出借人只享受权利，借用人只承担义务。这是合同性质决定的。照此类推，有许多合同都具有单务的属性，尽管是有偿。如保管合同、运输合同也有这种属性，往往把对方的义务当做合同成立的条件，在这种情况下，在法律逻辑上推论它们就是单务的。单务的不一定是无偿的，无偿不一定是单务。

5. 要式法律行为和不要式法律行为

要式法律行为是指须依法律要求的形式而成立的法律行为。如国营企业之间，以计划为前提的供应合同，以及其他不能即时清结的合同，都必须采取书面形式。这在法律上有规定，公民的房屋买卖不仅要有书面形式，而且要到房管部门登记过户。不要式的法律行为是双方当事人达成协议后，只要口头的形式就可以成立的法律行为，或者说不要式，是履行法律行为时可以由当事人选择的形式，如口头的或书面的。

运输合同，在实践中有这样的做法，如计划性运输，事先有预约却不履行预约，别人把仓库给腾出来了，到时不去进货，要不要承担责任？在理论上，要分清两种性质的协议。借贷合同和运输合同是一种性质的协议，借贷合同的预约和运输合同的预约又是一种性质的协议，这两种性质不能混淆。事先按计划达成协议，某月中旬要 5 个车皮，到时候你不去要，这就是不履行预约,因不履行预约,而给别人造成损失,要承担责任。但是必须看到,运输合同并没有成立,只是预约合同成立了。由于实际上的权利义务没有确立,因而,不能认为运输合同已经成立。他违背的是预约,而不是违背了运输合同。我们对这些问题作过实际调查,也请教过专门部门。如银行有信贷计划,但有时没有钱,超出它的贷款能力;但你预约了,依计划你应该借,但没借到,给你造成了损失,银行就要承担责任。比如季节性贷款,秋天收购甘蔗,需要流动资金,而银行不能借钱,蔗糖业由于采购原料不及时而遭受损失,银行要负责任。借贷关系成立是在借款单填上以后,银行付款才成立。运输合同也是这样,把货物交付给运输单位,填上运单,合同才算成立。预约不履行的责任,不是合同不履行的责任,在理论上有所区别。

国家对某些重要的法律行为,规定了要式的法律行为。要式也有各种形式,这是从国民经济生活实践要求出发的。对那些重要的、容易发生纠纷的或者不能一时清结的合同,国家要求采取必要的形式,经济生活要求这样,因而法律要反映它的要求。有些合同强调双方当事人自愿,发挥当事人的积极性、灵活性、主动性,不要限制他们过多。在许多场合下,也允许他们采取他们愿意采取的形式,甚至口头形式。口头形式是一种很方便的形式。有人想对所有法律行为都采取口头形式,认为这样更便利,但他们没有考虑交易的安全。

6. 主法律行为和从法律行为

主法律行为是指法律行为的成立,无须凭借其他法律行为的存在亦可以成立。如借贷合同,双方达成协议,并交付了所借的标的物,合同就告成立了。从法律行为是从属于主法律行为的行为。这种行为必须有一个法律行为事先存在着,或者说必须以其他法律行为存在为其本身存在的前提。如借贷合同的担保,就是从法律行为。甲乙双方成立合同是借贷关系,甲怕乙不履行合同,就由第三人出面保证债务人乙到时履行合同,如不履行合同,由担保人来履行义务,这样债权人和保证人之间就有一个法律关系,保证主法律关系能够实现。如果没有借贷的法律关系,就没有保证的这种法律关系,所以,它们之间是主从关系。

7. 独立的法律行为和辅助性的法律行为

独立,是指行为人仅凭自己的意思表示就可成立的法律行为,即通常的有完全行为能力的人所做的法律行为。辅助,是某种法律行为,必须有他人的意思表示加以辅助才能成立的法律行为,如限制行为能力的人订立合同,这种合同如超越了他的限制能力,就需要其监护人、辅佐人予以辅助,表示同意才能成立。表示同意,是对限制行为能力人意思表示进行的意思表示。这种意思表示是对限制行为能力的人表示辅助的意思,经他的辅助,法律行为就有效了。如越权代理,即无权代理是无效的,但它毕竟具有法律行为的属性,要使它有效,就必须经过一个认可的行为,即被代理人事后追认,这个追认的行为对于原来的法律行为来说,就是辅助行为。辅助行为不必重复原来法律行为的内容,它只要就这个行为表示同意就行了。这就是辅助性法律行为。

另外,还有生前法律行为和死后法律行为,要因的行为和不要因的行为。死后行为是在生前不起作用,死后才起作用,指遗嘱、遗赠等等。要因行为是说法律行为,要求有一定原因,原因有问题了,这个行为本身就可能无效。由于原因的内容有了某种障碍,就使合同产生无效的后果。不要因的行为,如票据,不问它是怎样来的,不问原因,无条件地见票支付,用这种不要因的手段来维护经济流转的秩序。可见,它是不以原因为要件的,原因不决定法律行为的效力。要因行为,如借贷关系,若能证明是不存在的话,他的借据就没有用了。如是一个合法人的票据,就不必考虑票据的来源和其他原因,见票即付。当然不是说偷来的也合法,是指在正常的情况下,不能追查票据的来源。他也没有这个权利,就像市场上卖东西一样,只要给钱,我就卖东西给你。

三、法律行为的形式

前面讲过,法律行为是以意思表示为要件,意思表示需要采取一定的形式。所谓法律行为的形式,就是行为人的内在意思表现于外部的一种形式。如果光有一个内心心理活动,一个动机存在,那还不能成为法律行为,还必须借助某种外部的表现,可以被人所理解、所推论,使他人知道你有这种意思,这就是形式。对于法律行为形式的要求,因情况而异。在某些情况下,法律允许当事人采取任何一种形式,自己选择,或者允许当事人协商,采取一种形式。当然,必须是法律认可的。如单方行为,可由他自己选择,如为双方行为,双方可以通过协商来解决。在另一种情况下,法律就规定了具体的形式,当事人必须依照这种形式来为法律行为,才能发生效力。据我国现行民法的实践和各国民事立法的通例,法律行为的形式分为以下几种:

1. 口头形式

用说话的方式来进行意思表示的,包括当面交谈、电话交谈,称为口头形式的合同。凡是法律不要求作书面形式的,都可以用口头形式来进行意思表示。这种方式广泛而常见,简便易行,通常是价额不大,或当时即可清结的法律行为所采取的形式。如自由市场的交易,公民到商店购买东西,都是口头形式。有些生产资料服务公司,寄售一些较重要的产品,如发电机、电动机,价值很高,是不是都需要用书面形式呢?那不一定。开个发货票,口头可以达成协议。口头形式运用广泛,不能忽视它的作用。但是它也有缺点,就是没有书面根据,一旦发生争执,很不容易准确确定合同的内容。对于民事后果较大,内容复杂,经济利益较高,经过一定期限才能清结的,应采取书面形式。

2. 书面形式

用文字来进行意思表示的,叫书面形式。法律行为采取文书形式,可能根据明显,有书为证,容易查证,对确定当事人之间的权利义务关系,预防争议有很大好处。

书面形式的文书,可以由当事人自己制作,也可以请别人代为书写。由谁来写没有决定意义,但其内容是代表当事人的真正意志的,必须由本人签名盖章,如果是法人,就要盖上公章。如果是双方的法律行为,就要双方当事人签名盖章。

书面形式可以做成一份交给别人保管,也可以做成两份或数份,还可以用互换的书信来作书面形式,也可用电报作书面形式。在我国,法人之间的重要法律行为,都要用书面形式。如合同法规定,合同除即时清结外,应当采取书面形式。这给我们两个启示:① 可以即时清结的,可以不采取书面形式;② 除此以外,都应采取书面形式。"应当"二字,我们理解是带有强制性的。如法律规定借贷合同、租赁合同、房屋买卖合同等,必须要有书面形式。房屋买卖合同除了书面形式之外,还要办理过户登记手续,这是特殊的手续。

另外,还有公证形式。公证就是除当事人之外,还要由国家公证机关或国家登记部门参加,予以公证,或国家鉴证机关予以鉴证。至于是否采取公证形式,则由当事人自己选择。但经公证机关公证的法律行为,具有最强的证明力。在我国,习惯由第三者,即由行政机构来对法律行为予以检查监督,并且用盖章的办法来证明是否符合法律规定,我们称之为鉴证。鉴证与公证的区别在于,公证是国家公证机关,属于司法机关,以非诉讼事件来对待;鉴证是采取行政手段,是计划合同、订货会议上采取的形式;订货会上订立的合同,由大会秘书处审查盖章,就叫鉴证。现在工商管理部门对某些合同也要鉴证,但这是行政机关,不是司法机关。凡是行政机关对合同进行的证明,叫鉴证。凡司法机关对法律行为进行的证明,叫公证。它们都是以书面形式来加强其证明力的。公证形式也包括鉴证。一般的即普遍的合同,为了加强合同的有效性,也可以通过公证的办法。国营企业内部,往往采取鉴证办法。各地方法不一致。在实践中,涉外合同,不仅要双方达成协议,还要上级主管部门审核批准,因为关系重大,主管部门有最后决定权。民法中也不是没有强制性规范,但大多数是任意性规范。如民法中规定某种合同要采取书面形式,这就是强制性规范,是不允许当事人协商的。如买卖房屋,不经过登记,有书面形式,也不能承认有效。这都是强制性的规定。

最后一种形式叫默示,默示是一种法律行为,默示是相对明示而言的。明示是主动地、明白地、直接地把意思表示表现于外部,而默示则不能直接地从外部行为来确定意思,只能间接地、从推理的形式得出意思表示。虽然是推断,但通过推断可以知道当事人内心的意思,所以,这也是一种法律行为的形式。

默示可以分为两种形式。一种是通过作为的形式,以某种活动来进行。如出租人在租赁期届满以后,接受承租人支付的租金,这种行为是作为,是一种默示。根据这种行为推论,说明出租人表示愿意合同继续存在,就可以承认合同继续有效。作为也可以在这样一种情况下表现出来,如张三在5月1日立了遗嘱,把1匹马赠送给李四,6月1日,他又立了1个遗嘱,把准备送给李四的马赠给王五,同一个标的物,送给两个人,而第二个遗嘱却没有说改变第一个遗嘱的内容。但我们可以从第二个遗嘱的内容来判断他废弃了第一个遗嘱,因为它是最后的意志,默示前一种遗嘱作废。

另一种是不作为,用沉默的方式,沉默与默示不同,它完全是消极的,毫无反映。沉默也是一种意思表示,如我国的托收承付结算方法,亦有默示的规定。默示作为意思表示,必须是法律直接规定的,要严格限制,不能扩大解释。

四、法律行为的有效条件

作为一个法律行为,必须有下列条件:

1. 行为人必须合格

这是指行为人要有一定资格,首先要有行为能力,完全行为能力,限制行为能力都在这个范畴之内。无行为能力为有效法律行为,必须有其他辅助性法律行为,或由法定代理人代理进行。对法人来说,应该由法人代表和它的代理人来进行,同时不得超过法人行为能力范围,超过了,法人就不合格。行为人合格是从权利能力、行为能力来看的,不论是法人还是自然人,签订合同时,都要审查行为人是否合格。

另外,还要看行为人对标的物有没有处分权。无处分权的行为人也是不合格的。例如承租人出卖承租的房子,或再出租,保管人出卖保管的财物,承运人出卖托运的财物都是不合格的。除非法律另有规定,如到期不收取货物,在这种情况下,经过一定时间催告还不来取货,就有权处理。《铁路运输章程》有这方面的规定。

2. 意思表示应符合当事人的真实意志

意思表示通常都与行为人内心的意思是一致的,但也有特殊情况,由于客观上或主观上的原因,导致内心与意思表示不一致。如因受到威胁而发生的法律行为,就不是真实意志。在对方恶意欺骗之下所为的法律行为,也不是真实意志。又如,某人想买一台五十马力的拖拉机,别人卖给他一台二十马力的,说成是五十马力,使他相信了,也显然不是他的真实意思。

在这种情况下,我们应该确认法律行为有效还是无效呢?从外部形式看,很正常,签订合同了,也签名盖章了,似乎没有什么问题,但是,实际上是有问题的。我们不能光从外部表示来看,而要看意思表示是否符合当事人的真实意志,如果不符合,即使从外部观察没有毛病,也不应保护。我们要深入事物的实质,如果确实能够证明外部形式虽然符合法律要素,但内部不符合当事人的真实意志,就应判定是无效的。提出这一问题,并不否定法定形式的合法性,不是忽视行为人的外部表示。在正常情况下,一切有行为能力的人对他们所为的意思表示,都应该承担责任,不能以他的真实意思和行为不一致为借口,来推翻合同的有效性。比如,某人考虑不周,与别人签订了合同,盖了章。回家一看,不是自己要买的,便要求撤销合同,这就不行,不能因此而推翻合同的有效性,因为签订合同时,意思表示与真实意志是一致的。我认为出于无心、考虑不周、估计不足、业务能力不行这些问题都应由个人负责。它与上面讲的威胁,欺骗是有区别的。确系受别人胁迫、欺诈而促成的法律行为,如果仅仅从它的外部表现,就承认其合法有效,显然是违背法律制度宗旨的。这样做,就不能保证当事人在经济活动中,有意识地订立合同。

3. 内容不违背法律、道德

法律行为之所以能够受到国家确认,被国家所保护,其根本原因就在于内容合法。反之,就不是我们所说的法律行为。内容不违反法律是法律行为的一个重要有效要件。

违反法律,可以表现为多种多样的形式。如买卖合同,把禁止流通物计价买卖,是违法行为。还有,如果明显地违反国家的价格政策,也是不合法的。有一些是标的不合法,如贩卖毒品,这就能触犯刑律了。总之,这些行为虽然具有法律意义,但并不能引起相应的法律后果,不引起法律后果的,不一定是没有法律意义的,而有法律意义的并不一定是法律行为。如,限制流通物的买卖,违反国家价格政策或租赁合同搞高利贷,违反国家指令计划等等,这些活动有法律意义,但不是合法行为,也不符合我们这里规定的法律行为的条件。这些行为可以引起违反法律的后果,还可能引起刑事责任、行政责任,民事上也要承担责任,但不能引起原来他们想要达到的后果。判断行为人所为的行为是否违法,要以现行法律规范作为根据。但任何时候民法都不能把人们的行为包括无遗,同时也没有必要这样做,因此在缺乏法律规定依据的时候,就以宪法为精神,以民事立法原则作为依据,来判断行为是否合法。

最后谈谈因道德规范引起的后果。道德不像法律那样具有强制力。违反道德只能受舆论的制裁。如果道德用强制力来保证实现,就不成其为道德了。强制这东西不是道德规范应具有的属性。发自内心的觉悟,自己主动的行为,才具有道德规范的性质。不合道德的事,别人可以批评,法律却不会惩罚,但签订合同违反道德就不行了。社会上很多人都认为这个事情是违反道德的,而合同的手续却办好了,是否有效呢？从民法看,这是无效的,是不符合法律对合同的规定的。这样说是否将道德规范提升到了法律规范呢？是否法律干涉了道德规范,给它以强制作用呢？我觉得如果从其他法律来讲,是一回事,而民法规范却有自己的属性,这一属性导致了"无效"的后果,这一原则不仅贯彻在民事法律规范里,也一直贯彻到损害赔偿里,如过失原则包括违反法律,也包括违反道德。民法为什么具有这一特点呢？有两个理由:第一,民法并不采取处罚手段,双方当事人处于平等的地位,谁也不处罚谁,国家制裁程序是行政或其他手段。民法的最大效力、最大强制力在于无效。即使是赔偿损失也只是在造成别人的损失内赔偿,都是在双方当事人法律地位平等、等价有偿的基础上进行的。合同签订后,因违反道德规范而无效,其后果也不是处罚任何人,不损害任何人原来的利益。只是舆论上给他们以制裁,由大家批评,但法律上并没有给他带来物质上的损失。例如,某甲借钱给某乙去赌博,显然是不道德的,违反了道德规范。这种借贷合同是一种自然性债务,不受国家保护,法律不承认这种借贷是合法有效的。第二,从法理上看,如果我们承认违反道德的行为,从逻辑上就会推出我国法律保护不道德的行为的结果。这显然是不符合我国法律的目的的。因此,无论从民事法律规范的性质,还是从法理的精神都会导致这一结论,不道德的行为、没有法律强制的行为也是不合法的。

4. 应符合法律规定的形式

法律行为应采取什么样的形式呢？如果法律对它作了具体规定，我们认为它就带有强制性。这样，当事人就无权选择，而是必须按法律的要求。如果不遵守法定形式，这种法律行为原则上就不能成立。国家之所以对某些法律行为强制要求符合某种形式，是为了维护社会经济秩序，有利于国家对经济活动的干预和监督。

五、附条件的法律行为和附期限的法律行为

1. 附条件的法律行为

在法律行为中特别规定一定的条件，并把这个条件的成就作为法律行为的效力发生、变更、消灭的依据（这里的效力指权利义务关系）。这种法律行为叫做附条件的法律行为。如，某单位与另一单位签订购买某种材料的合同，双方约定，在60天内以某项科学实验的成功为合同的有效条件，即在60天内科研成功了，合同就有效，就发生权利义务关系。也就是说合同虽然签订了，但它要等待某种条件成就，权利义务关系才产生，不成就就不产生。其中的条件，可以看成是确定法律行为的保留意见，保留到条件的成就。附条件的法律行为与一般法律行为的作用不同，它能进一步使行为人的动机即内在意思具有法律意义。譬如，甲向乙购买劣质煤，其动机是通过改装锅炉，降低成本。于是，在合同中就写上一条——如果科研成功，锅炉改进，就买多少吨劣质煤，如果不成功就不买。可见，甲的动机在该项合同中有着重要的法律意义。而一般的法律行为只能直接反映当事人的需要，换言之，行为人的动机不能成为权利义务发生的根据。要想反映动机，就必须把动机作为条件，写到合同里，动机变成条件就能反映这一要求。设立附条件的法律行为，无论出现哪种情况，都能够适应自己的需要。附条件的法律行为无非有两种情况，一种是条件成就，一种是条件不成就。比如上例，条件成就就买煤，不成就就不买煤，继续维持原生产方式，这就是附条件的法律行为与一般法律行为的区别。

行为中附的条件应当是某种特定的事实，这种事实是一种法律事实，它可以是自然现象，也可以是人的行为。譬如，重庆长江边上盖了一些临时仓

库堆放物资,为了运输方便,堆放物资的单位便与江岸上面的某单位签订合同,如果水位上涨,就把物资存放在这个单位,不涨水就不存放,这就是附条件的法律行为,所附条件就是自然现象。自然现象对某一经济生活会带来一定的影响,而这种影响是行为人内心考虑到的一种动机,为了防患于未然,就把这种自然现象的可能性写进合同中去与对方达成协议,这就能满足双方当事人的要求。人的行为也可以成为条件,譬如,某人有一幢房子要出租给别人,但它有一个条件,如果他儿子调回本市工作,他就解除合同,不再出租。

不管法律事实是人的行为还是自然现象,要成为条件都必须达到一定的要求,这些要求是:

(1)条件必须是在为法律行为时尚未发生的。不管哪种情况,都是在签订合同的时候尚未发生的。已经发生的事情,不能成为法律行为的条件。

(2)所附的条件必须是可能发生的,根本不能发生的也不能作为条件。

(3)能否发生是不可预知的。可预知的也不能作为条件,所附条件具有不可预知性,它在发生和不发生两者之间。

(4)条件是当事人临时选定的,如果是法律规定的事实,不是当事人自己选定的事实,那就不是这里所指的条件。譬如,"计划的变更"是法律规定的,即使它是可能发生的,不可预知的,也不能称为条件。不可抗力也不能作为条件,发生不可抗力,债务可以不履行。法律已直接规定了,再作规定就重复了,没意义了。附条件的法律行为不是为了解决这类问题,而是解决当事人在错综复杂的经济生活中所提出的特殊的、合理的要求。

在最近的硕士研究生考试题中,我出了一道问答题:保险合同是不是附条件的法律行为?我认为不是。附条件的法律行为的条件应是当事人选定的,而依保险合同赔偿损失是法律规定的保险人的义务,它是组成法律关系的基本内容,而不是所附的条件。附条件的法律行为,它的条件是可附可不附的,只是在特殊情况下,行为人把自己的动机写进合同,才形成附条件的法律行为,若不附条件,合同照样可以成立。保险合同并不以条件的成立而产生义务关系,只要保险合同一成立,投保人就按规定交保险费,不是以事实的产生而消灭权利义务关系,而是以履行义务而消灭。

附条件的法律行为,细分有延缓条件和解除条件。延缓条件是指法律关系中的权利义务虽然已经确定了,但其效力处于停止状态,用条件把实际效力固定起来,权利人此时还不能行使请求权,义务人也不履行他的义务。这一状况可以形容为按兵不动,附有这样条件的法律行为就叫延缓条件的法律行为。附解除条件的法律行为,法律行为一经成立就产生效力,但到条件成就时权利义务就消灭了。譬如,在房屋租赁合同中,出租人所附的条件是他的儿子从外地回来就不再出租,合同就解除了,这就是附的解除条件。

以上分类是日常生活中常用的分类,除此之外还可分为积极条件和消极条件。附积极条件的法律行为,是把某项事实的发生作为条件。如前面所讲的水位上涨,就是积极的条件,又是积极的延缓条件。附消极条件的法律行为,是把某项事实的不发生作为条件。

不论是积极的也好,消极的也好,把某一种事实的成就作为条件,或把某一事实的不成就作为条件,都可以作为延缓条件和解除条件。这些条件相互交叉,用这种分类,不过是把附条件的法律行为作进一步的分析,使得我们对条件内容有进一步的了解。附条件的法律行为一经成立(如签订合同),对行为人就产生了相应的约束力,只能让条件自然发展。行为人不得为自己的利益恶意促使、阻碍条件的成立。双方当事人不应加外力干涉事物客观发展。这种现象在实际生活中是能够遇到的。如某甲向某乙购买农药,附了一个条件即出现病虫害时才买。但某乙因为生产过剩,就有意使某甲的庄稼出现病虫害。这种行为是不允许的。

通常对恶意促进条件成就的,就视为条件不成就,恶意阻碍条件成就的,就视为条件已成就。法律这样规定的目的,在于保护善意的对方,防止恶意行为使对方的合法权益受到损害,防止附条件的法律行为被恶意人利用。

2. 附期限的法律行为

在法律行为中指定一定的期限,把期限的到来作为法律行为的效力。

附条件的法律行为可以不附条件,但附期限的法律行为无论如何都有期限,或者说即使不附期限,理论上法律行为也有期限。时间的因素在某些法律行为中并不明显,当然决不能说没有意义。例如,即时的买卖行为和赠与行为,它们的期限就不明显。即时的买卖行为是一手交钱,一手交货,当时就把此事结束了。赠与合同一经成立,马上消失,也看不出它的期限来。赠与合同是实践合同,双方当事人协商一致就有效,标的交付对方,合同也就消灭了。权利义务过渡到另一领域(所有权)。但严格地讲,也不是没有期限,它的期限从交付时起,又从交付完时止,从数学上讲期限等于零。这类法律行为权利义务的产生和消灭几乎是同时完成的。但绝大多数重要的民事法律关系中,时间十分重要。如,长期的物资供应合同,必须长期有计划地、分期分批地履行合同。这就要有交付产品的期限。什么时候交,交几次,这对双方当事人的权利义务关系重大,早了,晚了,都会给权利人带来损害。还有一些合同的时间虽然不如以上那么重要,但就其合同的性质来讲,期限也是很重要的,没有期限因素,合同就无法存在,如,租赁合同就是一个有期限的合同,即使不规定租赁期限也有一个期限,租赁关系一经发生就有一个过程。承租人和出租人的关系在租赁关系的存续过程中就发生了,借贷本身也有期限,什么时候还,权利义务关系本身对时间就有要求;保管、运输合同等,都有时间性。期限与合同内容是不可分割的,按期限履行合同,这对社会主义组织之间在许多方面都是有利的,在协调产、供、销活动,加速资金周转,提高组织效益等方面都是不能缺少的要求。

根据期限在法律行为里所起的作用,可分为延缓期限和解除期限。

延缓期限,期限到来之前不发生权利义务关系;解除期限,是指期限到来之时,权利义务就消灭。定期偿还债务的关系,就属延缓期限的法律行为。延缓期限也称为始期。附解除期限的法律行为,期限届满时消灭,如定期租赁关系,租赁期满,租赁关系自动解除,解除期限也叫终期。

期限虽然也和条件一样,对权利义务起着延缓作用,但两者是有区别的。

条件的成就与不成就是不能预知的,而期限的到来是肯定能预知的,是有规律的,不以人们的意志为转移的。

附期限的法律行为,当事人可采用不同的方法来表达对期限的要求。

(1) 规定日历上的一定时期,如 1983 年 7 月 1 日,用来确定权利义务发生或消灭的时刻。

（2）指出一定的期间，如1983年1月—1983年6月。这种方法是用来确定权利义务存在一定长度时间的过程。

（3）以某种必然到来的事实的特定时刻或特定期间来表达时间因素。一般在不能说明具体的时间时，就用某种事实关系来表达这一时刻。譬如，我住在山沟里，一个不通汽车，但正在修公路的地方，我要买一批东西，就与某甲签订合同，附上一条特殊的规定：公路修通后就由某甲运货来。

（4）由当事人提出请求的办法来明确期限。这个期限不规定死，但并不等于没有期限。如合同中规定，你什么时候向我要钱，我就什么时候还。这种规定的表达方法原则上是允许的，但在某些合同中作了一些补充规定。如借贷合同，张三借了李四100元钱，约定李四什么时候要，张三什么时候还。但李四要的时候，张三是否具有这笔钱呢？这种情况往往使义务人陷入困境，不能履行义务。为此，法律就做一些补救，给预备期限和缓冲期限。公民之间一般缓冲期限为一个月，因为公民的工资是一个月发一次。有些合同还有一些特殊情况。如保管合同，不论是有偿的还是无偿的，确定保管期限后，提前取货，是否违背了合同？是否就不准拿呢？法律上没有这个要求。在法律性质上要看到这个区别，我托人保管东西，不过是为了满足我在经济生活中的需要，我提前取回被保管物，对保管人来说就解除了义务，为什么不可以？！期限也要照顾不同的合同，法律上对不同的合同都有补救的办法。设立这些补救办法的目的，都是为了发展生产，便利生活。

期限的计算方法，综合国外立法和我国的实际情况，可以考虑用下列方法。

如果法律行为规定的按小时计算，期限就以完整的时数计，如，租相机、游艇等，租的时间是9:15到10:15，是1小时。若附的期限以星期、月、年为单位，开始的那天就不计入期限。如，签订合同的时间是5月1日，规定5个月为期，那么就从5月2日往下推。这样的规定是由于习惯形成的，如果期限的最后一天是星期天或法定假日，以休息后的第一个工作日为期限的最后一天。最后一天的终止期间，原则上推算到第24小时。如果是规定有业务时间的办公机构，应以下班的时间为终止期。这在世界上都是一致的。如果期限不是连续计算的，而是规定为：送达后3个月、签订合同后3年，这就要解决期限从何时开始的问题。若只有一个抽象的概念，每月可以按 30 天计算，每年以 365 天计算。这样规定是求其统一，当然也力求合理。时效是很重要的，统一的规定，在国际贸易中起着重要的作用。

六、无效的法律行为及其后果

1. 无效法律行为认定的根据

无效法律行为，不具有法律行为的有效要件，因而不能产生行为人预期的民事后果。既然是无效法律行为，为什么还称"法律行为"呢？因为它具有法律行为的形式或外表，具备法律行为的特征。但不具备法律行为的本质特征。它违背了法律行为的精神实质，所以叫无效的法律行为。可以说，它不是法律行为。无效法律行为认定的依据有以下几种：

（1）行为人不合格。① 行为人无行为能力。在自然人里，包括丧失行为能力状态的人。② 行为人不具备法人资格，不是法人而冒充法人的。它有法人资格，但超越法人章程规定的权限，也是不合格的。

（2）行为内容不合法。在教科书中都有一个理论指导性的说法，为了维护社会经济秩序，保护公民的合法权益，要严格地按社会主义原则来划分行为是否合法。有些行为相当复杂，法律没有明文规定，要按社会主义原则来判断衡量。列宁针对 1922 年制定苏俄民法典的有关问题，曾指示："不仅直接违反法律的行为应视为无效，而且对一般的违背工农劳动群众利益的法律行为也应该认为无效"。据我理解，是指违反社会主义共同生活规则的那些行为，这样的行为应视为无效。它的理由前面已经谈过了。还应指出，在为民事行为过程中，一般只要有违背法律的客观事实，就可以认定构成民事法律关系无效的依据了。反过来说，对于行为人的主观要求可以不予考虑，这也是民事法律规范具有的特点。如果这一行为又触犯了其他法律规范，由其他法律处理，民法只做到不保护它。

（3）不符合法定形式。没有遵守法律规定的形式也是无效的条件。

（4）意思表示不真实，行为人的意思表示与真实意思不一致是确认无效法律行为的重要依据。下面根据不同情况，一一加以说明。

第一，虚构的法律行为。这种行为是行为人专为表现形式，其本意并不想使它发生法律关系,发生任何法律后果。这种行为具备合法形式的要求,但它根本不符合法律行为的本质,因为行为人根本就没想要它发生法律效力,这违背了法律行为的立法精神,所以不能认为它是有法律意义的。

第二,伪装的法律行为。它与虚构的不一样,说它是虚构的也未尝不可,但虚构的不能完全叫伪装的。伪装的法律行为,是为了掩盖某种法律行为而为的法律行为。是以一种行为掩盖另一种行为。伪装的行为也不反映当事人的真正意图,因而也是无效的。

伪装的法律行为具体又分为两种情况:① 用一个合法的行为掩盖一个违法的行为,达到规避法律的目的。例如,用出卖房屋的行为,掩盖转让土地使用权的行为。由于我国土地不准买卖,不能转让。有人就以买卖房屋为幌子,转移土地的占有权。所以,有时我们看到,有的房子已破烂不堪,但卖价却很高。② 用一个合法的法律行为掩盖一个合法行为。例如,甲想把房屋借给乙居住,但由于某种个人的顾虑,便以签订租赁合同的办法来达到真实的借用目的。这种租赁合同就是一种伪装的法律行为。伪装的行为不产生效力。各国立法对这种行为的处理方法都是不承认伪装的法律行为,而承认真实意思的法律行为。

第三,因受欺诈而为的法律行为。欺诈是以使人陷于错误为目的的一种行为。它是指当事人一方故意制造一种假象,致使对方陷入错误而为的法律行为,这种行为具有以下特征:① 必须出于行为人的故意,故意制造假象。② 诈欺行为可以是积极的行为,也可以是消极的沉默,如明知这个东西有毛病,却故意不说出来,如是积极的,也是把假的说成真的。积极主动的行为和消极的沉默的目的都是使对方因此而陷入错误。③ 受欺诈一方所进行的法律行为,是由于上述错误而造成的直接结果。即受欺诈人的确上当,诈欺人也达到了目的。受诈欺人如果知道事实真相,绝不会进行此项法律行为。

诈欺行为要从以上三个方面来理解。欺诈在刑法上表现为诈骗,刑法上的诈骗也可能导致民法上诈欺的结果,但诈欺并不一定都构成刑法上的诈骗罪。因为在民法上,任何一种非善意的行为,只要目的在于使他人陷入错误、误解的,都是诈欺行为。

第四,因受恐吓而为的法律行为。恐吓指以将来进行的危害相威胁,使他人陷入恐怖的行为。不是现实的,而是将来的。如某甲威胁某乙,"你不同我签订合同,我将来要杀你"。使某乙陷入恐怖,被迫与某甲签订合同,即某甲以恐吓手段要挟他人进行法律行为。

恐吓可以是肉体方面的,如我要杀死你,也可以是精神方面的,如我知道你很爱面子,就以造谣相要挟。恐吓行为要达到的目的必须是违法的,如果是合法行为就构不成恐吓。恐吓应是重大的,这要我们在实践过程中用法权意识来判断。"重大"要具体问题具体分析,很难找出一个客观标准。要防止有些人以此为借口否定合同的有效性,恐吓行为必须是可能发生的,如果被恐吓者知道是不能发生的,就不构成恐吓。我们讲这些的目的在于,使一方当事人不得借用恐吓来否定已经合法有效的合同。既要保护受到恐吓一方当事人的权益,又要保护另一方的合法权益。总之,合法的、损害较轻的、不可能发生的,都不构成恐吓行为。

迷信宣传吓唬人算不算恐吓行为?我认为迷信行为不可能实现,但对某些人来说又未必不起作用,现实生活中有大量的这类案例。因此,这类行为在一定情况下,也应视为恐吓。这与"可能发生的行为"是否有矛盾呢?我认为这个问题具有两重性:① 具有欺骗的性质;② 具有恐吓的性质。它对于没有文化,没有科学技术知识的人,既构成恐吓,又构成欺骗。当恐吓不能实现时,就属于欺骗。我认为用迷信的方法来达到非法签订合同的目的,也是无效的法律行为。

恐吓必须是非法的、重大的,而且是可能发生的。合法的事情,不能作为恐吓行为。示威的事情,也不能作为恐吓的手段。客观上不能发生的事情,一般也不能作为恐吓行为,因为它根本就不构成恐吓的事实,如用把地球弄碎来恐吓别人,这是不可能的。

现在谈胁迫。恐吓是在精神上造成压力,胁迫则是直接对肉体施加的一种暴力强制,如把人关起来,或者是殴打等。恐吓是以将来可能发生的事情相要挟,而胁迫则是以正在进行的行为来要挟。如已经把人关起来了,不能自由了。或者已经把人打了,或正在举起棍子准备打。这些都是胁迫。因恐吓和胁迫而为的法律行为都是无效的法律行为。

第五，一方代理人与他方恶意通谋的法律行为是无效法律行为。这是代理人与第三人背着被代理人，互相串通，侵犯被代理人的合法权益的行为。从代理人的法律地位来看，他应该体现被代理人的意志，实现被代理人的利益，但他却违背被代理人的利益和意志，所以这种行为，也应当是无效的。

第六，利用他人的迫切需要，而做出的显失公平的法律行为。这种行为，就是利用对方一种紧急的需要，来取得正常情况下不可能取得的利益，使对方处于非常不利的条件，而对自己则非常有利。在这种情况下，一方当事人不得不违背自己本来的意志，接受对方非常不利的条件。正因为是不利的，所以才叫显失公平。它跟恐吓、胁迫一样，都是使对方处于一种被要挟的情况下进行的，只不过办法手段有所不同罢了。这种合同我们叫做"霸王合同"，如高利贷合同就是这种东西。又如对方要买药治病，但经济困难，只得出卖自行车，别人便乘机压价购买。再如，某锅炉厂急需用煤，某煤厂乘机故意抬高煤价。这些就是显失公平的法律行为，这种法律行为当然是无效的。

但是，在自由协商的情况下，可能会出现不平等、不等价有偿的状况，有时稍为贵一些，也不能说就是显失公平。对这种法律行为的判断，不能划一条明显的界限，而要掌握分寸，要根据具体情况来分析研究。

第七，因处于重大误解而为的法律行为。所谓重大误解，指一方对法律行为的重要条件在认识上发生错误。如把价值100元的物资误认为10元。把电动机误认为发电机，或者相反。这种情况，就叫重大误解。如果不是误解的话，这种法律行为不会进行。他要买的是发电机，如果他知道是电动机，就决不会买。误解与诈欺有区别，虽然都是由于在认识上有错误，但具体情况有所不同。诈欺是一方故意使对方陷入错误，而误解则是自己造成的错误，不是对方有意、恶意使自己陷入错误的。这是两码事，一个是自己造成的，一个是对方造成的。

但是，误解不包括动机上的错误。动机的错误不是在法律行为的条件上发生错误，而是在买这个东西时出发点有错误。如某人估计秋天会发生某种病虫害，于是他买了许多防止这种病虫害的农药。谁知到时却没有发生这种病,而是另外一种病,他买的药没能用上。在这种情况下,就不能说自己是重大误解,这跟误解有着本质的不同。

重大误解可以作为无效法律行为,即可以撤销。这对于建立正常的民事法律关系,有着重要的意义。

以上我们谈了几种法律行为无效的根据,归纳起来是四种:第一种是行为人不合格;第二种是行为内容不合法;第三种是不符合法定形式。这三种都是从外部可以观察到的判断得出来的。只有第四种较为复杂,行为人的意思表示不真实的问题是无法从外部看出来的。只有在受害一方当事人提出异议、提出撤销合同、经过法院调查审理之后,才能作出判断。如果调查属实,法院就可以撤销这种法律行为。可以撤销的法律行为,不仅他本人可以提出申请,而且第三人或者检查机关也可以提出撤销。只要法院一经撤销,这种法律行为就无效了。在没有依法撤销以前,虽然在理论上是无效的,但是,从外部来看,合同仍是有效的,因为没有被揭穿,或者当事人没有提出申请,法院就可以采取不告不理的态度。如果涉及国家或集体的重大利益,那又当别论。所以,这种状况在理论上是有矛盾的,一旦被揭穿,就有被撤销的可能,在合同未被撤销之前,为了维护法律,我们也不能说它是无效的。因为在没有认识它之前,谁有权力断然说它是无效呢?不能这样说。如果这样说的话,那所有的法律行为都有这种属性。我们不能认为社会上存在着一种可撤销的法律行为,就认为所有的法律行为都是无效的,不要作这种怀疑。在没有撤销之前,我们只能认为它是有效的,但一方提出撤销,而且明显违法,当然是无效的了。我认为这些法律行为在没有撤销之前,既有合法的部分,又含有无效的因素,理论上的矛盾就在这里。

一个法律行为的无效,有时并不是全部无效,在合同条款里,有的有效,有的无效,这两个内容可能同时存在,怎么办呢?原则是:有效部分继续有效,无效部分必须撤销。但有些有效与无效部分互有牵连,若是撤销无效部分会影响有效部分存在的话,就要全部撤销为无效。若无效部分不损害有效部分的存在,就可单独把无效部分撤销,有效部分仍然保留。如立遗嘱,把未成年人的继承权给剥夺了,但其他内容则是合法的,如果撤销这一部分不会影响其他部分的话,其他部分仍然有效。合同也一样,若撤销的部分不影响其他条款的话,那其他条款仍有效。如果撤销不合法的条款会损害其他的条款的话,那就全部撤销。

2. 对无效法律的处理

从理论上讲,无效法律行为不可能产生行为人想要达到的后果,但它并不等于不产生任何经济后果。根据不同的情况,法律行为可以产生各种各样的后果,可以产生行政法的后果,可以产生刑法的后果,也可以产生民法的后果,甚至这些后果都同时产生。下面主要谈民法后果。

(1) 双方返还。无效法律行为包括可撤销的法律行为,如果不是行为人故意侵犯对方的利益,破坏法律的话,就应该通过双方各自向对方返还从对方取得的财物,使财产关系恢复到原来的状况。如果使对方遭受损失,有过错的一方就应该承担赔偿责任。比如,一方当事人为有行为能力人,一方是无行为能力人,小孩缺乏法律知识,双方有法律行为,就不算数,就要双方返还。在恢复原状中,若是无行为能力人的财产受到某些损失,有行为能力的一方就应承担赔偿责任。因重大误解而被撤销的法律行为,在撤销时要分清责任,如果造成对方的财产损失,应由误解一方承担相应的赔偿责任。但赔偿责任的大小要根据各自的过错程度来确定,不能一撤就算了事。

上述行为主要是因缺乏法律知识而造成的,并没有重大恶意,但由于已造成损失,因而无效,双方返还,造成对方损失的一方应负赔偿责任。

(2) 单方返还。无效法律行为,一方行为人故意侵犯对方利益,破坏法律,就产生单方返还的法律后果,如一方用威胁等手段来使对方为一定法律行为,违法一方自对方所得的财物应该返还给对方,向对方所为的给付则不许返还,应作不当得利,收归国库。

(3) 收归国库。在无效法律行为中,如果双方当事人都故意违法,他们在活动中交付的财产都应该上缴国库,这是国家对他们的一种处罚。这里要注意的是:这种规定,原则上限于已经交付财产的范围。如果没有交付财产,虽然法律行为已经失效,但原则上不能收归国库,因为毕竟还没有履行。这是为了教育违法当事人认识错误,不再违法。但是对于已经履行一部分的严重违法活动,则应没收其尚未履行的那一部分财产。如倒卖黄金,分期分批发货的,对其没有履行的那部分,应予没收,上缴国库。这是因为当事人本身触犯了法律,既包括触犯刑法,也包括触犯行政法。

（4）强制收购。这种办法,通常适用于当事人直接违反法律规定,出售某些限制性物资的行为,如把某些国家限制的原材料大量拿到自由市场出卖。对这类违反某些特殊规定的行为,一般不采取没收办法,而采取强制收购,按照国家牌价进行收购。这是指少量的,对于大量出卖的就会采取其他性质的措施。

在对无效法律行为进行处理时,我们主要采取以上几种办法。这是从民法的角度去讲的,但也不排除采取其他的办法,如果行为超出了民法范围,还可能引起其他的后果,承担行政上的或者刑法上的责任。不能容许只承担民法责任,而不承担其他责任的情况出现。

第十讲　我国民法在经济体制改革中的发展与完善

党的十一届三中全会以来,我国农村全面推行了以联产承包责任制为中心的经济体制改革,同时有步骤地展开了城市经济体制的改革。我国以城市为重点的整个经济体制改革,必将推动我国社会生产力的迅速发展,加快社会主义现代化建设的伟大步伐。同时,我国经济体制改革极大地促进了我国社会主义商品经济的发展,并将对我国民法的发展与完善产生深远的影响。在此,我就改革的需要与民法的发展与完善的问题,提出若干想法。

一、经济体制改革与民法的地位

法律都是建立在经济基础之上的上层建筑。法律部门的形成和法律规范的作用,都必须要反映既定的社会经济制度和经济管理体制的要求。

民法部门,无论从传统意义上或是从现代意义上说,都是与一定社会的商品关系紧密地联系在一起的。罗马私法、法国民法、苏俄民法尽管在体系和内容上存在着巨大的差别,就其本质特征和主导方面来说,都是不同所有制所决定的特定历史时期的商品经济关系的反映。民法是为特定历史时期的商品经济服务的,并且也必然受特定历史时期的商品经济范围的制约。

新中国成立以来,党和国家为了医治战争给国民经济带来的创伤,改革半封建半殖民地的经济制度,反对帝国主义对我国实行的经济封锁,除了对生产资料所有制实行了一系列变革措施以外,对国民经济管理体制还采取了必要的强化集中管理的行政手段,使国民经济得到了迅速的恢复,并且顺利地完成了三大改造的历史任务,为社会主义大规模的经济建设创造了必要的前提。但是,由于对高度发达的商品经济是社会主义经济发展不可逾越的阶段认识不足,甚至把发展社会主义商品经济的种种措施当成资本主义,结果不仅没有及时地改变过于集中统一的问题,反而逐渐发展成为一种同社会生产力发展要求不相适应的僵化模式。同时,在法律上必然导致主要由经济行政法调整整个国民经济的状况。使得指令性计划文件作用于整个经济领域,而冠以"命令"、"指示"、"指令"、"通知"等名称的经济行政部门的规范性文件直接指挥生产和流通。因此,民法对经济的作用几乎被人们所遗忘。某些人已习惯于从语义学的角度,把民法理解为"调整人民内部关系的法"或调整公民之间关系的"公民法",认为它业已完成了历史使命并应被时代所淘汰。这些观点尽管偏颇,然而似乎不无某些根据。因为很难设想,在一个忽视商品经济和价值规律的管理体制中,调整商品关系的民法和反映价值规律的民法方法究竟能够发挥出多大的作用!

十一届三中全会拨乱反正,依据生产关系一定要适应生产力发展水平的要求,确立了对外开放和对内搞活经济的政策,同时提出了对我国经济体制实行改革的任务。近年来的经济体制改革有力地推动了社会主义商品经济的发展。农村的改革在稳定和完善生产责任制的基础上,出现了多种经营方式,农村正由自给半自给经济向商品经济过渡,城市的改革也取得了初步的成效。在简政放权、政企分立中,国营企业普遍扩大了自主权,许多国营小型企业开始实行集体承包或个人承包、租赁经营,或按集体企业的办法向国家交纳税金。利改税第二步的推行,明确了国营企业的商品生产者的地位;多层次经济结构的发展进一步活跃了我国经济;流通体制的改革逐步繁荣了我国市场;经济特区和沿海城市的开放,迅速发展了涉外民事关系。总之,社会主义商品经济的迅速发展是我国经济体制改革的重大变化。

十二届三中全会提出了发展社会主义商品经济的伟大任务。与此相适应,尽快完善对商品经济活动的法制,成为经济体制改革中发展商品经济的必然要求。没有一个直接调整商品关系的法律部门,没有一套完备的商品经济活动的准则,经济改革不可能顺利进行,商品经济不可能正常发展。这项任务的主要方面将由我国民法承担。

人类社会已经经历了自然经济和商品经济两个阶段,民法也适应商品经济的发展而经历了漫长的演化过程。私的分工产生了私的交换,分工的扩大又发展了交换。交换过程在广度和深度上的变化表现了商品经济的不同阶段的交替,也产生了多种类型的与不同阶段相适应的民法典和民法规范。从原始社会末期,在未开发的部落中出现的剩余产品的交换,生长出了合同形式的萌芽。人类进入私有制社会,对土地和自然界的自然产物的占有必然要求国家和法律的保护,以及从以物易物的简单价值形态发展到以货币为中介的物物交换,标志着劳动在现实中得到了抽象,同时关于买卖、租赁、承揽、借贷等规范也出现在最古老的法律之中。不凝结为物的复杂劳动和简单劳动的直接交换,是劳动的进一步抽象,同时也产生了代理、居间、仓储保管、客货运输、保险以及以服务为标准的属于第三产业的合同。大规模、远距离、高速度、细分工、多品种的商品交换要求发达的贸易中心以及其他第三产业的协助,当全社会形成普遍依存的独立的个人之间的交换关系,当交换已从生产的外部直接规定和影响生产过程时,民法制度(所有权、法人和合同制度)开始对生产过程发生重大影响。历史告诉我们,哪里有商品关系,哪里就有民法规范。在简单商品经济高度发展的罗马社会同时产生了完备的罗马私法,而在资本主义高度发达的基础上,同时产生了为资本主义各国奉为经典的拿破仑民法典。

历史还告诉我们,民法规范是商品关系稳定和发展的重要条件。如果说在罗马法时代,私法的主体仍然是没有摆脱宗法社会统治和人身依附关系的自然人,而自然经济又排斥了生产资料的积聚和生产的社会结合,那么罗马私法只能稳定为实现生产者消费需要的简单商品交换,而很难促进商品生产的扩大和发展。在拿破仑法典的时代,高度发展起来的商品经济实现了梅因所谓的"从身份到契约的运动",民法规范确认从封建的、地域的、专制的直接羁绊下解脱出来的自由和平等的商品生产者的主体地位,主张私人在平等的、自由的领域用私人意志调整他们的相互关系,固定个人之间的生产和消费的普遍联系和全面依存关系,保障劳动的产品和劳动者成为资本家所占有和奴役的对象(并且可以不断占有超出对劳动者所支付的劳动力价值的那部分剩余价值),这无疑促使资本主义社会唤醒了沉湎在社会劳动中的巨大生产力,使得它在不到一百年间创造了比先前一切时代总共创造的价值还要宏伟众多!

发达的商品经济是人类社会自身发展的不可逾越的阶段,而新型的社会主义商品经济的高度发展,则是实现我国社会主义现代化的必由之路。要使商品经济沿着良性循环的轨道正常发展,就必须按照商品经济的内在

第十讲 我国民法在经济体制改革中的发展与完善

要求,充分发挥价值规律的积极作用。并把这种作用表现为民法的规范,使之得到充分的遵守。同时借助于民法创造商品经济社会的正常秩序,有效地防止商品经济像在资本主义社会里出现的那样的种种弊端,使商品经济沿着社会主义的轨道有条不紊地发展。

几乎整个民法的规范对于由它所调整的社会关系都反映了价值规律所要求的平等和等价的方法。在积极的法律责任上,民法以概括的方式确认各个民事主体的独立地位,确认各个主体对财产的支配权,确认主体在交换中的一定程度的自主自愿。权利可以由主体在法定的范围内依自身意志取得和转移。法律关系可以由主体在法定的范围内,依自身意志产生、变更和消灭。任何主体不得凌驾于他方之上,限制他方权利和为他方设定义务,也不得依据经济上的优越地位,指示和决定他方行为和不行为。在消极的法律责任上,民法坚持任何主体不得非法给他人造成物质损失的原则,一旦造成损害则必须用等量的财产作出补偿。这种为民法所特有的损害赔偿制度,实质上不过是价值的等量补偿或等量劳动的交换。任何主体非法侵犯他方的权利,无偿剥夺和占有他方的财产,皆为民法所禁止。形形色色的"一平二调"的歪风、平均主义和"吃大锅饭"的现象,一切不尊重自己和他人正当经济利益以及不讲究经济效益的行为,皆为民法所反对。借助民法使平等和等价的规律法律化,也就是用法律手段保障价值规律的作用和鼓励商品关系的发展。

几乎整个民法的规范都担负着保障正常的商品经济秩序的任务。民法规范是无数的每日每时重复存在的商品经济活动在法律上的抽象,它是反映商品经济一般条件的法律。在对内搞活、发展商品经济中,需要有这样一个商品经济活动的准则;在对外开放、发展涉外民事关系中,同样需要民法这个涉外经济活动中的重要实体法。因为我们要引进外国投资、开放沿海港口、发展对外贸易,都必然涉及法律的适用,我们不能采纳西方列强强加给殖民地国家的国际惯例,也不能接受不利于我方经济利益的外国法,我们要有自己的社会主义的、民主的、科学的实体法,这就要有我们自己的调整商品关系的民法。此外,我国民法禁止当事人行使权利违背公共道德,禁止当事人滥用权利违背国家整体利益,反对种种本位主义、分散主义等无政府倾向,这必将有助于防止资本主义腐朽的经营方式的侵入,防止商品经济的某些消极的作用。总之,民法规范是以普通法的形式,切实保障商品关系的正常发展。

民法是我国的重要基本法。在我国这样一个商品经济社会,确立民法的基本法的地位并大力加强民事立法是经济体制改革的客观需要,也是我国经济立法面向实际、面向世界、面向未来的重要标志。

二、经济体制改革与民法的体系

部门法体系都是该法律部门调整的同类社会关系的反映。民法的体系和商品关系具有内在的联系。列宁曾经指出:"商品生产是一种社会关系体系,在这种社会关系下各个生产者制造各种各样的产品(社会分工),而所有这些产品在交换中彼此相等。"民法体系就是建立在商品关系体系之上,是这种体系在法律上的反映。

马克思谈到在交换过程中形成的商品关系时曾经指出:"商品不能自己到市场去,不能自己去交换。因此,我们必须找寻它的监护人——商品所有者。为了使这些物作为商品彼此发生关系,商品监护人必须与作为有自己的意志体现在这些物中的人彼此发生关系,因此,只有符合另一方的意志,就是说每一方只有通过双方共同一致的意志行为,才能让渡自己的商品,占有别人的商品。可见,他们必须彼此承认对方是私有者。"这就表明商品关系的形成必须具备三个条件:① 必须要有独立的商品"监护人"(所有者);② 必须要商品交换者对商品享有所有权;③ 必须要商品交换者意思表示一致。这就是在交换过程中形成的商品关系的内在要求,与此相适应,形成了由民事主体制度、所有权制度、债和合同制度组成的具有内在联系的民法体系。

(1) 作为民法主体的当事人,是商品在静态中的所有者、在动态中的交换者。而不是婚姻家庭关系中的家庭成员、劳动关系中的劳动者以及行政管理关系中的管理者。这类主体的特征就在于它们的独立性。马克思在提及商品关系时所强调的"独立资格"、"独立的商品所有者"等即指这一类主体。他们是相互独立的、彼此间无血缘的、行政隶属的关系。我国民事主体制度就是这些独立的主体(自然人或法人)所必备的权利能力和行为能力等方面的规定,是商品关系当事人在法律上的反映。

(2) 民法的所有权制度是直接反映所有制关系的,但和商品关系有内在的联系。商品交换就其本质而言就是所有权的让渡。正如斯大林所指出的:"商品是这样的一种产品,它可以出售给任何买主,商品所有者在出售商品之后,便失去对商品的所有权,而买主则变成商品的所有者,他可以把商品转售、抵押或让它腐烂。"所有权是商品生产和交换的前提,也是商品生产和交换的结果。所有权(在我国的国营企业中表现为经营管理权)在生产领域中的使用消费就是商品生产,在流通领域中的运动就是商品交换,商品生产者从事生产和交换的前提条件,就是要确认其对劳动对象、劳动工具和劳动产品的占有、使用和处分的权利,保障他们在交换中的财产所有权的正常转移。

(3) 民法的债和合同制度是商品交换在法律上的表现,是商品流通领域中的最一般的、普遍的法律规范。债是法律上可期待的信用,它是承认让渡商品和实现商品价值在时间上分离的结果。债是确认这种分离造成不平衡的合理性,保证这种不平衡趋于平衡。由于债权制度的设立,给商品交换带来了巨大的方便,使它超出了地域的、时间的和个人的限制。而合同制度则是商品交换在法律上的直接表现,是媒介商品生产者彼此间的依存关系,确立正常的商品交换的秩序的法律制度。

民事主体制度、所有权制度、债和合同制度是民法的核心和精髓。而法律行为、物、代理和时效、损害赔偿等制度不过是配合这项制度而发挥作用的。建立主要由三项制度构成的民法体系,是我国在计划指导下的商品关系的内在要求,也是当前在经济体制改革中搞活企业的迫切需要。

马克思曾多次把一个社会经济形态比喻为一个生命的有机体,这个有机体有其自身的结构和复杂的联系。而我国国民经济这个机体是僵化的还是充满生机与活力的,主要取决于构成这个有机体的经济细胞的活力。也就是说,只有搞活企业才能搞活经济。搞活企业的关键是什么呢? 过去我们只是在中央和地方的权力分配上做文章,在"条条"集权和"块块"集权上兜圈子,忽视了企业作为社会基本生产单位所应该享有的权能、权利和权限。实践证明,这只是把企业从一个行政机构的附属物变为另一个行政机构的附属物,企业只是国家这个大工厂下的一个小车间,而不是一个相对独立的商品生产者。所以他们没有独立支配的财产,也没有相对独立的自身利益,必然形成企业吃国家的"大锅饭"和职工吃企业的"大锅饭"的弊端,也必然使企业和广大职工群众的积极性和创造性受到压抑,使本来应该生机盎然的社会主义经济在很大程度上失去了活力。

建立主要以民法的所有权制度、主体制度、债和合同制度构成的民法体系,是商品关系客观的、内在的要求,是社会化大生产的条件下一个商品生产单位从事经济活动必备的条件,也是当前搞活企业、发展商品经济的重要的法律措施。民法的三项制度,要求企业从条条绳索的捆绑下解脱出来,从行政的附属物变为独立的民事主体;要求企业的经营管理权从国家的所有权中分离出来,使企业具有从事商品经济活动的必备的经营管理权限;要求改变统包统配、统收统支的状况,使企业在商品交换中具有一定程度的自主权。三项制度的核心是给予企业对国家财产的经营管理权,这是企业作为法人从事各种民事流转的基础,也是企业在合同关系中享受权利和承担义务的条件。三项制度只是从不同的角度保护这种权利的实现。实践证明,建立民法的三项基本制度,正是当前的经济体制改革中搞活企业的关键。

民法的三项制度确认和保护企业的基本权利,使它成为相对稳定的法律制度,任何人都不得随意扩大和缩小这些权利。同时,法定的权利是和义务对称的,企业享受权利必然要承担对国家应尽的义务;法定的权利是明确具体的权利,是衡量企业经济活动合法与非法的标准和界限。法定的权利也是通过国家强制力保障的权利,任何企业和单位侵犯他方的权利都必然受法律的制裁。只有通过民法的三项制度保障企业的基本权利,才能固定企业在经济体制改革中获得的权限,并不断焕发企业的活力。

民法的三项制度是紧密联系、互相制约的,缺少任何一个制度都不可能真正解决企业的活力问题。如果仅仅承认企业在商品交换中具有法人的身份,如果没有必备的财产权限,它不可能真正依一定程度的自主自愿,让渡和取得财产,它的履约能力也必然是受限制的。如果企业的权利能力和行为能力受过多的行政命令的限制,它的主体资格是不完备的,它就不可能享有独立的经营管理权和在商品交换中的一定程度的自主权。只有建立民法的三项制度,才能从不同的角度真正体现企业的活力。

十二届三中全会文件明确规定我国经济体制改革的中心环节就是增强企业的活力。并指出"具有中国特色的社会主义,首先应该是企业有充分活力的社会主义"。从当前经济体制改革的需要和在我国大力发展商品经济的长期任务出发,我们认为,在当前急需要建立民法的法人制度、所有权制度、债和合同制度,正确处理好围绕搞活企业的问题中所涉及的各类关系:

(1)建立法人制度,处理好企业和国家及企业内部的关系。法人是在商品经济社会中的商品生产者和交换者在法律上的地位。赋予企业以法人地位对于增强企业活力有什么好处? ① 它使企业能够在法律的保护下独立地从事生产和经营活动,使企业成为一个具有强大生命力的能动的有机体; ② 它使企业能够明确自身的权利和义务,特别是对其独立经营的财产享有的权利和承担的义务; ③ 它要求法人有一定规模的财产和严密科学的经营管理制度,使企业能够在国家的监督之下从事经济活动,并能取信于其他民事主体; ④ 它使企业能够在资不抵债而招致破产的情况下,按照有限责任原则以自己的财产清产还债; ⑤ 它使国家能够通过登记许可、税收、银行、会计、统计等方式,加强对企业的法律监督。所以,明确企业的法人地位,就是要求企业成为相对独立的经济实体,成为自主经营、独立核算、自负盈亏的商品生产者和经营者,这就要求简政放权、政企分开,确立国家和企业之间的正确关系。同时明确企业的法人地位,就是要求企业全体职工的个人利益与企业的相对利益联系起来,把企业职工的劳动报酬与企业的经营成果挂起钩来,确立正确的企业和职工之间的关系,促使每个职工关心企业的经济效果,努力提高经济效益。

(2)建立所有权(物权)制度,处理好企业与国家的相互关系。国家的所有权要靠企业的经营管理权实现,合理的经营管理权的内在结构是从达到全社会的统一领导与经济组织的相对独立的有机结合的需要出发的。搞活企业必须改变过去由国家直接经营管理企业的状况,从法律上确认和保护企业的经营管理权。所以,我国民法除了要用其特有的所有权的保护方法以及债权的、时效的、损害赔偿的保护方法切实保护国家所有权以外,必须确认和保护企业的经营管理权。诸如保护企业的自留资金的处分权、完成计划任务后的产品销售权、对多余和闲置的固定资产的处分权,等等。企业的经营管理权属于物权性质,这种权利的行使不受法律以外的任何干预。民法在明确企业的权利的同时,还必须明确企业对其经营管理的国家财产所应负的义务。诸如优先保证完成国家计划订货的生产任务,按规定向国家纳税或以其他方式向国家提供积累,等等。确立和保护企业合理的经营管理权,从而既保证国家计划的指导,又能充分发挥企业的积极性和创造性,以达到宏观和微观效果的统一,这就是经济体制改革所要求确立的国家与企业之间的正确关系。

(3) 建立债和合同制度,处理好企业与企业之间的相互关系。企业的活力是企业内在的和外在的活力的统一。搞活企业,除了要在企业内部搞活以外,还必须在企业的外部,明确企业之间的商品货币关系以及按社会化大生产的要求建立起来的分工协作关系。这就要建立债和合同制,以稳定企业之间的正常的关系。实践证明,企业通过合同的方式,自愿选择它们联系的伙伴,自愿接受它们通过协商一致达成的合同条款,并自愿承受这些条款的约束和监督,在等价交换的基础上交换各自的产品和劳务,可以改变以行政命令把当事人自主自愿的"婚姻"变成"拉郎配"的"捆绑夫妻"的现象,充分尊重企业的相对利益。可以改变过去只注重实物管理而不注重价值管理,使实物越管越死、越管越紧的状况,让产销见面,货畅其流。可以改变过去条块分割、部门分割使经济内在的横向联系割裂的状况,建立合理的分工协作关系。可以改变过去不计成本、不讲效益的状况,促使企业改进技术、减少消耗,生产出价廉物美的产品。所以,建立债和合同制,确认企业在签订合同中的一定程度的自由权,并保障它们在交换中的合法权益,对于发挥企业的积极性和创造性是十分必要的。

概言之,搞活企业、发展商品经济,已经对上层建筑的法律提出了迫切的要求,这就是要尽快建立和健全民法的法人制度、所有权制度、债和合同制度,完善民法的体系。经济体制的改革已走在经济立法的前面,我们的立法至今未提出一个明确的法人概念,所有权、债和合同制度也很不健全。这无疑说明我们的经济立法已对当前的经济体制改革欠了三笔账,现在已经到了必须偿付的期限了。

三、经济体制改革与民法作用的范围

商品经济是商品生产和商品交换的统一。在商品生产过程中,如何借助于国家行政权力对生产领域实行干预,如何实现在协作劳动中产生的具有权威性的管理和组织的职能,这些都不是民法所能担当的任务。但是在流通(即总体的交换)领域中,无论是单个的还是一连串的交换,无论是实物的还是劳务的交换,都形成了独立主体之间的平等和等价的联系,因而最典型地表现了民法所调整的商品关系的特征。民法是横向的交换关系的最直接的反映,民法规范在交换领域中作用的范围是十分广泛的。

（1）总体的交换要求适用民法的全部规范。总体的交换是由一连串的交换构成的流通。正如马克思所说:"流通是商品所有者的全部相互关系的总和。"流通把各个独立的生产者和交换者联结为一体。这里涉及主体在交换中的权利和义务,涉及财产的让渡和取得,涉及时间的效力和代理的行为;同时也涉及商品在地点和位置上的变化（运输）、商品使用价值的买卖（租赁）、商品使用价值和价值的保存（保管）等等。民法债,作为一把"法锁"拘束着整个交换行为;法律行为制度严密控制着交换的秩序,使各种交换行为都在法律上有所依归;而物的禁止和限制流转制度,则严格监督和控制着进入交换领域的商品。

（2）单个的交换要求体现为民法债的单元。典型的买卖合同（供应、农副产品和工矿产品的购销、特种买卖、消费品的购买等）是反映商品到货币或货币到商品,即 W-G 或 G-W 的形式的转化（这里 G 和 W 分别形成买卖合同的价金和标的）。但是商品交换过程并不是表现为纯粹的买卖,还包括劳务的交换（诸如加工、承揽、劳动服务）以及信贷、租赁、技术转让等合同形式。还包括了票据的流转、财产的抵押、资金的偿付等债的形式。它们都是单个的交换,都要求表现为债的单元,并受到民法债权制度的确认和保护。

（3）交换的原则要求适用民法的等价有偿的方法。正如马克思所说:

"商品交换就其纯粹形态来说是等价物的交换",这就要求在等价的基础上以社会必要劳动量为尺度进行交换,这就要求适用民法的特有方法。

商品交换是川流不息的体系,也是不断发展的体系。新的交换形式的出现,必然要求受到民法的保护,同时也丰富和发展了民法的内容。正如马克思所指出的,"每当工业和商业的发展创造出新的交往形式……法便不得不承认它们是获得财产的新方式",随着我国经济体制的改革和商品关系的发展,必将进一步拓宽我国民法的范围,突出我国民法在全国调整流通领域中的商品关系的地位和作用。

随着我国商品经济的发展,合同制将会延伸到纵向的行政管理领域并在其中发挥重要作用。合同能够对计划工作的综合平衡提供必要的市场信息,也能够在落实各种形式的责任制中起到纽带的作用。合同还将对沟通国家与地方的关系、中心城市与企业的关系中起到行政手段不可能达到的作用。在近几年来的改革中,国家对企业的投资开始试行财政拨款改为银行贷款,企业的流动资金全部改由银行用贷款形式发放,这就用借贷关系代替了原有的行政管理关系。随着经济改革的发展,合同对于改善国家的行政领导、合理组织国家的管理活动都具有不可低估的意义。

随着我国商品经济的发展,各项经济活动都要以社会必要劳动量来衡量优劣和高低,因此,企业必须要考虑资金的消耗和占用情况,考虑商品的成本和销路情况,尽量缩短流通时间、加速资金周转、提高经济效益。这就要求发展代理、居间和行纪业务。代理能够解决商品生产者和经营者在时间和空间上的分离,解决他们因专业性和能力的限制所产生的交换中的困难。代理的出现避免了必须因人因事直接交换的麻烦。居间能够在大宗买卖中及时提供商品信息,促进产销挂钩、适销对路。行纪作为间接代理的形式,通过行纪人对货物以合理的价格推销,也可以促进产销见面、活跃市场。在近几年发展的统一市场中,各种贸易中心、贸易货栈、批发市场经营代购、代销、代储、代运和加工订货等业务,主要是代理、居间和行纪业务。还应该看到,民法的时效制度对于加速商品的周转也是不无意义的。时效是在商品经济活动中,以消灭旧秩序并巩固对当前的社会经济生活有积极意义的新秩序的手段,确认时间的效力对于财产的占有丧失的影响,必将促使权利人积极行使权利,加速企业的商品和资金的周转。

随着我国商品经济的发展,属于第三产业的交换活动将大量展开。这些活动除了上述的居间、代理、行纪以外,还包括承揽、运输、保管、财产租赁、保险等为生产服务的业务,以及客运、房屋租赁、加工承揽、社会服务等为生活服务的业务,它们都是必须以合同的形式联系的交换。以租赁而言,就是使用价值的买卖、租金就是商品(财产和房屋一定期限内的使用价值)的价格。第三产业大多数都不直接创造商品的价值,但能够为企业和社会提供产前产后服务和生活服务。如果没有这些行业大力组织资金流动、为商品交换提供方便和为消费者提供服务,大力发展商品经济是不可能的。

随着我国商品经济的发展,投标招标制将得到大力推广。投标和招标是竞争的一种方式,它有助于企业的自身改造,对于加强技术改造、提高经济效益是行之有效的办法。目前,建筑业已实行招标承包制,实践证明,这种办法对于缩短工期、降低造价、提高工程质量和投资效益,有显著作用。招标、投标实际上是签订合同的一种方式。以招标方式签订合同由招标人向不特定人声明,请求不特定人向招标人提出要约,而中标是对选定的要约的承诺并意味着合同的成立。以招标和投标方式签订合同,不仅要明确合同双方的权利义务,而且要明确投标的效力以及招标人在招标期限内应负的责任等问题,这些都必须适用民法债和合同的规定。事实证明,推行招标制度,对促进企业改善经营管理,提高生产技术,降低生产成本,增加经济效益,起到了良好作用。

随着商品经济的发展,企业要成为独立经营、自负盈亏的商品生产单位,企业与企业之间要展开合理的竞争。企业的竞争是企业在为现代化建设服务的前提下,让企业在市场上直接接受广大消费者的评判和监督。为了制止竞争中可能出现的某些消极现象和违法行为,必须加强民事立法以保护合理的竞争。同时,竞争必然会使长期经营性亏损的企业破产,企业的破产带来了一系列的问题,诸如清产还债、新旧厂的合并、人员的安置等,这就需要完备属于民法法人制度的破产制度,稳定正常的社会经济秩序。

随着商品经济的发展,商品交换活动日益频繁,内容也愈加丰富,单一的银行信用愈来愈难以适应经济生活的需要,这就要求运用票据形式并建立票据制度。票据本身是商品交换高度发展的产物,票据制度是从债的一般理论中演化出来的法律制度。近几年来,在我国生产资料市场上,已出现了需求单位因资金短缺而无力购买急需的设备,而生产单位又因产品销路不畅造成开工不足的矛盾。为了解决这一矛盾,许多地区已大量采取赊购、赊销的信用方式,这就要求有步骤地将信用票据化以防止信用膨胀,稳定经济秩序,并保证国家的财政监督。因此,票据制度有进一步发展的必要。

随着商品经济的发展,必须大力开展保险事业。保险产生于中世纪的海上贸易,最初是以移转所有权的抵押贷款合同来实现保险法律关系的。以后,凡符合科学的商品经营活动都不能不把保险费计入成本。保险在实际中具有防灾补损、支援社会生产、安定群众生活、聚集建设资金等多种社会功能。发展保险事业是发展商品经济的重要组成部分。自人民银行增设保险业务以来,人身险、财产险、责任险、各种交通运输险等已经设立并发展很快,因而需要尽快健全保险制度。

随着商品经济的发展,科技成果有偿转让合同在科技体制改革中也得到了发展,它改变了企业在科技成果上"吃大锅饭"、无偿占有科技成果的状况。近年来各地区还出现了各种形式的科技市场,如科技商店、开发中心、交流洽谈会等,推广了科技成果有偿转让合同。发展这类合同,必将充分调动科技人员的积极性和创造性,促进企业重视科学研究,采用先进技术、改进产品性能和质量。由于这类合同是以等价有偿的形式出现的,适用民法的一般原则,因而也属于民法的范围。

随着我国商品经济的发展,在各种经济形式之间通过合同形式联系的合伙、联营等形式也大量产生。在地区与地区、企业与企业之间的实物互易形式得到了发展,实物抵押和现金抵押的债的担保形式也大量出现;债和合同适用的范围也越来越广泛。从经济发展的趋势来看,民法的作用范围还将进一步扩大。

概言之,商品交换在哪里发展,民法规范就在哪里延伸,这是商品经济的内在要求和法律发展的必然趋势。深深植根于我国在公有制基础上的商品经济生活的民法规范,在我国经济体制改革中发展和完善起来的民法规范,将是具有中国特色的民法规范。它是我国社会主义商品经济的直接反映。它不是罗马法,不是法国民法,也不是苏俄民法。用外国的模式来看待它,都是不实事求是的。

四、经济体制改革与几个法学观点

经济管理体制不仅对法律调整的模式,而且对经济立法的理论也产生了直接的影响。匈牙利学者居拉·埃雾西在总结苏联、东欧的民法和经济法理论时,认为在"以整个公有制经济为中心控制的体制下"(也就是集中型体制),由于经济因素和行政因素的结合,产生了经济法理论;而在"计划调节的范围内由具有相对独立的组织构成的体制"中,产生了民法和行政法综合调整的理论。埃雾西把这两种理论概括为"内部综合说"和"外部综合说"。这种观点很值得我们寻味和深思。

我认为,管理体制是统治阶级的方针政策在组织和领导经济活动方面的体现,这种方针政策表现在规范性文件上就是经济法律规范。法律、法律理论与管理体制的内在结构是何种关系,本文对此将暂不作探讨。但是应当指出,苏联的经济法理论无疑受到了苏联的经济管理体制的直接影响。最初斯图契卡提出的"两种经济成分、两种法律学科"的经济行政法理论,不过是十月革命胜利后的"军事共产主义"的经济管理体制的反映。而20世纪60年代初产生的以拉普捷夫为代表的现代经济法理论,也不过是苏联高度集中的经济管理体制下的产物。在拉普捷夫的著述中,商品经济和价值规律似乎对社会主义组织已经不起作用了,当然也就不需要建立一个调整商品关系的民法部门。公民在所谓"统一连带的法律关系"中不能作为主体,所谓"个别性的法律调整"(即计划指令)和"规范性法律调整"(主要是经济部门的管理文件)是调整国民经济的主要法律形式。计划指令已经形成了一个所谓"纵横统一的法律关系"并需要建立一个经济法部门,还要制定一部经济法典以使国民经济各个环节都服从计划。凡此种种,都是从斯大林的产品经济理论(即认为生产资料不是商品,价值规律对全民所有制不起作用了)出发的,不过是按斯大林的理论建立起来的高度集中的管理体制的反映。

值得注意的是,为什么拉普捷夫的理论竟然会对我国经济立法的理论产生一定的影响,甚至已经被苏联法学理论所摒弃了的斯图契卡的"两成分说",竟然会被我们的某些经济法理论所接受,这似乎也能够在我国的经济管理体制上找到原因。既然我们原有的管理体制在某种程度上受到了苏联体制的影响,那么我们的经济法理论能够借鉴苏联的经济法理论,也是顺理成章的。

几年来,我国民法和经济法的相互关系一直存在着争论,但是,实践是检验真理的唯一标准,经济体制改革的实践要求我们重新检验在争论上的某些观点:

1. 是否存在着"两类合同"?

按照等价交换原则,建立社会主义的统一市场,这是发展商品经济的必然要求。而在原有的管理体制下,不承认生产资料是商品,企业生产的产品实行凭证供应或由计划统购包销;实行等价交换的商品仅限于满足公民日常生活需要的消费品。这就形成了产品直接分配和消费品等价交换的生产资料(产品)市场和消费资料(商品)市场。这种状况反映在我们的法学上,出现了所谓两类合同(即所谓经济合同和民事合同)的观点。

我认为,合同是商品交换的法律反映。合同的标的是物化的或非物化的劳动,合同的履行是价值的补偿,合同依循的原则是平等和等价的交换。无论单个的合同是否受指令性计划或指导性计划的指导,都不改变合同内在的、受价值规律作用的商品关系属性。我国合同制是统一的,统一的合同制正是我国统一市场的反映。经济体制的改革,特别是流通体制的改革,就是要改变过去按行政办法统一收购和分配的封闭式的、少渠道和多环节的流通体制,要建立起以城市为依托的开放式的、多渠道和少环节、内外交流、纵横交错的流通网络,发展社会主义的统一市场。在城市中,要普遍建立各种形式的贸易中心,实行自营业务与代理业务相结合,大量批发与小宗买卖相结合,"地不分南北、人不分公私",产销直接见面,自由交易。农副产品要扩大自由购销的范围,进一步发展城市农贸市场,允许农民在保证完成国家收购计划的条件下,直接向城市大批量运销农副产品。生产资料要真正作为商品进入流通,逐步做到物资经营商业化、物资企业商店化、物资供应商品化。但这种情况绝不意味国家对商品经济的发展失去了计划控制。所以,以计划和非计划、以法人或非法人、以商品或非商品(产品)划分民事合同和经济合同,并且片面强调经济合同的计划原则,否定合同的平等协商和等价有偿的特有原则,是和建立我国统一市场,发展社会主义商品交换的经济体制改革的实践相悖的。只有用统一的合同方法,鼓励和允许各个民事主体(不分公私)参与各类合法的民事流转,并保护其依自身行为取得的各种合法权益,以促进商品交换的发展,这才是我国经济体制改革所需要的。

2. 是否存在着"纵横统一"的关系?

在国家所有制基础上产生的国家所有权和企业的经营管理权是相互分离而又有机统一的。然而原有的经济管理体制把国家所有等同于国家的直接经营,千百万个企业的经营管理活动都在国家的指令性计划管理之中;因而,企业之间的横向联系几乎丧失了其应有的商品货币性质,而具有明显的行政性特征。这种纵向和横向(生产和流通)的集中计划管理的体制,产生了所谓"纵横统一"的经济法理论。这种理论认为,纵向的经济管理关系和横向的经济协作关系已经在国家计划的统一管理下形成了一个整体,这是一种新的经济关系,理应建立一个经济法部门予以调整。

"纵横统一"的实质意味着企业的一切经济活动都要受指令性计划管理,统一的目的在于使一切经济活动都服从指令性计划。无疑,这种观点已经被经济体制改革的实践证明是脱离中国实际的。党的十二届三中全会已从我国的国情出发,提出了建立自觉运用价值规律的计划体制,发展社会主义商品经济的任务;随着指令性计划范围的缩小、指导性计划范围的扩大以及部分产品完全由市场调节,并且年度计划也要适当简化;在企业之间的横向关系中的行政性质正在逐步减少。同时经济体制改革的实践已经承认企业是相对独立的商品生产者,承认生产资料是商品,承认企业之间必须实行等价交换,一句话,承认企业之间的联系就是平等、等价的商品关系。这样,横向的平等和等价的关系怎样和纵向的行政隶属关系统一起来?统一的目的何在?所以,一旦指令性计划不再直接指挥生产和流通,就根本不可能存在什么"纵横统一"的关系。

否定"纵横统一"关系,是否意味着横向的关系不受指令性计划指导呢?我认为,不仅指令性计划,包括指导性计划在我国都是必不可少的,但是它们主要是从外部对企业间的联系发挥作用,而且必须依循价值规律,必须尊重各个企业的相对利益,不能搞无偿调拨和强行分配。也就是说,不能改变企业之间的平等和等价的内在属性。只有这样,才能达到指令性计划指导的目的。

3. 是否能够依据主体划分法律部门?

适应我国生产力的发展状况,必然产生在公有制基础上多种经济形式和多种经营方式并存的经济结构。然而,由于长期受"左"的思想指导,认为社会主义就是"一大二公",集体经济应该向全民所有制经济过渡,个体经济应该当做"资本主义尾巴"剪除,这就使经济形式趋向于单一,经营方式越来越僵化。在国民经济领域,生产和经营的主体只是公有制经济组织,而公民个人不过是在消费市场上活动的消费者。公民之间、公民与公有制经济组织之间的联系只是为了获得消费品。这种状况反映在法学上,产生了所谓依主体划分民法和经济法部门的观点。即认为公民之间的消费关系由民法调整,而社会主义组织之间的关系则应由经济法调整。实践证明,这种观点和我国经济体制改革以来产生和日益发展的多种经济形式的现实,是完全相背离的。

十二届三中全会文件指出:"坚持多种经济形式和经营方式的共同发展,是我们长期的方针,是社会主义前进的需要。"这是我们党依循生产关系要适合生产力发展要求的规律所确立的正确方针。从十一届三中全会以来,我国已迅速发展了多种经济形式,城镇个体从业人数到1983年底由1978年的15万人,增至231万人。1978年还没有个体工业,到1983年已达到32万户。农村从事个体劳动的人数由1980年的60万人,增至1983年的538万人,占农村劳动力总数的1.6%左右。在自愿互利基础上实行的全民、集体、个体经济相互之间的合作经营和经济联合,得到了广泛发展。许多小型全民所有制企业已经开始租给或包给劳动者个人经营。在对外开放中,一些港澳同胞、海外侨胞和外商也在内地举办了合资经营企业、合作经营企业和独资企业。多种经济形式构成了我国国民经济的总体。这也说明,我们在法律部门的划分上,不从这一总体需要和社会关系的本质属性出发,人分公私、人分中外,割裂多种经济形式的内在联系,并把公民驱逐出生产和经营活动领域,是脱离实际,不符合经济发展方向的。

当然要看到,主体的不同成分和不同性质是客观存在的,在某些场合其法律地位也应有所不同。比如国家法人和集体法人,在注册登记、国家监督、税目税率、能否下达指令性计划等方面都是有区别的,但它们作为商品生产和交换者来说,总的方面不应再有区别。在价值规律面前谁也不能享有特权,否则怎样开展竞争和竞赛?怎样建立统一市场?所以,在同一法律部门中的不同主体,在具体环节上的不同地位会产生不同的法律效果,但由于它们参加社会关系的性质相同,应依同一法律部门调整。比如公民和国营企业,在纳税的具体方法和税率等方面有些差别,但在统一受财政法(税法)的调整问题上,这一点是不能改变的。

4. 是否存在着"意志经济关系"?

有计划按比例地分配社会必要劳动时间,必须以社会必要劳动时间决定商品价值的规律为依据。多年来,由于我们的经济管理体制排斥了商品经济的作用,由于我们的计划工作忽视了价值规律的功能,曾经产生过许多违背客观规律的、同实际严重脱节的计划和行政命令,给国民经济造成了不应有的损失。这种不正常的现象竟然由我们的法律理论给它披上了合法的外衣。有人提出了所谓"意志经济关系理论",认为"经济法的调整对象就是由国家意志为主导的经济关系"。还有人把它表述为"权力经济关系"。这种否定经济规律特别是价值规律客观作用的"唯意志论"观点早已受到经济学界的清算,法学界对这种观点也不能漠然置之。

承认国家干预经济,绝不能说这种干预能够产生作为经济法调整对象的经济关系。国家干预经济,作为一种上层建筑反作用于经济基础的现象,只是表现为使经济关系由任意性变成相对稳定性,并成为有规则和有秩序的形式。国家干预经济既不能创造也不能形成经济关系。正如恩格斯在批判黑格尔的国家观时所指出的,"国家的愿望总的说来是由市民社会的不断变化的需要,是由某个阶级的优势地位,归根到底,是由生产力和交换关系的发展决定的"。一切资产阶级学者"往往忘记他们的法权起源于他们的经济生活条件,正如他们忘记了他们自己起源于动物界一样",其原因就在于他们不是从法产生的客观基础出发而是从意志或观念出发研究法的现象，从而把法看成了这种意志和观念的产物。所以，从国家意志中寻找经济法调整对象，也就是从意志出发寻找经济关系。这是一种否定经济规律，特别是否定价值规律的客观作用的唯意志论观点。

孙冶方同志曾经指出："价值规律是客观存在着的经济规律，它不是大观园中的丫头，可以让人随便'使唤'、'利用'。"这句幽默风趣的话语中，包含着多少丰富的经验和沉痛的教训啊！十二届三中全会文件正是在总结这些经验教训的基础上，指出了"实行计划经济同运用价值规律、发展商品经济不是互相排斥的，而是统一的"。并提出计划、体制的改革就是要建立自觉运用价值规律的计划体制。这就进一步清算了认为计划可以无所不包、国家意志可以无拘无束的"左"的思想。所以，那种认为国家意志可以主导经济关系的唯意志论观点和我国经济体制改革的正确方向是背道而驰的。它只能给经济建设中的"长官意志"和"瞎指挥"披上合法的外衣，也会使那些企图以主观意志阻碍符合经济关系发展状况的改革的因循守旧势力找到借口。因此，在法学领域应彻底予以纠正。

以上几种观点，都直接和间接地受到了原有的经济管理体制的影响，因而不能不把它们拿出来，让经济体制改革的实践检验、接受经济体制改革的风暴洗礼。以使我们的经济法和民法理论适应改革的需要、顺应改革的潮流。这里，我们决无意否定整个经济法学，不过是要强调，我们的经济法学应该从我国的实际出发，特别是从我国经济体制改革的实际需要出发，应该摆脱外国模式的影响，摆脱原有的管理体制的束缚。这样，我们的经济法理论才有生命力，才能真正为我国经济立法提供科学的、可行的方案。

我们已经指出了，确立民法部门，加强民事立法对于经济体制改革至关重要。但是，我们也要清醒地看到民法的作用是有特定范围的，而且民法作用的发挥必须要有经济行政法的密切配合。计划的指导、行政的监督、经济杠杆的运用是经济生活不可缺少的手段。民法和经济行政法是互相补充、互相配合、并行不悖的，片面强调哪一个部门的作用，都不符合我国计划性与商品性相结合的经济本质，不利于在加强国家的领导下充分发挥企业的积极性的要求，从而不符合我国经济体制改革的方向。

经济体制改革是一场改革客观世界的深刻革命，这场革命给我们民法理论工作者提出了繁重的任务。我们"就是要解释现在已经到来的转变和用法律肯定这种转变的必要性",也就是要密切注重经济体制改革以来的经济关系的发展变化,理顺各种民事关系,并从中抽象出法律(主要是民法)调整的原则和方法,认清我国民法的各项制度、各种规范在内容上的发展和变化。什么是民法学领域的实际?我国经济体制改革以来发展的商品关系及由此要求的法律秩序,这就是我国民法学所要联系的最大实际。联系了这个实际,我们的民法学就有前途、就有生机,就会为我国民事立法作出应有的贡献!让我们在十二届三中全会路线指引下,振奋精神、共同奋斗,尽快繁荣和发展我国的民法学科,从而无愧于我们的现代化建设事业,无愧于我们这个伟大的改革的时代!

第十一讲 我国《民法通则》的时代特色和对经济改革的影响

在经济体制改革向纵深发展的形势下,《中华人民共和国民法通则》(以下简称《民法通则》)终于诞生了!这是新中国成立36年来第一个较为系统的民事法律。所谓"通则",顾名思义,就是把那些贯通总则和分则的大意、要略,把那些与民法有关的特别法、单行法所应该共同遵循的民法规范集中起来,自成一体,它包括了民法总则的内容,但又不限于总则。这在立法体例上是一个创举。它一方面说明,经济生活的迫切需要再也不能等待立法者从容不迫地用若干年时间去制定一部完整的民法典;另一方面也说明,新旧体制转轨过程中出现的各种经济关系需要一段时间才能明朗化、稳定化。目前,只能把那些较为成熟而又亟须明确的经济关系用法律形式固定下来。因此,制定统一民法典的时机还不成熟。

一、我国《民法通则》的时代特色

我国《民法通则》洋溢着经济体制改革所焕发的生机和活力,具有推陈出新的宏大气魄,它不失为一部具有时代特色的法律。

经济体制改革中出现的各种经济实体,在《民法通则》中都有了相应的规定。《民法通则》明确了公民、个人合伙、个体工商户、农村承包经营户、联营、法人的法律地位、财产权利、人身权和财产责任。

集体企业法人所有权、国营企业法人经营权和各种形式的承包权,第一次用法律形式固定下来。国营企业的经营权不同于所有权也不同于债权,而是以全民所有制为基础,由国家所有权而派生出来的一种新的物权形式,经营权是中国民法的创新。

在传统民法中作为契约关系而列入债编的合伙,引人注目地被放到了民事主体部分。对于内部关系不尽相同的联营,《民法通则》没有一概而论,而是根据联营是否具备独立存在的经济条件,规定了不同的财产责任;对于个体工商户和农村承包经营户的财产责任,《民法通则》根据它们是一人经营还是家庭经营而有所区别,这些规定都很有中国特色。

近年来引起人们关注的公害责任、产品责任、国家机关和国家机关工作人员的侵权责任在《民法通则》中都有了明确的规定,此类问题无法可依的状况已告结束。

总之,《民法通则》较为准确地表现了我国的商品经济关系和改革中出现的新鲜事物,反映了广大人民的愿望,它将是一部经得起实践检验的法律。

我国民法的目的、调整范围和调整方法也同样鲜明地反映了民法与商品经济的内在联系。

《民法通则》第一条开宗明义地指出了制定民法的三个目的:① 保障公民、法人的合法民事权益;② 正确调整民事关系;③ 适应社会主义现代化建设事业的需要。公民和法人的合法权益得到法律确认和保障之后,它们才能名正言顺地作为独立的主体出现在社会主义商品经济关系之中;正确的调整方法,则是对公民和法人在社会主义商品经济关系中的活动规定了一体遵行的行为规范;两者结合起来,正是为了适应社会主义现代化建设事业的需要,而大力发展商品经济又是社会主义现代化建设事业不可逾越的阶段,所以,在立法的三个目的中,最根本的目的是为了适应社会主义商品经济关系发展的需要。

《民法通则》第 2 条确定了民法的调整范围。我国民法调整"作为平等主体的公民之间、法人之间、公民和法人之间的财产关系和人身关系。"平等主体之间的财产关系,就其核心内容和主导方面来看,正是独立生产者和经营者之间的商品交换关系。

《民法通则》第 3 条确认了当事人在民事活动中平等的法律地位。众所周知,只有彼此把对方视为平等的权利主体,双方才可能进行商品交换。在法律地位不平等的主体之间只能形成对产品的无偿占有、调拨、征用关系,而不能形成正常的商品交换关系。

《民法通则》第 4 条所规定的"自愿、公平、等价有偿、诚实信用原则",显然是一切商品交换关系所必须遵循的行为规则。

结合《民法通则》第 1 条至第 4 条的内容,我们不难看出:我国民法也同样是以法律形式表现了一个时代的商品经济关系。这从一个侧面说明：调整商品经济关系是一切民法的共性，这种共性绝不因为不同所有制的差别而消失，但是，这种共性又不是脱离个性而孤立存在的。以公有制为基础的社会主义商品经济关系使我国民法具有区别于一切剥削阶级民法的本质属性。

但是，我们也应当清醒地看到，"经济进一步发展的影响和强制力"常常使原有的法律体系"陷入新的矛盾"。基本法要保持相对的稳定性，一方面需要通过特别法的单行法得到充实，另一方面又要注重对判例的研究。

任何一部成文法典都不可能把它所要调整的社会关系囊括无遗。现实生活不断地向成文法典提出新的要求，天衣无缝的"永恒法律"只是一种唯心主义的幻想。因此，基本法颁布之后，往往需要从中引申出一系列的特别法和单行法来使之具体化、完善化。否则，基本法的作用难以充分发挥。因此《民法通则》要有效地作用于现实生活，还需要把一些较为抽象的原则性规定扩大为特别法和单行法。

成文法系的传统是排斥判例为法律的渊源。这往往被认为是成文法系与判例法系的根本区别，但如今，这种区别即使存在，也越来越模糊了。成文法国家越来越注重判例的作用，以避免陷入僵化、停滞的困境；判例法国家越来越倾向于使判例的原则法典化，以避免繁琐论证和前后矛盾的判决。如今美国一个州所具有的成文法典，决不少于一个典型的欧洲或拉丁美洲国家。成文法与判例法日益接近的趋势，值得我国法学界认真对待。

大陆法国家之所以排斥判例为法律的渊源，一方面是由于历史传统，另一方面是由于法国革命首创的三权分立理论。司法人员行使法律创制权被认为是违反三权分立的一种司法专横。但是，两个世纪以来的立法和司法实践证明"三权分立"体制并不是完美无缺的。美国法学家梅利曼指出："如果只有立法机关才能创制法律，法官仅仅是适用法律，那么，法律必须完整、清晰、逻辑严密。否则，必然导致法官立法。因为，第一，如果要求法官审理法律并无明文规定的案件，他事实上是在进行立法……第二，如果法律条文互相冲突，法官就是通过选择较为适用于案件事实的条款来进行立法；第三，如果法官需要澄清那些意义含混的条款和模棱两可的法令，以确定它们的真实含义,他又是在进行立法。"他又说:"创制法律的历史表明,立法者并不能预见法官可能面临的问题。"

因此,我国法学界不应当忽视对判例法的研究,在民法的全部调整机制中也不应当排斥判例的作用。

二、民法对当前经济体制改革的具体影响

价值规律通过交换和竞争来发挥经济杠杆的作用,交换和竞争的规则又必须用法律的形式固定下来。因此,在经济体制改革之后,社会主义商品经济关系日益活跃的形势下,我国的《民法通则》也就应运而生了。我国《民法通则》形成之后,又将如何反作用于社会主义商品经济关系呢?民法对当前经济体制改革的几个环节将会产生什么样的影响呢?

1. 民法对企业自主权和横向经济联系的影响

在僵化模式的经济体制下,企业纵向行政隶属关系受制于不同的"条条"(中央政府机构)和"块块"(地方政权机构),条块之间互相分割、封锁,形成了阻碍竞争的重重壁垒。打破条块分割的封闭式经济体制,关键在于增强企业的活力,使它们成为相对独立的经济实体,成为自主经营,自负盈亏的商品生产者与经营者。与此同时,大力发展横向经济联系,形成跨越不同所有制的经济联合体,最终切断企业依附于政权机构的"脐带"——这些任务恰恰与民法有密切的联系。企业要成为独立的经济实体,必须在法律上拥有独立的人格,像自然人一样有完整的权利能力和行为能力。企业在法律上独立的人格有四层含义:

(1) 独立于企业的主管部门。在一切民事活动中,企业与企业的主管部门是两个完全平等的主体,各有自己的利益和意志;双方只能按照等价、有偿、自愿互利的原则形成法律关系。谁也不能把自己的意志强加于人。

(2) 独立于企业的成员。企业法人与组成企业法人的成员互相分离,它们在法律上是两个独立的人格,企业法人与法人的成员各自以自己的名义享有权利和承担义务,在与第三人的法律关系中两者并无权利义务之牵连。

(3) 独立的财产权利。独立财产是企业参与民事流转的物质保证,也

是法人成立的必备条件。我国企业法人的独立财产权分为法人所有权与法人经营权两个部分：在集体所有制企业、中外合资企业、外资企业，不同所有制主体之间的合股经营企业为法人所有权，在全民所有制企业为法人经营权。企业法人所有权意味着企业的全部财产属于企业本身，它排斥企业之外的任何人对企业财产主张自己的权利。法人经营权是国家所有权所派生的一种财产权形式，在国家授权范围内，在不同所有制主体之间的横向经济关系中，它拥有所有权的全部权能，它既可以对抗包括所有者在内的任何人，也可以代表国家（作为特殊的民事主体）在商品交换和企业破产程序中转移财产的所有权，无论是法人所有权，还是法人经营权，都意味着对财产占有、使用、收益、处分的权利，都足以使商品生产者独立地享有权利和承担义务。

（4）独立的财产责任。既然法人财产与法人成员的财产分别属于两个不同的主体，那么，法人的债权并不是法人成员的债权，法人的债务也不是法人成员的债务。我国《民法通则》第48条规定："全民所有制企业法人以国家授予它经营管理的财产承担民事责任。集体所有制企业法人以企业所有的财产承担责任。中外合资经营企业法人、中外合作经营企业法人和外资企业法人以企业所有的财产承担民事责任，法律另有规定的除外。"全民所有制企业法人的财产责任范围与企业经营权所支配的全部财产是完全一致的，民事责任的承担者是企业，这种责任不能以任何方式转移给国家。如果国营企业法人资不抵债，那就要通过破产程序来清偿债务，国家对破产企业的债权人不负清偿债务的责任。拥有所有权的法人企业，以其所有的财产对债权人提供担保，它的财产责任范围以其所有权支配的全部财产为限，并不涉及法人成员的财产。

企业法人的独立财产权使它能够摆脱一切行政干预，作为一个意思自主的法律实体，在商品经济的舞台上大显身手；企业法人的独立财产责任又使企业在竞争的压力之下别无其他选择，或者是锐意革新，发奋向上；或者是破产、倒闭。企业无独立的财产权利，必定是在捆住手脚的情况下参加竞争，处处受制于人，处处被动应付，难免要在竞争中被淘汰；企业无独立的财产责任，则既没有积极进取之心，又没有破产、倒闭之忧，即使有了自主权也难免要滥用这种权利。因此,《民法通则》的法人制度正是把企业的权利和责任紧密地结合在一起,从而把企业置于一种进则生存、退则败亡的境地,迫使企业破釜沉舟地投入竞争,迫使企业在竞争中求生存。

当前,经济学界常常谈论"投资饥渴症"给改革所造成的困难。笔者认为,法人独立的财产责任也许是医治"投资饥渴症"的一帖良药。因为"投资饥渴症"的症结之所在正是企业有急功近利之喜而无破产、倒闭之忧,于是,背靠国家这个大财神纷纷争信贷、争设备、争原料、盲目投资、重复投资,结果基本建设的规模超过了国民经济的承受力。如果企业真正是独立地承担财产责任制,那么,企业在投资时必定相当谨慎;如果对投资效益没有相当把握,企业是不敢贸然投资的,更不至于一哄而起,重复投资。可见,医治"投资饥渴症"需要充分运用民法所设立的法人制度以及由法人制度而延伸出来的破产制度。

我国《民法通则》第2条规定:"中华人民共和国民法调整平等主体的公民之间、法人之间、公民和法人之间的财产关系和人身关系。"王汉斌同志关于《民法通则》草案的说明进一步指出:"民法有很大一部分是以法律形式反映商品经济的","民法主要调整平等主体之间的财产关系,即横向的财产、经济关系"。

在民法所调整的横向经济关系中,跨越不同所有制的集资和经营方式是屡见不鲜的,其基本形式有合伙与法人两种。合伙可以由两个或两个以上经济成分相同的成员组成(如:公民与公民合伙、国营企业之间的联营而又没有取得法人资格的),也可以由两个或两个以上经济成分不同的成员组成(如:公民、集体、国营相互之间的联营而又不具备法人条件的)。在前一种情况下,合伙人的共有权与所有制保持一致,在后一种情况下,则形成了一种经济性质多元化的复合所有权。由联营而成立的法人,其财产所有权可能与所有制一一对应(如所有制相同的企业之间的联营),也可能是以法人这种形式为中介而联结了两种或两种以上不同的所有制,形成了一种跨越多种所有制的企业法人所有权。无论是联系企业的共有权类型,还是联系企业的法人所有权类型,并不改变联营各方面的所有制关系:① 联营各方是在保留原有经济组织的前提下联合经营一部分业务,所以联营不是法人的合并；② 联营各方的所有制性质不因出现联营关系而变更；③ 联营的收益,最终是分割给各个成员；全部联营财产也是可合可分,一旦联营终止,依旧一成不变地复归联营各方原来的所有制关系。

民法所调整的财产关系是从不同所有制中抽象出来的,以等价、有偿为基本特征的横向经济关系。在商品交换过程中,用来交换的商品的所有权与哪一种所有制有关无关紧要,它对交换关系的产生、变更、消灭并不直接产生影响。民法既不可能,也不必要对属于不同所有制的民事主体分别规定不同的调整方法,而只能一律适用平等、自愿、公平、等价有偿、诚实信用的原则,把涉及各种不同所有制的商品经济关系作为一个整体来调整。因此,民法对所有权所下的定义和对所有权的分类可以撇开所有权与所有制的内在联系而进行高度的抽象概括,这正是横向经济联系对法律的客观要求。显然,民法的主体制度、所有权制度和合同制度正是为横向经济联系提供了有力的法律依据。

2. 民法与统一的社会主义市场体系

社会必要劳动时间所决定的商品价值量在商品货币关系中表现为价格,价格在供求关系的影响下,围绕着价值上下波动,从而导致经营者之间的普遍竞争,这种普遍竞争要求拆除一切阻碍竞争的壁垒,形成一个统一的市场体系,同时也要求形成统一的竞争规则。如果没有统一的市场,只能形成一种发育不全的商品经济；如果没有统一的竞争规则,又只能形成一个混乱不堪的市场,民法恰恰把对立统一的这两个方面联系在一起了。

市场的主要作用是商品交换,而合同正是一切商品交换的法律形式。商品流通的全部过程和每一个环节都与合同息息相关。没有合同,也就无法形成动态的商品交换关系。因此,合同制度是形成统一市场的重要法律保证。

合同是两个或两个以上平等主体之间的协议,这种协议一经成立对当事人就有相当于法律的拘束力(债)。平等主体,意思表示一致加上法律上的拘束力(债),就构成了合同的主要特征。

所谓"平等主体",就是合同双方各有自己独立的法律人格,法律并不因为当事人的身份关系而厚此薄彼。尽管当事人之间可能存在行政隶属关系、尊卑血亲关系或所有制的不同,但这一切都不能动摇他们在民事法律关系中的平等法律地位。市场机制得以运行的一个重要因素是一切商品生产者作为独立的人进入市场。进入市场之后,彼此又把对方视为平等的商品所有者。可见,当事人法律地位平等的民法原则十分准确地反映了市场经济的需要。

所谓"意思表示一致",则反映了民法的自愿原则,这是民事主体在社会主义现代化建设中自觉的、有意识的活动。① 意思表示必须是当事人内心真意的流露,虚假的或者违心的意思表示是一种无效民事行为。如果当事人双方通谋而为虚伪的意思表示,或者一方以欺诈、胁迫等手段迫使对方作出违心的意思表示,在法律上自始没有效力;"显失公平"的行为则是当事人有权请求撤销的行为——这就要求人们在市场关系中不仅要注重物质的利益,而且要遵守诚实、信用、公平原则。② 只有当事人之间的合意才能形成对双方有拘束力的权利义务关系。合意一旦成立就犹如一把"法锁"把两个独立的主体联结在一起。

民法的自愿原则使每一个商品生产者在市场关系中都有充分的机会来进行选择;"合意"表明市场关系是在当事人自愿协商基础上而形成的一种人与人之间的关系;债的关系则表明在市场关系中活动的每一个主体既有权利维护自己的利益,也有义务承担自己的责任。这一切清楚地表明,民法的合同制度渗透到市场机制的全部作用范围,只有充分运用合同制度才能形成一个统一的、有秩序的市场。

近年来,对于固定资产的投资,通过招标投标方式来订立的合同引人注目地增加了。招标是发标人向不特定的人发出要约请求,这就为每一个投标者提供了均等的竞争机会;投标人竞相提出要约,这就为发标人提供了充分的选择余地。对"条块分割"的市场模式说,这种合同形式本身就是一种挑战。

社会主义商品经济要求一个活跃的资金市场。在新旧体制转轨的过程中,企业扩大再生产的资金已经由财政拨款的单一渠道,变为财政拨款、银行贷款、社会集资、外商投资四条渠道同时开放,初步形成了一个多成分、多形式、多渠道的资金市场。在资金市场内进行的一切活动,其基本法律形式是投资、信贷和票据流通。

我国已经出现了一批集资合股经营的企业，按照《民法通则》第三章第四节的规定，当事人互约出资而形成的联营企业可以分为法人与合伙两个部分。

联营企业法人，有相当一部分已具有股份公司雏形，股东对公司的债权人不负责任，而是由作为法人的股份公司以公司本身的财产对公司的债权人负责。股东与公司是两个独立的法律人格，随着公司的成立，股东的投资也就转化为公司财产。股东是以投资为限来承担经营风险，而不是以投资为限为其他人承担财产责任，公司的财产责任并不牵连股东。因此，严格地说，股东并不承担"有限责任"，而是承担"有限经营风险"；股份公司作为一个法人也不是承担"有限责任"，而是像自然人一样以其全部财产来承担"无限责任"。从资金市场的角度来看，股份公司是进行大规模集资的有效方法；从横向经济联合体的角度来看，股份公司可以容纳不同所有制关系，使各种所有制形式互相渗透，它是对"条块分割"的有力冲击；从增强企业自身的活力来看，企业作为一个独立法人的同时，又可以作为其他法人的成员，就像获得了分身法那样，可以同时置身于几个不同企业。

合伙性联营企业与股份性联营企业的意义和作用大致相同，区别在于股份性联营企业法人独立承担财产责任，合伙性联营则由"联营各方按出资比例或者协议的约定，以各自所有的或者经营管理的财产承担民事责任，依照法律的规定或者协议的约定负连带责任的，承担连带责任"。

资金市场的第二种活动形式是货币借贷。货币借贷是转移货币所有权的实践合同，合同一经成立只有借款人一方承担偿还的义务，贷款人不承担任何义务。借贷和投资都导致所有权的转移，但它们是两种后果不同的法律关系，在借贷关系中，双方并无一致的利害关系，也不构成一个经济实体。贷款方连本带息收回到期贷款的权利，不以借贷方经营状况之好坏为转移，即使借款方宣告破产，贷款方也可以通过破产程序来获得清偿。在投资关系中，投资各方或是形成合伙，或是成立法人，每一投资人以全部投资来承担经营风险；投资者能否获得利润分成，能否收回投资，完全取决于企业的经营状况。如果企业亏本、倒闭，股东与企业原先约定的利润分成、收回投资都无从兑现。在社会集资过程中,往往因为贷款与投资的界限没有分清,而发生权利义务的纠葛,因此,有必要引起注意。

资金市场的第三种活动形式是票据流通。票据是证券化的财产权利,权利的转让只须提示和交付证券。本来是债权的转让不必再通过原来的债权转让程序,本来是物权的转让现在也不必通过物的交付;本来是股份权的证书,现在也可以自由转让,等等。可见,完全的有价证券就是流通证券。票据作为流通的媒介,可以扩大商品流通的范围,加快商品流通的速度。

在民、商法分立的国家,票据制度由民法派生而来;在民、商法合一的国家,票据制度由民法典直接规定。如《意大利民法典》规定:"有价证券的持有人,只要符合法律规定的形式,就有权要求按证券上面所载明的履行,依有价证券持有人的要求履行了的债务人,只要没有故意或重大过失,就免除其责任,不管持有人是否是权利人。"1936年的《瑞士民法典》规定:"有价证券就是任何一种与权利紧密相连的证书,没有此种证书,权利就不能实现……"

我国历来没有民、商分立的法传统,因此,有必要根据《民法通则》的有关规定,引申出作为特别法的票据制度,以利于开拓社会主义的资金市场。

总而言之,社会主义统一市场的形成和发展与民法有着天然的联系。如果说社会主义统一市场为各个独立的商品生产者和经营者提供了一个各显神通的竞技场,公有制经济基础和国家的指令性计划又划出了竞技场的范围,那么民法的各项制度就是规定了竞技者的资格、竞技的规则和犯规的罚则。统一的市场与统一的市场规则结合起来才能形成一种"活而不乱"的经济形势。

3. 民法与按劳分配和物质利益

经济体制改革以前,"按劳分配"在现实中往往表现为一种扭曲的"攀比":工资、资金与经济效益基本脱钩,不论贡献大小,职工都是按月领取标准工资和奖金,这是企业内部的"大锅饭";不论企业的经营状况如何,不同企业的职工都按照同一"年功序列"提级加薪,这是企业之间的"大锅饭"。职工与企业都是端着"铁饭碗"吃"大锅饭",于是,工作松垮懈怠、拖沓敷衍,企业机构臃肿、人浮于事,整个社会都因为"大锅饭"而失去了开拓进取的朝气。

发展社会主义商品经济不仅要求在企业内部贯彻"按劳分配"原则,而且要求在不同的企业之间也贯彻"按劳分配"原则。如果仅仅端掉企业内部的"大锅饭",却保留着全社会的"大锅饭","按劳分配"仍然不可能得到充分、彻底的落实。

"按劳分配"原则的实质是要求按劳动的价值量来分配物质利益,价值量又是由社会必要劳动时间所决定的,因此,只有通过竞争的波动从而通过商品价格的波动,商品生产的价值规律才能得到贯彻。社会必要劳动时间决定商品价值这一点才能成为现实。"按劳分配"不能离开价值规律而孤立存在,从企业内部的"按劳分配"转化为企业之间的"按劳分配",只有通过商品交换并遵循价值规律展开竞争,在交换和竞争的过程中又必须始终贯彻物质利益的原则。物质利益是"按劳分配"的出发点和归宿。

民法通过调整主体之间的物质利益关系,通过把物质利益与经济效益结合在一起来推动社会范围内的按劳分配。

企业是沟通国家利益与个人利益的中间环节,企业内的"按劳分配"和企业之间的"按劳分配"都涉及企业的物质利益,企业是社会的"经济细胞"。如果经济细胞失去它应有的物质利益,就像生理上的细胞失去起着营养和滋润作用的细胞外液一样,很快就会失去活力。经济体制改革的中心任务是增强企业活力,与经济体制改革相适应的民法则把企业的活力和企业财产所有权、经营权、独立意志、独立人格联系在一起,从而充分肯定了企业的物质利益。

企业的物质利益首先是与企业的财产所有权和经营权联系在一起的。企业法人所有权和企业法人经营权都是企业对财产的占有、使用、收益、处分的权利。"占有"是手段而不是目的,目的是通过对物的占有来获得物质利益;"使用"不仅是利用物的自然属性,而且包括享有物质上的利益;"处分"意味着所有权(全民所有制企业之间则为经营权)的转让,但在商品交换关系中,所有权的转让不是单方的转让,而是双方根据等价、有偿的原则互相让渡商品的所有权。因此,"处分"和"占有"一样,也是为了获得物质利益的一种手段;收益则是单独或同时使用三项权能而获得的、由所有者支配的物质利益。显然,所有权的每一项权能最终都是体现物质利益的。确认和保护企业法人独立的所有权、经营权,也就是确认和保护企业的物质利益。

企业之间根据各自独立的意志、通过等价的有偿的方法,在交换和竞争中实现各自的物质利益的过程,也就是在全社会范围内按经济效益来分配物质利益的过程,这正是一种更深刻的按劳分配。按经济效益来分配物质利益,必然在企业之间、劳动者之间形成富裕程度的差别,但这种差别恰恰是体现了企业和劳动者对社会贡献的差别,它一经形成之后,又鞭策落后者奋起直追来拉平距离,甚至超过对方。由此可见,民法的一些基本原则正是通过充分运用价值规律来根治"大锅饭"的弊端,从而有力地把"按劳分配"原则贯彻到企业与企业之间。

4. 民法与对外开放

在对外开放过程中,无论是吸引外商投资,还是发展双边贸易关系,都涉及外国公民和企业在我国的法律地位和涉外民事案件的法律适用问题。在形成良好"投资环境"和"贸易环境"的各项因素中,法律是最重要的因素之一。法律保证是进行长期投资和形成稳定贸易关系的基本条件。刚刚诞生的《民法通则》专门规定了"涉外民事关系的法律适用"一章,从而填补了国内法有关冲突规范的空白,这既有利于对外开放,又能维护我国的主权和权益。

总之,经济体制改革之前,我国的商品经济是形销骨立、步履艰难,与商品经济相适应的民法也几乎是销声匿迹了。因此,许多人望文生义地把民法看成仅仅是处理公民之间纠纷的法律,把民事案件仅仅理解为与房屋、婚姻、继承等问题有关的民间纠纷。这种以偏概全的认识是对民法极其肤浅的理解,这种认识正是囿于传统私法理论而看不到民法与大规模的社会主义商品经济的关系。

在大陆法系国家,民法被认为是私法。私法理论认为:在经济活动中,除了自然人以外不存在其他法律关系主体,不允许任何从事经济活动的个人结为社团。例如,法国大革命时的《人权宣言》没有规定结社权;1794年的一项法令取消了股份公司的形式;1804年的《法国民法典》竟没有关于法人的规定。诸如此类,其源概出于以个人为本位的法律思想。在以个人为本位的私法范围内,政府唯一的作用是承认私权并保护私权的实现,此外不能进行任何干预;所有权绝对原则、契约自由原则、过失责任原则一度被认为是民法理论不可动摇的支柱。但是,到了现代资本主义社会,私法理论不断地受到冲击,民法由个人本位向社会本位转化的趋势越来越明显了,三大原则也被修正为所有权的社会化、契约自由的限制和无过失责任原则的采用。讨论这种变化的原因不是本文的任务,我们只需要指出;原来意义上的私法理论如今在它的发源地也已经被扬弃了,它已经成为历史的一页被翻过去了。

我国《民法通则》理直气壮地把平等主体的公民之间、法人之间、公民与法人之间的财产关系全部纳入民法的调整范围。由此可见,民法在社会主义中国的主要作用,是调整以公有制为基础的、大规模的社会主义商品经济关系。如果不充分认识到这一点,就很难正确估价民法在当代中国社会的作用,也就不可能自觉地运用法律手段来调整经济生活。所以,我们强调民法与社会主义商品经济的作用不仅是为了给民法"正名",更主要的是希望大家都能认识到民法在经济生活中的巨大作用。

第十二讲 《民法通则》疑难问题解答

1. 16周岁以上不满18周岁的公民,以自己的劳动收入作为主要生活来源,如果无力承担义务(如在民事赔偿关系中无力承担所应给付的赔偿金等),如何确定其行为能力?

《民法通则》第11条第2款规定的立法精神是尽可能地给参加社会活动的人以完全的民事行为能力。公民如果已满16周岁但未满18周岁,只要他以自己的劳动收入(工资、农副业收入等)作为其主要生活来源,即在经济上基本上自立,不再需要父母或其他亲属的帮助便可维持正常的生活,法律便将他"视为完全民事行为能力人"。既然法律作出这种规定,上述公民无论在何种情况下(包括在民事赔偿关系中)都具有完全行为能力,这一点应该说是毫无疑问的。

能否交付应付的赔偿金,是清偿能力问题,而不是行为能力问题。公民行为能力之有无或是否完全,依当事人的年龄及智力状况而定,不依当事人的财产多寡或其财产能否抵偿赔偿金而定。在实践中,不仅未满18周岁的公民,就是某些成年人有时也会处于无力偿还债务的境地。因此,我们决不能因为已满16周岁未满18周岁但以自己劳动收入作为主要生活来源的公民在某种特定情况下无力清偿债务(如赔偿金),即认为其行为能力不完全,进而主张由其父母承担民事责任。相反,对于这类公民,应同对待18周岁以上的成年公民一样。依照法律规定,他们应当对自己的行为负责,如果欠下债务(包括侵权行为所生之债),应当按照《民法通则》第108条的规定处理。

2. 已满18周岁的公民在校就读期间,其行为造成他人损害但又无力赔偿的,是否仍要其父母或其他公民、组织作为监护人承担民事责任?

已满18周岁的公民,只要其精神健全,就理所当然地成为具有完全行为能力的人,不必要也不应当为他们设立监护人。不能把行为能力与民事主体清偿某一具体债务的能力混为一谈。民法规定的行为能力是指民事主体对自己的民事行为承担后果的能力,指的是智力状况或认识能力,而不是指民事主体的财产能否清偿债务。对具有完全行为能力的人,是绝对不能设立监护人的。已满18周岁的公民,已经具备完全的行为能力,其债务(包括致人损害之债)应由他本人偿还;从法律的角度来看,他们的父母对这种债务不承担任何责任。

另外,《婚姻法》第15条规定的父母对不能独立生活的子女有抚养义务与由父母代替具有完全民事行为能力的子女承担民事赔偿责任,这是两个性质不同的问题,二者不能混淆。当然,如果父母或者其他亲友愿为已满18岁的在校学生偿还债务,赔偿给他人造成的损害,自然是可以的。但是,对于这种行为,不应视为父母等承担监护人的民事义务。

3. 确定未成年人的监护人,是否要按照一定的顺序?

关于监护人的确定,从立法本意上来看,很可能考虑了顺序问题。首先考虑的是未成年人的父母;其次是未成年人的祖父母、外祖父母;再次是其兄、姐;最后是关系密切的其他亲友等。从这个顺序我们不难看出,这是充分考虑到了监护人与被监护人血缘关系的远近。这个顺序与我国继承法所规定的法定继承人的顺序颇有些相似。但是,确定未成年人的法定监护人,除考虑血缘关系的远近外,还应考虑监护人的能力以及其是否适合担任该未成年人的监护人。如果本人没有监护能力,即使与未成年人血缘关系最近,也应由其他合适的人充当监护人。例如父母是精神病患者,他们便没有能力担任未成年子女的监护人,而应另外选定他人。所以,对于《民法通则》第16条中关于监护人顺序问题的理解应灵活一些,它不像《继承法》中规定的法定继承顺序那么严格,在立法上也并没有使用"法定顺序"的概念。

4. 如果法定监护人或指定的监护人推诿怎么办?

依照法律规定,与无行为能力或限制行为能力人血缘最近而且具有监护能力的亲属是其监护人,是为法定监护人,监护人的身份即为法定,当然不得推诿。否则就是违法行为,甚至构成遗弃罪。

由居民委员会或村民委员会指定的监护人,如果没有正当理由,也不得推诿。这里的正当理由包括被指定人的身体健康状况不能胜任或工作繁忙等。当事人对指定不服,根据《民法通则》第16条和第17条的规定,可以向人民法院提起诉讼,如果人民法院认为被指定人没有正当理由,则裁定维护居民委员会或村民委员会原来的指定。但是,人民法院的这种裁决不同于关于财产关系的裁决,因为监护关系是一种人身关系,对于人身关系不宜强制执行。如果被指定人决意不担任监护人,可由原指定机关重新指定他人。应当强调的是,无行为能力或限制行为能力的公民不能没有监护人,必要时应由其父母所在单位(未成年人)或其本人所在单位(精神病人)或者由其住所地的居民委员会、村民委员会或民政部门担任监护人。

必须指出,除法律有特别规定的(如我国婚姻法规定的父母对未成年子女的抚养义务)以外,监护人并不对被监护人负任何财产上的义务或责任,即没有向被监护人提供生活来源的义务和责任。监护人的主要义务是保护被监护人的人身、财产及其他合法利益,以及代理被监护人为民事法律行为,同意或认可被监护人所为的民事行为等。公民应当主动履行这一法定义务,如果没有正当理由而推诿有关单位关于由其担任监护人的指定,是要承担法律责任的。

5. 村民委员会、居民委员会、民政部门或者其他单位作为监护人的,是否要由单位主要负责人以法定代表人的身份充当监护人?

这些部门或单位,本身是法人,同其他法人(如企业法人)一样,当然由其法定代表人(即主要负责人)代表该部门或单位行使权利和履行义务,包括履行作为监护人的职责。但是必须注意,法定代表人进行上述活动是以该部门或单位的身份出现的,而不是以他自己的自然人(公民)的身份出现的。法定代表人的更换,不影响该单位或部门继续作为监护人。法定代表人可以代表自己单位给受该单位监护的未成年人请保姆,但保姆是单位的雇员而不是监护人,真正的监护人仍然是该单位。这是我们理解《民法通则》第16条和第17条关于居民委员会、村民委员会及民政部门等担任监护人的规定须要注意的问题。

6. 被宣告死亡的人重新出现,对于其原有婚姻关系如何处理?

依据我国婚姻法和有关的法律规定,婚姻关系的终止有两种情况,一种是因离婚(包括当事人双方协议登记离婚和人民法院经诉讼程序判决、调解离婚);另一种是当事人一方死亡,这里的死亡既包括自然死亡也包括人民法院依法宣告的死亡。以上两种死亡都引起原有的婚姻关系消灭,在这种情况下,其配偶再婚,自属合法。

如果被宣告死亡的人重新出现或者确知他没有死亡,经本人或者利害关系人申请,人民法院应当撤销对他的死亡宣告。这种人在民法学上称为"生还者"。依《民法通则》第 25 条的规定,对生还者的财产应当尽量恢复到原状,但法律没有对其原有的婚姻关系作出具体规定。我认为应依不同的情况分别按以下原则处理:① 如果生还者的配偶尚未再婚,原有的夫妻关系自应恢复。② 如果原配偶已经再婚,生还者不得要求与其恢复婚姻关系。因为原有的婚姻关系已经消灭,新的婚姻关系受法律的保护。如果生还者的原配偶要求恢复原有的婚姻关系,则应先通过法定的程序解除现有的婚姻关系,然后与生还者重新登记结婚。

7. 如何确定个体工商户、农村承包经营户经营者个人财产与家庭其他成员财产的界限?个体工商户、农村承包经营户的家庭财产对经营者在经营中的债务承担何种责任?

这是一个值得研究的问题,也将成为将来司法实践中的一个难题,因为我国的民事、婚姻家庭立法没有对家庭财产制度作出明确的规定。《民法通则》第 29 条的规定适用起来将会很困难。我个人认为,法律既然没有规定家庭财产制度,就很难把家庭成员的个人财产与家庭财产区分开来。从我国的传统习惯来看,也是不区分家庭成员个人财产与家庭整体或其他成员之间的财产的。从目前的实际情况来看,绝大多数家庭的财产都是共同共有而不是按份共有。我认为应该掌握这样一个原则,即在没有明确的界限(如夫妻事先约定的分别财产制)的情况下,个体工商户、农村承包经营户经营个人的财产与其家庭的财产是不可分割的,家庭财产应对该家庭成员在经营活动中所负的债务承担责任。这一原则也适用于非个体工商户、农村非承包经营户的家庭。不过,如果个体工商户、农村承包经营户在进行登记时,明确注明其个人的财产与家庭财产相独立,或者在一个家庭中明确约定经营者个人的财产独立于其他家庭成员的财产(或家庭共有财产),则应由经营者个人的财产承担责任;但如果经营所获收益用于家庭开支,则家庭的共有财产应对经营者经营活动中所负的债务负连带责任。但是,清偿债务时,应保留其家庭成员,特别是未成年人和无生活来源的人的必要的生活费用。

8. 个人合伙与联营如何区别?

在大多数国家的民事立法中,一般不区别个人合伙与法人之间的合伙。我国《民法通则》将个人合伙规定在第二章里,而将联营(其形式之一是合伙)规定在第三章里面。这在立法例上颇有些创新。我认为我国《民法通则》中规定的个人合伙与联营主要有以下两点区别:

(1) 主体不同。个人合伙的主体是公民个人,而联营的主体则为企业、事业单位。

(2) 所包含的联合方式不同。个人合伙只含有合伙这种联合方式,这种联合方式最基本的特征是数个主体依合伙合同组成合伙组织,共同出资,共同经营,对合伙的债务负无限连带责任。联营包括三种联合方式:① 组成新的法人,这时参加联营的各方实际上已成为股东,对新成立的法人的债务只承担以其出资额为限的有限责任;② 组成合伙组织,参加联营的各方对合伙组织的债务负无限连带责任,这时参加联营的企事业单位与组成个人合伙的公民的财产责任没有区别;③ 形成一般的合同关系,参加联营的企业、事业单位之间的相互关系完全适用经济合同法的规定,它们对外各自独立经营,以自己的名义进行活动,各自承担民事责任。这种形式的联合不形成新的民事主体。

9. 个人合伙具备了法人条件的,能否成为法人?

从我国现行的民事立法来看,个人合伙是不能成为法人的,也难以具备法人条件。法人的第一个条件(参见《民法通则》第37条第1项)就是"依法成立"。个人合伙不过是依法核准登记的合伙组织。某些个人合伙如果符合集体所有制的组织原则,符合国家有关合作社的规定,经有关主管部门批准,工商行政管理部门核准登记,可以成为法人;一般的个人合伙不能成为法人。但外资企业(包括外国人的合伙)和中外合作经营企业,应依《民法通则》第41条和有关特别法的规定视具体情况而定。有些外国人的合伙组织或外国人与中国人合作经营的企业,具备法人条件的,经过核准登记,可以给予其法人资格,承认它的法人地位。

10. 法人概念与法人条件有何区别?

法人概念与法人条件既有联系又有明显的区别。我国《民法通则》第36条是给法人概念所下的定义,而第37条则是关于法人必备条件的规定。二者的主要区别在于:法人概念所强调的是某类组织体具有民事上的人格(权利能力和行为能力),这种组织体是与另一种民事主体——公民相对应的。法人条件是指可以取得法人资格的前提,它们强调的是组织体在何种条件下可以成为法人。二者的联系在于它们的内涵十分接近,法人条件所规定的是法人的实质要件,而第36条对法人概念的定义也是一个实质性的定义(而不是说明性的定义),它是对这些实质要件的概括和抽象。

11. 如何理解法人的"住所"和"场所"?

《民法通则》第37条规定,法人必须有场所;第39条规定,法人以其主要办事机构所在地为住所。第37条规定的是法人的必备条件,要求法人有场所,主要是从避免"皮包公司"的合法化出发的,规定没有场所即不能成为法人。场所则可能包括很多地点,可以是法人的住所,也可以是法人的某个营业点、商店的分店、驻外地办事处等。住所指法人的主要办事机构所在地,如厂长(经理)办公地点、理事会所在地等。一个法人可以有多个场所,但只能有一个住所。住所在民法和民法学上具有重要的意义,如法律文书的送达、案件的管辖、债务的履行等,在没有法律的特别规定或当事人约定的情况下,一般应以当事人的住所为送达地或履行地。

12. 如何理解《民法通则》第37条关于"有必要的财产或者经费"的规定?

《民法通则》第37条第2项规定的"有必要的财产或者经费",是法人的必备条件。"财产"一般是针对企业法人而言的,"经费"一般是针对机关、事业单位和社会团体法人而言的。理解这一项规定,应注意把握两个方面:① 为什么要把它规定为法人的必备条件;② "必要的财产或者经费"在数额上如何掌握。

我认为,规定法人必须具备必要的财产或者经费具有两条理由。① 法人一经成立,就要在社会经济生活中进行广泛的民事活动,否则,就没有给予某个组织体以法人资格的必要,因为它达不到法律对它的社会作用的要求。很显然,这个组织要开展业务活动,最起码的条件就是要有一定数量的金钱和财产,否则将无法进行活动。② 法人为民事活动,尤其是企业法人为营利性的营业活动,总会形成债权债务关系,总要承担一定的风险。为了保障社会经济秩序和交易的安全,法人必须有一定的财产或经费作为清偿债务和承担风险的后盾。基于上述两条理由,法律规定必要的财产或者经费为法人的必备条件。

这个"必要的财产或者经费"在数额上是多少呢?这是量的方面。不同性质的法人对其财产或者经费的数量要求是不同的。关于企业法人的财产数额的最低限,国务院 1985 年 8 月 14 日批准发布的《公司登记管理暂行规定》第 7 条规定:生产性公司的自有流动资金,不得少于 10 万元;以批发业务为主的商业性公司的自有流动资金不得少于 20 万元;以零售业务为主的商业性公司的自有流动资金不得少于 10 万元;咨询、服务性公司的自有流动资金不得少于 5 万元。确定这个数额的原则,只能是法人的经营范围以及营业的性质。当然,这里所说的"数额",指的是财产的最低限额。如果低于这一极限,即不能取得法人资格,企业组织将不能通过核准登记而成为法人。相反,法律并不对法人财产的最高限额作出要求,只要是合法财产,多多益善。

顺便指出,在我国,这一必备条件主要是针对企业法人而言的。机关、事业单位和社会团体法人一般都由国家有关部门直接拨付经费,从理论上来说,如果国家不准备给他们足够的经费,也就不会决定成立这个机关、事业单位或社会团体。但非国家直接拨款的群众性社会团体的情况则不同,它很可能因为经费不够最低限额而无法取得法人资格。

13. 如何理解法人行为能力的终止?

《民法通则》对法人行为能力的终止作了两项原则性的规定:① 法人的行为能力到终止时消灭;② 法人终止,应当依法进行清算,停止清算范围外的活动(分别见第 36 条第 2 款及第 40 条)。法人终止后,原有的行为能力即告消灭,但依法成立的清算组织具有行为能力。清算组织可以用原法人的名义进行活动,但其行为能力不同于原法人的行为能力,其特点在于清算组织不能从事原来的生产经营活动,只能围绕法人的清算进行活动,如收回债权、偿还债务,参加有关的诉讼等。清算组织的一切活动应服从于清算这一目的。

关于清算组织的行为能力的本质问题历来是有争议的。有人主张是原法人行为能力在清算阶段的延长,认为原法人在清算阶段还具有受限制的或特殊的行为能力。按《民法通则》第36条的规定,法人一旦宣告终止,其行为能力即行消灭,不再有行为能力的延长或者受限制的(特殊的)行为能力。至于清算组织的行为能力是法律(《民法通则》第47条及即将公布的《破产法》)所赋予的。赋予清算组织行为能力的目的,在于处理法人终止后的各种善后事务。从主体上看,这种行为能力不属于原法人而属于清算组织;从内容上看,这种行为能力不是为正常的营业活动,而是处理清算范围内的事务。

14. 组织章程是不是法人的必备条件之一?

《民法通则》第37条对法人的必备条件作了一般性的规定。在这条规定的四个必备条件中没有规定关于法人章程的问题。所以,我们可以说法人章程并不是每个法人的必备条件。事实上许多法人是没有章程的,如国家机关及一部分事业单位就没有章程。它们取得法人资格完全是由于国家有关部门的命令,并不要求它们有个组织章程。

但是,有一些组织则必须具有组织章程才能取得法人资格。对此,《民法通则》第41条第1款作出了明确的规定,即全民所有制企业、集体所有制企业只有在具备组织章程的前提下才能取得法人资格。在我国,全民所有制企业和集体所有制企业占企业法人数量的绝大多数,因此,我们可以说企业法人是以具有组织章程为必备条件的。

各类企业法人的章程的内容不尽相同,但一般都包括下面一些共同的内容:企业名称、所有制形式、资金数额及来源、法人代表及其他机关的组织形式、法人意思的形成程序、法人住所等事项。

15. 企业法人工作人员对外从事经营活动与法人的关系如何?

《民法通则》第43条规定:"企业法人对它的法定代表人和其他工作人员的经营活动,承担民事责任。"企业法人的工作人员对外从事经营活动,包括两种情况:一种是法定代表人(厂长、经理等)的活动,另一种是其他干部或职工的活动。这里所说的"经营活动"都是民事行为。

企业法人的法定代表人代表企业对外所从事的经营活动,一般被认为是法人本身的活动,法定代表人所表示的意思即法人的意思。因此,企业法人对法定代表人的行为承担完全的民事责任。但是,企业法人的法定代表人不得以企业的名义从事违法行为,否则,应依《民法通则》第49条的规定由法定代表人承担行政的乃至刑事的责任。同时,企业法人仍应对其法定代表人的行为承担完全的民事责任。

企业法人的其他工作人员以企业名义对外进行经营活动,只能通过代理关系进行。企业法人对这些人的行为的责任应依《民法通则》第63条第2款、第65条第3款、第66条、第67条、第68条的规定处理。将上述法律规定应用于企业法人与其工作人员(非法定代表人,下同)的关系,我们可以抽象出这样一些带有普遍意义的原则:① 企业法人原则上应对其工作人员的行为承担民事责任;② 如果企业法人和它的工作人员都有过错,应由二者对工作人员的行为负连带的民事责任,但考虑到企业法人一般具有较强的偿债能力,所以,可以由企业法人先行承担责任,然后再由其向工作人员追偿(实践中这种追偿往往是有限度的);③ 企业法人的工作人员应对其超越职权的行为承担民事责任,触犯刑律的还应承担刑事责任;④ 企业法人的工作人员因不履行职责给企业造成损害的,应承担民事责任;工作人员和第三人串通,损害本企业或他人利益的,应由该工作人员和第三人负连带责任。

另外还有一种情况,即企业法人的工作人员在执行职务过程中的侵权行为,如某运输公司的一名司机在行车途中撞伤行人。企业法人工作人员在执行职务中的侵权行为不宜理解为企业法人代理人的侵权行为,而应认为是企业法人的侵权行为,由企业法人直接承担民事责任(这并不排除行为人可能应承担的行政或刑事责任)。因为工作人员执行这种职务在正常情况下(另有授权的除外)并不与第三方发生民事关系,他们完成的只是企业法人内部的工作,所以不能把这种工作人员视为企业法人的代理人。我以为作这种理解的主要积极意义在于维护受害方的合法利益,使其财产损失及时、有效地得到补偿。当然,这并不排除企业法人在直接承担民事责任之后对行为人追究相应的责任。

16. 如何理解《民法通则》第 49 条？为什么要规定不得"从事非法经营"？

《民法通则》第 49 条所规定的是企业的法定代表人应承担法律责任的六种情况。这一条法律规定包含两方面的意义：① 六种情况之一，企业法人应承担责任（主要是民事责任）；② 有六种情况之一者，除企业法人应承担责任外，企业法人的法定代表人还应当承担行政的或刑事的责任。很显然，第二层意义不是一个民法规范，而是处理民法与行政法、刑法相互衔接问题的法律规定。如果企业法人有第 49 条某一项的情形，企业法人应当承担责任，同时可以视情况给予其法定代表人以行政处分，构成犯罪的，还应依法追究其刑事责任。

《民法通则》第 49 条第 1 项所举的情形，主要是指企业法人超出其权利能力和行为能力（法人的权利能力与行为能力范围是一致的）所为的经营活动。"非法经营"是对这种行为所给予的法律上的价值判断。这一项法律规定里面包含着这样一个价值判断：超出登记机关核准登记的经营范围所为的经营行为是非法行为。

各国民法对企业法人的权利能力、行为能力都有十分严格的限制，不准企业法人为核准登记经营范围以外的经营活动。为什么要作出这种限制呢？我个人认为这是为了对各类经济组织的发展按总体规划进行宏观控制和对不同类型的企业的各项经济经营活动进行有针对性的监督，从而维护正常的社会经济秩序。如果对企业法人的营业范围不加限制，或对其为经营范围以外的营业活动不予制裁，很可能出现这样一种情况：众多的企业一窝蜂地从事某一项生产或经营活动，大大地超出社会经济的需要，结果造成极大的浪费。企业法人为经营范围以外的营业，还可能导致不正当竞争的出现。所以，为了维护正常的社会经济秩序，法律必须作出上述限制，并确认企业法人超出核准登记的经营范围以外的营业行为为非法行为，规定企业法人对这种行为承担民事责任。

企业法人为上述的非法经营行为，总是由其法定代表人决定的，法定代表人在决定从事这些行为时，主观上具有过错（故意或过失，但通常是故意的),客观上违反了民法及其他有关法律的规定,并可能造成恶果。所以,应追究其法定代表人可能的行政或刑事责任。

17. 如何理解《民法通则》第48条中关于企业法人所有权的规定?

《民法通则》第48条分三种不同情况对企业法人的所有权(或经营权)及其财产责任问题作出了规定:① 全民所有制的企业法人,对国家授予它经营管理的财产具有经营权,以这些财产对外承担民事责任;② 集体所有制企业法人对其财产具有所有权,以自己所有的财产对外承担民事责任;③ 中外合资经营企业、合作经营企业及外资企业法人对其财产具有所有权,以自己所有的财产对外承担民事责任,但法律另有规定的除外。

这里存在争议的是全民所有制企业法人有无财产所有权的问题。马克思主义经典作家曾提出,法律规定把分散的个人财产集中起来,建立统一的法人财产,必须消灭个人对其投资财产的所有权,确认法人的所有权,个人只对法人负有以其投资为限的责任。在资本主义社会,企业法人是具有所有权的。我个人认为,社会主义全民所有制企业法人的情况恰恰相反,它不是将分散的个人财产集中起来进行经营,而是将统一的国家(即全民)的财产分散经营。因此,不需要消灭统一的国家所有权,只要赋予全民所有制企业法人经营权即可保证其进行正常的商品生产和商品交换,即可保证其完整的民事主体地位和对外承担民事责任的能力。

这里需要提出的是,全民所有制企业法人所享有的经营权是一种十分广泛的财产权利,包括对客体的占有、使用、收益、处分等项权能。全民所有制企业法人的经营权是相对独立于统一的国家所有权的一项法权,具体表现为:全民所有制企业法人的财产与国库财产独立;某一全民所有制企业的财产与其他全民所有制企业的财产独立。因此,全民所有制企业欠下的债务,国库不承担责任;国家也不得任意调用全民所有制企业法人的财产;全民所有制企业一旦破产,可以用其一切财产抵债;各个全民所有制企业之间不得无偿调拨,只能基于价值规律进行交换,转移财产的经营权。

18. 如何区别《民法通则》第58条第3项与第59条第2项这两项规定?

《民法通则》第58条规定的是无效的民事行为,第59条规定的是得撤销的民事行为。各国民事立法及民法学理论对上述二者的区别是比较清楚的。无效的民事行为，又称为绝对无效的民事行为，主要包括不合格的主体所为的民事行为和违反禁止性法律规范及社会公共利益的行为。这种行为自始无效，即法律确认这种行为没有建立新的民事法律关系或者变更、消灭已有的民事法律关系。得撤销的民事行为，又称作相对无效的民事行为，主要指当事人意思表示不真实的行为。这种行为要由一方当事人向法院提出诉讼，法院认定行为人的意思表示确实不真实，然后撤销该行为（及行为所构成的后果）。得撤销的民事行为的特点在于：须当事人一方提出，须法院认定，而法院只是对原行为予以撤销。也就是说，该行为事实上已经成立并可能发生效力。如果当事人一方不提出争议，这种行为还不能认定无效。

我国《民法通则》突破上述民法理论，将意思表示不真实的民事行为的不同情况，分别规定在无效的民事行为和得撤销（变更）的民事行为之中。第58条第3项、第59条第1项均属于当事人意思表示不真实的行为，第59条第2项一般也属于意思表示不真实的行为。因此，要指出这两项规定的区别是相当困难的。但我个人认为二者还是有一些细微的差别：

（1）一方以欺诈、胁迫的手段或者乘人之危，使对方在违背真实意思的情况下所为的行为，一般可能显失公平，但有时也可能并不背离公平原则或等价有偿的原则的要求，甚至并不失"公平"。如以胁迫手段购买他人的收藏物（并不一定珍贵），行为人甚至出高价购买，这时并不违背价值规律。就交换本身而言，可能还是公平的，但却违背对方当事人的真实意志。可以看出，这项规定所强调的是一方行为人的过错及对方的非真实意思。

（2）显失公平的行为，是指在行为过程中出现了利益巨大的悬殊，极大地背离了等价有偿的原则。显失公平的行为可能是行为人自身的过错造成的，也可能是对方的过错或者第三者的过错造成的。这项规定强调的不是行为人的过错或意思真实与否的问题，而是强调公平等价的原则要求。

还应当指出，我国有关法律规定，关于无效民事行为的认定，一般要由法定机关按法定程序办理。例如，认定经济合同无效，要由合同管理机关或人民法院依法确认，而不能由一方当事人自行"宣布无效"。

19. "恶意串通"指的是什么?

"恶意"在民法上是和"善意"相对立的术语,是指一种故意的心理状况。通俗地讲,即当事人事先明知不对却故意实施的意思。串通是指内在意思的相互沟通。因此必须有二人或二人以上才能构成"恶意串通"。在多数情况下,一般为两个主体恶意串通损害第三人的利益或者社会公共利益。

我国《民法通则》将当事人恶意串通,损害国家、集体或者第三人利益的行为确认为无效的民事行为(第58条)。在实践中,最常见的恶意串通案例是代理人与第三人相互串通勾结,损害被代理人的合法利益。如采购员收取第三人的贿赂(或称"好处费"、"回扣"),抬高进货价格,让被代理人蒙受损失。在实践中,恶意串通的行为不仅发生在代理关系中,在合同关系中也常常发生这种违法行为。例如某甲与某乙订一合同,让某乙在某丙的房屋旁砌一座高墙。甲、乙二人都知道这座墙会影响某丙房屋的通风和采光,但他们为了各自的利益,不惜以邻为壑。这一合同行为当然属于当事人恶意串通损害第三人利益的行为,应当认定无效。

依《民法通则》第61条之规定,如果双方恶意串通实施损害国家、集体或第三人的利益,应当追缴双方取得的财产,收归国家、集体所有或者返还第三人。我认为,如果这种行为给国家、集体或第三人造成损害,还应依《民法通则》第六章的规定,追究行为人的其他民事责任;构成犯罪的,还应依法追究刑事责任。

20.《民法通则》第56条中规定的民事法律行为的"其他形式"、"特定形式"是指哪些形式?

对于一般的民事法律行为,如日常的即时清结的买卖合同,采取口头形式即可;对于一些较为重大的民事法律行为应依法采用书面形式,如公民立遗嘱、法人之间订立不能即时清结的合同等。口头形式和书面形式是民事法律行为最常见的形式。除了这两种形式之外,还有一些其他的形式,如默示的方式,推定的方式以及继承法中规定的录音方式。"其他形式"很多,法律没有详细列举,当事人可以在符合法律要求的前提下自由地选用。

法律对民事法律行为有特别要求的,应依法律所要求的特定形式。在我国,特定的形式主要包括公证形式、鉴证形式、登记形式、公告形式等。公证形式一般适用于一些内容重大的民事法律行为,如重要的遗嘱、合同。目前不少地方对农村承包经营合同进行公证。但法律很少要求民事法律行为必须进行公证。现在我们能够举出的例子,只有向国外出具的关于夫妻身份关系的文书,按规定必须进行公证(即对结婚这一民事法律行为的公证)。鉴证的形式常见于工商行政管理机关对一些合同的鉴证。登记的形式在我国民事法律中较为常见,当事人结婚应依法登记,不动产(主要指房屋)转让也应到房产部门办理登记过户手续。公告的形式也较为常见,如某企业关于更换不合格产品的公告,民事主体关于声明某一文件(票据)作废的公告等。

21. 《民法通则》第 57 条与第 62 条这两条规定的关系如何？它们的基本区别是什么？

《民法通则》第 57 条规定的是民事法律行为的法律约束力问题。它包括两层含义:① 民事法律行为自成立时起具有法律约束力;② 非依法律规定或者取得对方当事人同意,不得变更或解除已经成立的民事法律行为。第 62 条规定的是民事法律行为附条件的问题,附条件的民事法律行为在符合所附条件时生效。在此,我先对附条件的民事法律行为作一些说明。在民事法律行为中指明一定的条件,把条件的成就与否作为民事法律行为的效力,即权利义务履行或不履行的根据,这种民事法律行为谓之附条件的民事法律行为。

民事法律行为中的条件是一个特定的事实,可以是事件,也可以是行为,但应符合下述要求:① 这一事实必须是为民事法律行为时尚未发生的;② 这一事实将来发生与否,当事人是无法预知的,必然会发生或根本不可能发生的事实不成其为条件;③ 这一事实由当事人自由意思选定,而不是法律规定或民事法律行为自身所要求的事实。依条件对民事法律行为的效力所起的作用,可将条件分为延缓条件和解除条件;依条件本身的性质,可将条件分为积极条件与消极条件。附条件的民事法律行为一经成立,在条件成就以前当事人即受到民事法律行为的约束,即受到《民法通则》第 57 条中所规定的"法律约束力"的约束。因为,这时民事法律关系已经存在,依条件的成就与否为转移的,只是依民事法律行为形成的权利义务关系履行或不履行的问题。

由此可见,第57条规定的是民事法律行为从什么时候起发生约束力,第62条规定的是依民事法律行为形成的权利义务关系在什么条件下履行或不履行的问题,这就是上述两条规定的基本区别。在实践中,民事法律行为发生法律约束力(即成立)与依民事法律行为所形成的权利义务关系(包括变更或解除已有的权利义务关系)的实际履行与否,通常有以下三种情况:

(1)一经成立即产生法律约束力 其履行与民事法律行为的成立几乎同时,有时甚至以履行作为成立的条件。履行是必然的。如即时清结的买卖合同;赠与行为。

(2)同上,履行是必然的,但并不立即履行,而是在民事法律行为成立后的一段时间内履行。如长期供货合同;附期限的民事法律行为。

(3)同上,履行或停止履行是可能的,只是在符合某种特定的事实条件的情况下才履行;或者停止履行。如附条件的民事法律行为。

22. 附条件的民事法律行为与附期限的民事法律行为有何区别？为什么《民法通则》没有规定附期限的民事法律行为？

为民事法律行为指明一定的期限,把期限的到来作为民事法律行为的效力,即权利义务的履行或不履行的前提,这种民事法律行为就是附期限的民事法律行为。传统的民法理论认为,附条件的民事法律行为与附期限的民事法律行为的主要区别在于:"条件"对于当事人来说,是未知的,可能成就也可能不成就;而"期限"对于当事人来说,则是已知的,他们或许知道期限的确切届满日期(如所附期限为×年×月×日或有一段特定的时间,如3个月以内,1年以后等),或者不知道期限届满的确切日期,但至少知道这一期限必然到来(如约定某一必然发生的事实为期限)。基于这一区别,又产生了如下不同的权利义务效力问题:附期限的民事法律行为,其权利义务是必然要实现的;在期限到来之前,权利义务的效力是肯定的,只是处于暂时的静止状态。相反,附条件的民事法律行为,其权利义务将来实现与否是未知的、不确定的。在条件成就以前,这种权利义务的效力处于"可能"的状况,但民事法律行为本身对当事人具有约束力,任何当事人不得恶意地促使或阻碍条件的成就。一般说来,恶意促使条件成就的,视为条件没有成就;恶意阻碍条件成就的,应当视为条件已经成就。

所谓附期限的法律行为,实际上是法律行为的期限,问题并不复杂,而且有关的法规对此已有规定(如债和合同都有关于履行期限的规定)。因此,《民法通则》不再在附条件的法律行为之外特别规定附期限的法律行为。

23. 如何区别法律行为、民事行为、民事法律行为这三个概念?

民法学是一门历史悠久、概念丰富、逻辑严密的法律学科,从古罗马法至今,民法学在整个法学领域占有极为重要的地位。法律行为、法律关系、法律主体等概念,原本为民法和民法学的概念,这些概念是经过许许多多法学家不断探索、抽象出来的具有特定含意的概念。在很长一段时间里,人们说法律行为,即指民事法律行为,人们说法律关系,即指民事法律关系,人们说法律主体,即指公民和法人。后来,其他各法律学科和部门立法兴起和发展,它们借用了民法中的一些科学概念,如行政法借用法律行为、法律关系,建立行政法律行为、行政法律关系的概念。诉讼法也借用这些概念,建立了诉讼法律主体、诉讼法律行为(简称诉讼行为)和诉讼法律关系等概念。而研究法的一般问题理论的学者,则把民法的这一套概念作为所有法律部门共同的概念,把法律行为、法律主体、法律关系作为法律的普遍性问题进行研究。基于这种情况,为了区别于其他部门或学科中的法律行为,我国《民法通则》使用了"民事法律行为"这一概念,取代传统民法理论中的"法律行为"的概念。但在大陆法系各国的民法典中,以及我国现行的民法教科书中,仍然使用"法律行为"这一概念。

从民法中"法律行为"到"民事法律行为"这一概念的变迁中,我们不难看出民法、民法学在整个法律文化的发展过程中所起的作用,不难看出其他法律部门、法学学科尤其是研究法的一般理论的学科,从民法和民法学中吸取了积极合理的成果。我认为在《民法通则》中使用"民事法律行为"这一概念更为准确,更能反映民法自身的特色,它把民法中的法律行为与其他部门法的法律行为区别开来。"民事法律行为"与法律行为的关系是从属关系,民事法律行为是法律行为的一种。

我国《民法通则》中的民事行为包括民事法律行为和民事违法行为。民事行为与民事法律行为是包含关系。顺便提出,在民事行为中,占主导地位的是民事法律行为。使用"民事行为"这一概念,解决了理论上关于"无效(或得撤销)的民事法律行为"这一自相矛盾的问题。过去常常有人指责:"既然是民事法律行为,为什么无效呢?"从严格的逻辑分析的角度来看,这种批评不无道理。

从上述我们对法律行为与民事法律行为、民事行为与民事法律行为的关系分析中,我们还可以看出,法律行为与民事行为在逻辑上属于交叉关系,其交叉部分为民事法律行为。

24. 《民法通则》第 69 条为什么没有把被代理人死亡作为委托代理关系终止的情形之一?

在我国现行的一些民法学教科书中,一般都将被代理人死亡作为委托代理关系终止的一种情况;大陆法国家的一些民事立法也多从此学说。但这种理论或立法后面都跟着一条但书:如果代理人不知道被代理人死亡,其所为的代理行为仍然有效,其后果由被代理人的法定继承人承担。在我看来,与其作这种复杂的规定,倒不如不将被代理人死亡作为委托代理关系终止的一种情形。理由如下:

(1) 代理人代理的某些民事法律行为是不宜中断的,如果只要被代理人死亡,代理人就立即停止代理活动,往往会给被代理人的继承人造成较大的经济损失。

(2) 诚然,委托代理关系是以委托人与受托人之间的相互信任为前提的,完全可能有这样一种情况出现,即原来的被代理人信任代理人,对其委以重任,而被代理人的继承人则不相信这位代理人,或代理人不愿为继承人为代理行为。在这种情况下,并不妨碍立即解除委托授权关系,继承人可依《民法通则》第 69 条第 2 项之规定取消委托,代理人也可依同一项之规定辞去委托,从而使委托代理关系的终止受到当事人的自觉控制,免受损失。

基于上述两条,有理由在民法通则中不将被代理人的死亡规定为委托代理关系终止的一种情形。

25. 授权委托书与委托合同有什么区别？

一方当事人向另一民事主体授予代理权的行为，是一种民事法律行为，如果这种民事法律行为采用书面形式，即构成"授权委托书"。授权委托书具有以下几个主要法律特征：① 它是委托方单方的意思表示；② 它的效力（即民事法律行为所导致的后果）是授权受托人（代理人）以委托人（被代理人）的名义进行民事活动，这些民事活动的后果（与第三人形成的权利义务关系）归于委托人，它是受托人对外从事民事活动的依据；③ 另一方民事主体可以拒绝接受委托及授权委托书，且不承担任何责任。

授权委托书一般要载明这样一些内容：代理人（受托人）的姓名（名称），代理的事项、权限和期限，委托人签名或者盖章，并注明出具授权委托书的年月日。国家工商行政管理局在进行大量调查研究的基础上，制订了一个"法人委托书"样式，现已有许多地方参照执行，法人（主要是企业法人）委托代理人大都采用这种统一的样式。

我们知道，委托代理关系由被代理人、代理人及第三人的三方关系构成，代理人与被代理人之间的关系为代理的内部关系。委托合同（或称委托代理合同）是确定代理的内部关系（或说被代理人与代理人之间的权利义务关系）的民事法律行为，它可以是书面的，也可以是口头的。委托合同一般具有这样一些内容：代理的事项；完成代理事项的时间、方法；代理人的报酬；代理费用的支付等。

授权委托书与委托合同的主要区别在于：前者是单方民事法律行为，后者是双方民事法律行为；前者是代理人对外进行民事活动的依据，后者是确定被代理人与代理人之间权利义务关系的依据；前者的着重点在于代理权，后者的中心是内部关系；前者是书面形式，后者可以是书面形式也可以是口头形式。

但是，由于授权委托书与委托合同有一些内容是相同的，如委托事项、期限等。所以，习惯上有将委托授权与委托合同两个民事法律行为表述于同一书面形式的，这时，该书面形式则既具有授权委托书的作用，又具有委托合同的作用。

26. 对《民法通则》第72条中关于"财产所有权从财产交付时起转移"的规定怎样理解？

财产所有权的转移时间,在民法和民法学上具有重大的意义。根据民法的一般原理,财产的风险随所有权的转移而转移,财产意外毁损灭失的风险由所有者承担。如某甲卖给某乙一幢房子,合同已订立并已办好过户登记手续,但尚未付款,当天夜里这幢房子遭受雷击和飓风袭击而毁灭,这一损失该由谁承担呢？如果认定所有权已经转移,理所当然由某乙承担,某乙应付房款;反之则应由某甲承担,某乙不付房款。

在法律上,一般将财产分为动产和不动产。不动产指在一般情况下不能发生位置变化的财产,如土地、房屋（或其他建筑物）等;动产指可以搬动的财产。不动产的买卖或依其他方式转移所有权,一般应到有关部门登记,所有权自登记之时起转移,这几乎已成为各国立法的通例。故在不动产所有权转移的时间上,一般不存在理论或实践上的分歧。可以认为《民法通则》第72条的规定是针对动产而言的。

动产可分为种类物与特定物。对动产的所有权转移时间问题,学理上有两种不同观点:一种认为,一切动产的所有权一概自交付时起转移;另一种意见认为种类物的所有权自交付时转移,特定物的所有权则自合同成立时起即转移。《民法通则》没有对民事流转中的物作出规定,也没有划分种类物与特定物。从第72条的字面规定来看,比较倾向于肯定第一种意见,即认定一切动产的所有权自交付时起转移。不过,这一条紧接着有一个但书规定:"法律另有规定或者当事人另有约定的除外"。我们不能排除这样一种可能,即在一些单行的民事法规中,对不同财产的交付及所有权的转移时间分别作出规定,甚至规定特定物的所有权转移时间始于合同成立之时。我认为,《民法通则》第72条关于财产所有权转移时间的规定,还只是一个原则性的规定,有待于今后的民事立法（如单行的民事法规）加以补充和完善。

27. 土地使用权能否作为商品出资、转让和抵押？

这个提问中隐含着另一个提问:土地是不是商品？应该说,回答这个问题不是民法学的任务,而是经济学的任务。但是,不解决这样一个前提性的问题,是无法回答整个问题的。马克思主义经典作家认为,土地不是商品,而是人们的劳动(生产)条件和对象。但是,在民法上具有"物"的意义的不仅包括商品,而且还包括某些具有使用价值、能为人所控制、利用的非商品的自然之物,土地即属此类。我国法律(《宪法》及《民法通则》)规定,国家和集体组织可以对自己的土地享有所有权,可以占有、使用和收益。但是,一般不得转让土地所有权,非依法律规定或行政命令,不得征用集体组织的土地,更不得买卖土地。

土地所有者(尤指集体组织)将自己的土地作为出资,开办合资、合作企业或其他形式的联营,属于对土地的使用和收益,一般不会丧失土地所有权,不存在处分的问题,因此法律不禁止这种行为。

以土地作抵押是不允许的,因为在特定情况下抵押方有可能丧失对抵押物的所有权。至于土地的转让,那就更不允许了。《民法通则》第80条第3款明确规定:"土地不得买卖、出租、抵押或者以其他形式非法转让。"

全民所有制企业法人对自己占有、使用的国有土地享有使用权,这些企业法人也可将自己依法占有、使用的国有土地作为出资,开办合资、合作企业或进行其他形式的联营。但不得以土地作为抵押,更不允许买卖土地(包括变相的土地买卖)。但是,全民所有制企业如果破产,能否用其占有、使用的国有土地偿债呢?目前法律尚无规定,有待深入研究。我个人认为,有两个解决途径可供参考:① 如果债权人中有全民所有制的企业,可让其优先受偿土地,取得破产企业的土地使用权,这并不影响国家对土地的所有权;② 可由国家出资收回破产企业的土地使用权(这笔钱应来源于企业上缴的固定资产占有税)。

28. 如何理解社会团体的财产所有权问题?

《民法通则》第77条规定:"社会团体包括宗教团体的合法财产受法律保护。"在我国,社会团体依其财产性质可分为两类,一类是集体所有制性质的社会团体,另一类是国家从预算中直接拨款的社会团体。前者对于其财产如同其他集体组织一样,享有完全的所有权,任何人不得侵占,有关部门也不得无偿征用、平调。后一类社会团体对其占有、使用的财产没有所有权,所有权是属于国家的,社会团体享有经营权。但经营权也是一项内容广泛、可以对抗任何他人的物权性质的财产权。《民法通则》第77条特别列举宗教团体,目的在于将我国的宗教政策法律化,在于强调保护宗教团体对其财产的所有权(这种所有权是集体所有性质的,如某一寺庙)和其对国家专项财产的经营权(如全国性的宗教组织经营的国家所有的财产)。任何侵犯、平调宗教团体的财产的行为,都是非法的。

29. 失主对于拾得遗失物的人是否应给付报酬?

《民法通则》第79条第2款规定:"拾得遗失物、漂流物或者失散的饲养动物,应当归还失主,因此而支出的费用由失主偿还。"拾得遗失物等,在民法学上称为不当得利,是一种事实行为,拾得人不能将拾得物据为己有,而应归还其所有者。但是,拾得人往往会因此而花费一定的费用,如保管拾得遗失物所花的费用、打捞漂流物所花的费用、饲养失散动物所花的饲养费用等。此外,拾得人为做这些工作还可能花费一些时间,因此,误工工资也应归入这一费用(民法理论上称之为"无因管理所生之债")。有些国家的民法典还作出了这样的规定,失主所承担的费用不超过遗失物等自身的价值。我国《民法通则》没有对此作出明确的规定,我个人认为在实践中可以这么做。失主除付上述的费用外,不再负有向拾得人支付其他报酬的义务,拾得人更不能要失主以一定的价金将遗失物等"赎"回来。所有人遗失财产(包括失散动物)只是所有权与所有物的暂时分离,并不丧失所有权,在诉讼时效期限内,他可以向任何占有者追偿。不过,失主为了表达对拾得人的感谢,自愿赠送给拾得人以礼物(包括钱财),法律也是不禁止的。

30. 如何理解"与财产所有权有关的财产权"?

《民法通则》第五章第一节的标题即为"财产所有权和与财产所有权有关的财产权"。要正确地理解"与财产所有权有关的财产权",首先必须弄清楚传统民法中的"物权"概念。"物权"是大陆法系的概念,在英美法系中,没有抽象的物权,但"财产权"(Property Right)与"物权"的含义较为接近。大陆法系民法理论认为:物权是与债权相对应的民事权利,如果说债权是与特定的主体(债务人)相联系的相对权的话,那么物权则是针对于不特定的主体(即物权享有者以外的其他任何人)的绝对权(亦称对世权)。我个人觉得在民事立法中使用物权概念可以将许多非所有权的物权(即"与财产所有权有关的财产权")概括进去,从立法技术的观点来看,可以使用这一概念。

所有权历来是物权的核心,因为它包括占有、使用、收益、处分四项完整的权能,因此被称作完全物权或"自物权"。除所有权外,还有一些不完全的物权,如抵押权、留置权、担保物权、地上权等。这些物权的权利人往往不是物的所有者,但对物享有所有权的一项或几项权能,故又称为"他物权"。这种权利,一方面具有物权的一般性质,权利人可以对抗任何不特定的相对人,另一方面又不像所有权那样,包括四项完整的权能。在通常情况下,这种权利人没有对财产的处分权。所有权以外的其他物权在各个不同的社会历史阶段,其范围和内容往往有所不同。在旧中国,主要表现为典权和永佃权。在第二次世界以前的日本,"永佃权"为他物权的典型形式。在现代资本主义社会,担保物权在他物权中占有十分重要的地位;以不动产作为债的担保,成为一种十分普遍的现象。

我们可以说,我国《民法通则》中所说的"与财产所有权有关的财产权"实质上是指所有权以外的其他物权。在我国现阶段,主要指全民所有制单位或集体所有制单位依法对国家所有的森林、山岭、草原、荒地、滩涂、水面等自然资源的使用权(第81条第1款);全民所有制单位、集体所有制单位或公民个人依法对国家所有的矿藏的开采权(第81条第2款);全民所有制单位或集体所有制企业依法对国家所有土地的使用权(第80条第1款);全民所有制企业依法对国家所有、由国家授予它经营管理的财产的经营权(第82条);公民、集体依法对集体所有的或者国家所有由集体使用的土地的承包经营权(第80条第2款),以及公民、集体依法对集体所有的或者国家所有由集体使用的森林、山岭、草原、荒地、滩涂、水面的承包经营权(第81条第3款)等。这些财产权的共同特征在于:权利享有者不是财产的所有者;但权利人依法占有、使用、收益,并可对抗任何相对人的侵犯,包括依法对抗其所有人的非法干预。我国目前几种主要的"与财产所有权有关的财产权",反映了我国社会主义经济制度的某些本质特征,反映了当前经济体制改革的要求。

顺便指出,《民法通则》第五章第一节所包含的内容已超出了传统物权的范围,因为它把财产继承权也纳入其中(第76条)。在大陆法系各国民法典中,继承权一般都是独立于物权和债权的,多在民法典中另立"继承"一编。因为我国《继承法》先于《民法通则》公布,为了使《民法通则》与《继承法》这一单行民事法律衔接起来,立法者在这一节里专门规定了"公民依法享有财产继承权"这样一条。这完全是出于立法技术考虑的,我认为没有理由因为这一条规定而把继承权与所有权或物权混为一谈。

31. 著作权与版权有无区别?

著作权属于知识产权的一种。它通常是指某个作者(公民或者法人)在科学研究、文学艺术等方面的创作活动,以一定的方式表现为作品时所享有的权利。这一权利既包括人身权的内容(如在作品上署名),也包括财产权的内容(如获取稿酬)。因此,著作权是一种既具有人身属性又具有财产属性的民事权利。

在学理上,人们通常是把著作权与版权区别开来的。一般认为版权只是著作权的一部分,即出版单位出版某一著作及获取报酬和利润的权利。版权主要指财产权。基于这种理解,著作权人可以将版权通过出版合同的形式转让给出版单位(出版社、出版公司等),由出版单位独家享有该作品的出版权并通过出版该作品获取利润。出版单位向著作权人支付报酬,通称作"稿费"。不难看出,著作权人将版权转让给出版单位,并不是将著作权全部转移。著作权的人身权部分是不可转移的,表现为:作者有权在作品上署名、署笔名或不署名,可以修改作品等。出版单位即使获得了版权,也不享有上述权利。

32. 什么是人格权?什么是身份权?二者有何区别?

在民法上,人格权与身份权合称人身权,它是与财产权(所有权、债权等)相对应的一种重要的民事权利。人格权主要指作为一个民事主体所享有的基本权利,包括生命健康权、姓名权(法人的名称权)、名誉权、肖像权等。人格权的特征在于法律对于民事主体一概平等地赋予,主体不须经某一民事法律行为便可取得。身份权指在民事法律关系中具有一定的身份的公民、法人所享有的权利,包括婚姻自主权、监护权、著作权、发明权、商标专用权等。身份权的主要法律特征在于:它需要经过当事人为一定的民事法律行为或发生某种特定的民事法律事实而产生(如婴儿的出生产生父母对其的监护权)。因此,民事法律主体所享有的实际的身份权是不一致的,有的人创作过作品,享有著作权;另一些人没有从事过任何创作活动,则不享有著作权。

人格权与身份权的主要区别有二:① 产生的前提不同,人格权由法律给民事主体一概赋予,身份权的产生要基于特定的民事法律行为或特定的民事法律事实;② 民事主体的人格权是平等的(主要指公民之间相互平等,法人之间相互平等),而身份权的享有与否,不同的主体之间往往是不相同的。

33. 公民的姓名权、肖像权、名誉权、荣誉权受到侵害,可否请求经济上的赔偿?

《民法通则》第 120 条规定:"公民的姓名权、肖像权、荣誉权受到侵害,受害方有权要求停止侵害,恢复名誉,消除影响,赔礼道歉,还可要求赔偿损失。"关于姓名权、肖像权等权利受到侵害,是否适用赔偿损失或者说精神损害能否用财产赔偿的问题,在我国民法学界素有争论。大多数同志认为,精神损失、人格上的损害是不能或难以用财产进行补偿的。我个人基本上同意这一观点。因为人格不属于商品关系的范畴(至少在社会主义制度下可以这么认为),所以它与金钱或财产很难说有什么等质的东西。当然,这仅仅是一种理论上的认识。

《民法通则》第 120 条规定人格权受到侵害,可以请求赔偿损失。这样规定有无道理呢? 我认为它也有一定的理由。法律本身与法律理论不可避免地有一段差距,上述观点从纯理论的角度来看,也许是正确的,但用它来处理民事纠纷,往往不能达到十分圆满的效果。在商品经济社会里,财产对于每一个民事主体来说都具有十分重要的意义,且不说赔偿损失对于人格权被侵害者有何作用,就是从其调整社会关系的效果来看,也不失为制裁侵犯他人人格权的行为人的一种有效手段。行为人知道自己的行为必将导致的财产后果,也会有所顾忌,有所收敛。

有一些侵犯他人人格权的行为,虽不直接涉及受害方的财产,但可能间接地导致其财产上的损失。例如损害某家商店的名誉(或信誉),造谣说它以次充好、变相涨价等,很可能会大大地影响该店的销货量,使其受到经济上的损失。在这种情况下,规定侵权人承担赔偿损失的民事责任,就具有现实意义了。不过,对于人格权受到侵害的主体来说,赔偿损失毕竟只是一种带辅助性质的补偿手段,更重要的是保护并恢复其人格权。因此,受害方有权要求立即停止侵害、恢复名誉、消除影响等,而不能以赔偿金钱的方式来代替承担上述民事责任。顺便指出,对于人格权被侵犯而赔偿损失,赔偿的范围如何确定,数额如何掌握,法律并没有作出明确规定,这一问题有待于有关机关作出有权解释。

34.《民法通则》第 119 条中的"因误工减少的收入"是否包括奖金?

在我国,农民主要的收入来源是农产品和副业产品,城镇职工的主要收入是工资。大多数职工的工资收入是相对固定的,工资全浮动的只是极少数。对于实行全浮动工资制的,计算其"因误工减少的收入",应取其正常情况下收入的平均数。从理论上来说,奖金与工资是不同的,奖金不能包括在工资收入里面。因为奖金是职工或干部超额劳动的报酬或作出某种突出成绩而获得的奖励,而工资则是对职工或干部正常劳动所给予的报酬。职工或干部只是照常上班,完成应做的工作,即可获得规定的工资收入,但他不一定能够完成超额劳动或作出突出的成绩。对一个职工或干部来说,获得工资收入在一般情况下是必然的,而获取奖金只是一种可能。所以,我们没有理由把这种"可能的收入"列入实际的"因误工减少的收入",要求侵权人赔偿。

但是,现在大多数单位的奖金已失去了本来的意义,成了一种固定的"附加"工资。在机关和事业单位,这种情况尤为突出,所有的人都拿"奖金",每人5元、7元或10元。这种"奖金"实质上已成为工资的一部分,只要上班,就必然获得。因此,这类"奖金"在计算"因误工减少的收入"时还是应该包括进去的。

35. 什么叫连带责任?怎样理解《民法通则》第 65 条第 3 款中的"代理人负连带责任"?

连带责任是相对于某一个债务人对某项债务独立承担责任而言的。它指两个或两个以上的民事主体共负同一债务而对债权人各负全部清偿债务的责任。连带责任只存在于债权债务关系中,其特征在于:债权人可以向任何一个债务人请求清偿,如果一个债务人无力清偿,其他所有债务人都有清偿的义务;债权人与债务人之间的关系因任何一个连带债务人的履行(清偿)而告消灭;某一连带债务人清偿了债务,旧的债权债务关系消灭,新的债权债务关系产生,清偿债务的人成为新债权人,其他连带债务人成为他的按份债务人,他们应就各自应承担的份额向新债权人进行清偿。

不难看出,设定连带责任或说连带债务,有利于保护债权人的合法权益,当一个债务人无力履行债务时,债权人可以向其他债务人请求清偿。《民法通则》中有多处关于连带责任的规定,如第65—67条、第87条、第89条第1项、第130条等。

《民法通则》第65条第3款主要是从保护第三人的合法权益出发的,既要求被代理人在委托书中写明代理的事项和权限,又要求代理人在为委托代理行为时慎重从事。因此,如果因委托代理的事项不清、权限不明而侵犯了第三人的合法利益,代理人和被代理人都有过错,应承担上述的连带责任,即被代理人或代理人都有向第三人承担全部责任的义务。

主要参考书目和相关资料

1. 《中华人民共和国民法原理》(上册),根据全国第三期法律专业师资进修班民法班课堂录音,1983年11月由西南政法学院民法教研室整理完成。

2. 佟柔主编,金平、赵中孚副主编:《民法原理》,全国高校法学统编教材,法律出版社1986版。

3. 《佟柔文集》,中国政法大学出版社1996年6月版。

4. 《中华人民共和国民法通则疑难问题解答》(第一辑),中国政法大学出版社1986年版。

5. 佟柔:《我国民法调整对象问题研究》,载佟柔等:《民法概论》,中国人民大学出版社1982年版。

6. 佟柔:《学科经济法论》,载《中国经济法诸论》,法律出版社1987年版。

7. 佟柔、王利明:《我国民法在经济体制改革中的发展与完善》,载《中国法学》1995年第1期。

8. 佟柔:《建立中国自己的民法理论和体系》,载《广东法学》1988年第3期。

9. 佟柔:《民法与观念的变革》,载《司法》1986年第9期。

10. 佟柔、方流芳:《民法与商品经济》,载《晋阳法制》1986年第3期。

11. 佟柔、罗明举:《十年民法学的回顾与展望》,载《法律学习与研究》1990年第7期。

12. 佟柔:《我国民法科学在新时期的历史任务》,载陶希晋主编:《民法文集》,山西人民出版社1985年版。

13. 佟柔:《新中国民法学四十年》,载张友渔主编:《中国法学四十年》,上海人民出版社1989年版。

14. 编者的课堂笔记(1983—1985)。

后记：关于本书

周大伟

本书是一部编辑作品，它是我国已故著名民法学家佟柔先生生前在民法总则的教学和研究中相关论述的集合。书中的文字多为佟柔先生生前颇有影响的演讲记录、教材、论文著述，以及编者个人的课堂笔记。

按照我国民法总则的一般性体系，编者对佟柔教授生前在民法教学和研究中留下的资料加以整理和编排，力求在总体上展现佟柔先生在民法总则教学和研究中的成果和心得，其中包括了佟柔教授对民法的调整对象、民法和经济法的关系、民事法律关系体系、公民、法人、法律行为以及民法在新时期的性质和任务等问题提出的真知灼见。

编者始终将"忠实原著"作为编辑此书的重要原则。编者的重要职责在于，将原著者关于民法总则的主要论述，按照编者自身的阅历和经验，进行合乎逻辑体系的编排处理。这一编排处理一方面符合我国民法的逻辑顺序，另一方面，也符合普通读者的阅读习惯。

佟柔先生是新中国民法的先驱者。佟柔先生一生主要以民事法律科学研究和教学为职业，为了中国的民法体系而操劳、奔走和疾呼。在大学的讲坛上，佟柔先生是一位堪称法学教育家的民法教授。他生前以精彩的课堂演讲享誉中国民法学界，其言谈出自文章，却胜过文章。本书以"讲稿"命名，应当是十分恰当的。

本书各章内容产生的时间，多为20世纪80年代中期，特别是《中华人民共和国民法通则》颁布前后的那段时间。那是一段我们的共和国"大病初愈、百废待兴"的特殊年月。今天，当人们可以充满自信地谈论民法、商品和市场这些概念时，不免会有人以挑剔的目光去寻找佟柔老师当年民法理论中或概念措辞上的个别局限性。然而，编者更希望读者看到的是，佟柔教授在20年前对民法的调整对象、民法和经济法的关系、民事法律关系体系、法律行为以及民法在新时期的性质和任务等问题提出的真知灼见，毫不夸张地讲，在整体水准上，这些真知灼见实属20年前的先知先觉，即使在今天也没有失去它的前瞻性。

中国法治的发展将是一条漫长的路途，其中的民法科学研究工作将肩负既宏大又繁琐的探讨、阐述、总结、借鉴、辩论、修正的职责。路漫漫其修远，千里之行，始于足下。期望年轻的一代民法学者能义无反顾地接过佟柔先生传递过来的宏伟事业，以加倍的努力，创造出中国民法更新更美的画卷。也许这正是出版本书的最重要的意义所在。

这本书的编写工作比实际想象的要复杂和繁琐，特别是在内容的选择和语言特点的把握方面，如何能将佟柔先生课堂授课中内容和出版铅字的内容相融合，使全书始终保持佟柔先生特有的明快质朴的语言风格，显然是对编者耐力和思考力的锻炼。最后，要特别感谢佟强教授（佟柔次子、北京大学法学院民法教授）的信任和授权，特别感谢北京大学出版社蒋浩先生的策划和督促，感谢苏燕英女士认真细致的责编工作。由于他们的支持和帮助，才使得佟柔教授这部讲稿类型的书籍得以付梓出版，从而填补了中国民法学研究领域内的一处空白。如果佟柔先生九泉有知，也会感到欣慰的。

2008年2月21日于美国伯克利加州大学Haas商学院

元照法学文库

● 《比较行政法》王名扬　著

　　比较研究不仅可以用于学术目的,提高对法律的认识,也可以用于实用目的,改良立法和司法工作,便于国际交往。在行政法领域,比较研究虽有一定的困难,但其意义却不可小视,这不仅源于行政法学术交流的需要,同时也源于各国行政法制度相互借鉴的需要。

● 《民法总则讲要》谢怀栻　著

　　因为《民法通则》是全部民法的"通则",涉及民法的各个方面,所以对《民法通则》的正确阐述可以初步奠定我国民法学的基础。在《民法通则》有明文规定的地方,我们要准确地阐述。在《民法通则》由于立法技术的关系,有不足之处时,我们要从理论上给以弥补或纠正。在《民法通则》没有规定的地方,我们如何从理论上给以补充。这些都是很重要的。

● 《刑事一体化论要》储槐植　著

　　刑事一体化,源于宏观观察,作为思想观念,是哲学"普遍联系"规律在刑事领域的演绎;作为方法操作框架,是指相关事项的深度融通,操作层面便是运作机制,思维框架主要为折衷范式——平抑偏执达致适中的方法和过程。
　　刑事一体化,既是观念,也是方法。

● 《政治视域的刑法思考》刘树德　著

　　政治视域的刑法思考,立足于"刑法之外研究刑法"和"刑法之上研究刑法"的思路,是宪政维度的刑法思考的延续,主要包括从政治的视角对一些刑法问题进行思考和对刑法中与政治有关联的问题进行思考两个方面。

● **《近代中国的法律与学术》俞　江　著**

　　清廷主持的法律改革,截断了数千余年的中国法律传统,拉开了移植西方法的序幕。"移植与重建",成了20世纪前五十年中国法律界思考的主题。西方的法概念在汉语中该怎样解释?欧洲的民法对中国社会合适吗?对中国来说,采用哪一种司法体系更好?没有经验,也不可能有现成答案。所有问题都是第一次碰到。中国的法律人在现实催促下尝试着回答和行动。本书通过具体的事例或个案,展现近代中国的立法和司法状况。同时,通过法学语词、法学人物等不同角度,向人们介绍近代法学的发展历程。

● **《代理权与经理权之间——民商合一与民商分立》陈自强　著**

　　本书是以代理权范围之确定为主轴而展开的,并借由该问题之研究,回顾了民法与商法在私法发展上之分合关系,并展望来者。本书以民事代理与商事代理有其本质上之差异为基础,分别探讨民事代理与商事代理适用之情形(第一章与第三章)。其间,为确定代理权限制之概念,及其与代理基础关系内部指示之关联,在第二章重新审视代理权授予行为无因性理论之发展及其射程距离。第四章关于表见公司经理人之研究,探讨了民法表见代理法则在表见公司经理人适用之情形。第五章"民商合一与民商分立",则表明民事代理与商事代理之分合关系,正是民法与商法分合关系之缩影,并抒发了作者对我国台湾地区民商法学发展之期盼。

● **《企业组织重组法制》王志诚　著**

　　如何建立高效、公平的企业组织重组法制,以保证公司经营效率并对利害关系人提供保护,这是当前学界关注的一个重要课题。

　　本书从法解释学及比较法制的视角出发,分别探讨优质企业并购法制的构建、公司合并法制、公司分割法制、股份转换法制、营业让与法制、跨国性并购法制、金融机构并购法制及变更组织法制等方面的内容,以解决目前法律适用上的疑虑。在此基础上,作者提出了立法改革的具体建议。本书内容兼备理论分析与实务应用,具有相当的参考价值。

● **《民事诉讼理论之新开展》黄国昌　著**

　　台湾地区"民事诉讼法"经过近年来三次大幅度修正后,已呈现崭新的面貌。毋庸置疑,新民事诉讼法学的成型,是过去数十年台湾地区学者苦心研究积累的产物。本书收录了作者在此研究成果基础上,针对"证据收集权"、"举证责任"、"证明妨碍"、"程序保障"、"第三人撤销诉讼"、"争点效"、"民事第三审上诉之变革"以及"假处分的战争"等热门而重要的议题所陆续发表的12篇论文。书中除了采取传统的法教义学以及比较法的观点外,更透过法律经济分析的视野以及实证研究的考察,对台湾地区新"民事诉讼法"的变革,进行了深刻的分析与检讨,并提出了新的见解。

● 《诉讼权保障与裁判外纷争处理》沈冠伶 著

随着社会变迁,交易方式越来越多样化,民事纷争呈现复杂多样的形态。民事纷争的处理制度也必须有多样化的设计,才能为当事人解决纷争提供有效的途径。现今发达国家除健全诉讼制度外,莫不同时致力于建构当事人自主性解决纷争的制度。

针对上述问题,本书对包括宪法诉讼权保障与台湾新"民事诉讼法"的实践、民事诉讼与行政诉讼的分工与合作、第三审许可上诉制度、合意选定法官制度等民事基础理论与重要制度性问题进行了深入探讨。此外,作者还对示范诉讼契约、仲裁鉴定及律师和解等重要制度作了详尽的分析,并提出了独到的见解。

● 《公司证券重要争议问题研究》冯震宇 著

本书是我国台湾地区公司证券法学者冯震宇教授的著作。公司证券是现代商业交易的基础,有无良好的公司证券法律制度,不但影响到企业的发展,而且与投资人利益密切相关。冯教授的这本著作内容丰富、见解精辟,不但包括与公司治理有关的问题,还特别针对通讯投票、结算交割、股务作业、券商与网络交易等证券市场的重要问题进行探讨,对企业并购与技术入股所涉及的租税问题与公司法问题也有所讨论,凸显出作者在公司证券法律领域的研究深度与广度。

● 《过渡时代的民法问题研究》葛云松 著

民法是生活的百科全书。而民法学之难,在于其试图发展出一套"篇幅"有限并且相对稳定的规则体系,来调整千头万绪而又常变、常新的社会生活。中国的民法研究应当以中国的问题为主要研究对象并寻找其解决之道,这需要我们了解民法的目的、方法及其局限性。中国民法学上的创新是可能的,也是必要的,但是这个机会并没有很多人想象的那么多。

● 《公共执法与私人执法的比较经济研究》李波 著

私人执法模式与我们所熟悉的政府(公共)执法模式在经济学上有什么区别?应该如何评价不同执法模式的成本和效果?在执法制度的设计上,立法者应该如何权衡公共执法与私人执法之间的利弊?在总结已有研究的基础上,本书试图从经济学的角度对上述问题做出进一步的探索,以期引起对此类问题更多的关注和研究。

● 《入世背景下的中国与国际经济法》孔庆江 著

中国是一个正在崛起的大国,理所当然希望也必将在国际社会发挥越来越大的影响力。作为国际经济法的研究者,比起其他学术领域的耕耘者,可能肩负着更多的在国际法律学术领域发出中国声音的道义责任,本书作者在这方面已做了不少成功的尝试,书中所收文章均被 SSCI 收录,本书的出现应能起到一个提醒和提示的作用。

● 《诉讼认识论纲——以司法裁判中的事实认定为中心》吴宏耀 著

　　本书针对传统证据法学的"客观真实理论",以客观真实能否作为(刑事)裁判的证明标准为着眼点,指出了传统论证思路中的逻辑悖谬。在寻找新的切入点时,将传统证据法理论长期忽视的主体因素纳入视野,探索一种兼顾认识主体和客体两方面的论证方法。在案件事实双重视角和裁判者双重认识客体这两个理论前提之上,全文依次详细研究了有关事实认定活动的四个问题。最后结合英美经验主义哲学对"优势证据"和"排除合理怀疑"作了新的思考。

● 《佟柔中国民法讲稿》佟　柔 著　周大伟 编

　　取材于佟柔先生生前颇有影响的演讲记录、教材、论文著述,以及编者佟柔先生的学生、旅美法律学者周大伟老师个人课堂笔记的这本民法学术问题集合,基本上展现了佟柔先生在民法总则教学和研究中的成果和心得。这些真知灼见,直到今天也不失理论上的前瞻性。

　　佟柔先生是一个堪称教育家的民法教授。他生前以精彩的课堂演讲享誉法学界,其言谈出自文章,却胜过文章。本书以"讲稿"命名,恰如其分。